"十二五"职业教育国家规划教材
经全国职业教育教材审定委员会审定

21世纪高等职业教育精品教材·金融类

投资银行实务

（第六版）

张丽华 主编

TOUZI YINHANG SHIWU

东北财经大学出版社
Dongbei University of Finance & Economics Press

大连

U0656780

图书在版编目（CIP）数据

投资银行实务 / 张丽华主编. —6版. —大连：东北财经大学出版
社，2024.2
　（21世纪高等职业教育精品教材·金融类）
　ISBN 978-7-5654-5121-8

　Ⅰ. 投… 　Ⅱ. 张… 　Ⅲ. 投资银行–高等职业教育–教材 　Ⅳ.
F830.33

中国国家版本馆 CIP 数据核字（2024）第 009678 号

东北财经大学出版社出版
（大连市黑石礁尖山街217号　邮政编码　116025）
网　　址：http://www.dufep.cn
读者信箱：dufep@dufe.edu.cn

大连图腾彩色印刷有限公司印刷　　东北财经大学出版社发行
幅面尺寸：185mm×260mm　　　字数：343千字　　　印张：15.25
2024年2月第6版　　　　　　　　　　2024年2月第1次印刷

责任编辑：李丽娟　韩敌非　徐　群　　责任校对：何　力
封面设计：原　皓　　　　　　　　　　版式设计：原　皓

定价：42.00元

第六版前言

党的二十大报告提出，"健全资本市场功能，提高直接融资比重"，为资本市场全面深化改革指明方向。随着科创板、创业板试点注册制相继成功落地，北交所开市并平稳运行，2023年2月1日，全面实行股票发行注册制改革正式启动。实施股票发行注册制，有利于促进投资银行业务发展，扩大股权融资规模，提升直接融资比重。注册制扩大了上市标准的包容性，提升了审核服务效率，助力创新型企业实现了快速融资，降低了再融资和并购重组的服务门槛，促进了券商投资银行业务的全面拓展。同时，注册制是对投行业务能力与执业操守的全面考验。作为资本市场的"看门人"，投行机构定位于努力发掘优质项目，积极做好尽职调查和信息披露，高质量完成股票定价和销售服务。近年来，我国投资银行资产规模进一步扩大，综合实力和经营效率稳步提升，行业发展呈现出以下特点与趋势：一是切实发挥投资银行效能，服务实体经济功能进一步增强，服务境内上市公司实现IPO和再融资募资，助力我国资本市场融资规模创历史新高；二是深化财富管理转型，金融产品销售保持高增长；三是继续加快在资管和公募子公司的布局，集合资产管理计划规模进一步增长；四是投资银行的多元化发展趋势已经凸显，投资银行将继续拓展其业务领域，包括私募股权、风险投资和基金管理等。

我们依据资本市场理论和投资银行业务发展的实践，结合投资银行实践中不断涌现的创新方法和手段以及最新的政策，对《投资银行实务》教材进行了进一步修订。本次修订以习近平新时代中国特色社会主义思想为指导，立足高等职业教育教学工作的实际和人才培养工作的需要，坚持以培养应用型、技能型人才为目标，精心整合知识结构，合理安排教学内容，注重实践教学和学生技能培养，增加教学内容的趣味性和表现形式的多样性。

本次修订特色主要体现在以下四个方面：

第一，与时俱进，充实和更新教材内容。教材内容能充分体现时代特征，对教材中陈旧的内容进行了更新和替换，如结合近年来国内外投资银行发展实际、新证券法的规定、新修订的《证券发行与承销管理办法》等，对"导入案例""典型案例""相关链接"等超过三年的陈旧内容进行了更新。

第二，运用了现代信息技术。在教学技术手段方面，强调信息化，本版"拓展阅读"栏目以二维码的形式呈现，使本教材更全面、生动，以进一步激发学生学习的积极性与创造性，调动学生学习的兴趣。

第三，提炼了教材内容中蕴藏的思政元素。结合本专业和课程性质，在教材中设置"学思践悟"栏目，以提炼本专业的德育功能和文化基因为切入点、结合点，让学生在学习专业知识和技能的同时，树立正确的世界观、人生观、价值观，坚定马克思主义的理想信念，坚持科学精神，培养专业精神，提高职业素养。

　　第四，尝试产教融合，校企合作开发教材。本版教材修订团队中增加了"双师型"教师，以及投资领域的专家，进一步与企业和就业对接，增强实际应用性，体现校企合作的特点。

　　本书由山西财经大学张丽华教授任主编，山西省财政税务专科学校张茜任副主编。内容共分10章，教材修订具体分工是：山西财经大学张丽华修订第1章，晋中信息学院赵微修订第2章，山西大学商务学院武英芝（双师型）修订第3、7章，山西省财政税务专科学校张茜（双师型）修订第4、8章，山西大学商务学院刘红（双师型）修订第5、6章，太原学院张永刚（双师型）修订第9章，中国进出口银行总行张轩溧修订第10章。山西财经大学宁梦妍、宋月琪、宋晓静、张子都、薛洒负责全书"导入案例""相关链接""拓展阅读""典型案例"等栏目的资料收集、整理和编写工作。

　　本书既可作为高等职业院校和应用型本科院校的"投资银行实务"课程教学用书，也可作为投资银行从业人员的学习参考用书。

　　在本书编写过程中，参阅了大量相关教材、著作和论文，引用了其中一些内容和研究成果，也得到了企业界相关人士的大力支持和帮助，在此谨向相关作者致以衷心的感谢！同时，也向对本书编写给予大力支持的各界人士表示最真挚的谢意！此外，还要感谢东北财经大学出版社的领导和编辑们。由于编者水平有限，书中疏漏之处在所难免，敬请同行专家和读者批评指正。

编　者

2023年11月

目录

第1章
投资银行导论

学习目标

知识目标：通过本章的学习，理解投资银行的基本含义、基本功能和作用；掌握投资银行的组织结构形式、职能部门及其业务与组织创新；认识投资银行的行业特征；了解投资银行与商业银行的区别，熟悉投资银行的传统业务和创新业务。

技能目标：通过本章的学习，在了解我国投资银行与国外著名投资银行经营模式的现状后，能够认清我国投资银行与国外著名投资银行的差距。

知识结构图

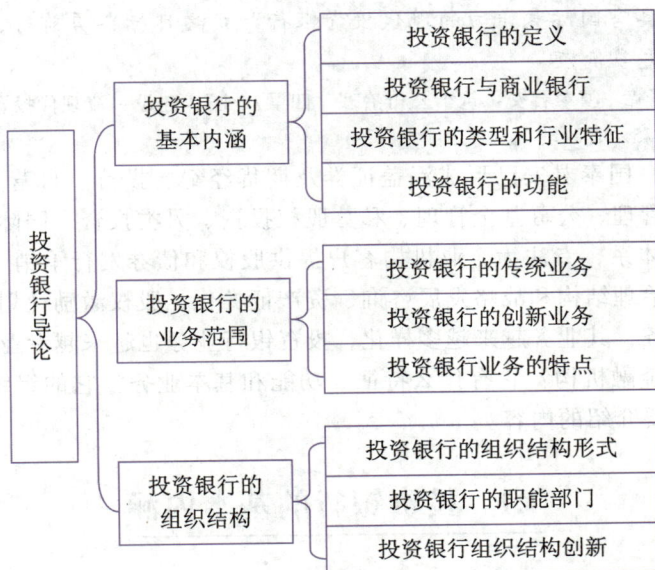

导入案例

国泰君安：筑牢公司治理，建设一流现代投资银行

国泰君安是中国证券行业长期、持续、全面领先的综合金融服务商，致力于建设一流现代投资银行。国泰君安跨越了中国资本市场发展的全部历程和多个周期，始终以客户为中心，深耕中国市场，为广大企业、机构和个人客户提供各类金融服务，确立了全方位的行业领先地位。2011—2021 年，国泰君安的营业收入连续十一年名列行业前三，在致力于实现高质量增长、规模领先的同时，注重盈利能力和风险管理。自 2008 年以来，国泰君安连续十五年获得中国证监会授予的 A 类 AA 级监管评级，该评级是迄今为止中国证券公司获得的最高评级。

国泰君安的发展战略坚持统筹兼顾公司治理基本规律、国有企业特殊属性和证券行业等主要特点，筑牢公司治理"四梁八柱"，进而建设一流现代投资银行。公司致力于把牢国资国企改革要求，全力推动治理优势转化为先发优势。坚持向改革要动力、向人才要活力、向管理要效率、向创新要发展，稳步提升公司治理效能。把准证券行业主要特点，建立健全综合化风险防范监督体系，推动党内监督与法人治理监督深度融合，筑牢公司风险防范监督的"生命线"。

面向未来，国泰君安将继续坚定走中国特色金融发展之路，全面筑牢"综合服务平台、领先数字科技、稳健合规文化"核心能力三支柱，始终积极融入和服务国家战略，不断提升集团综合金融服务能级，全面培育"科创金融、普惠金融、区域金融、绿色金融、跨境金融"五大优势，稳中求进、抢抓机遇、深化改革、乘势而上，向着"受人尊敬、全面领先、具有国际竞争力的现代投资银行"战略目标奋勇前行，为客户、员工、股东和社会创造更多价值。

资料来源：郭子彦.国泰君安：筑牢公司治理"四梁八柱"，建设一流现代投资银行［J］.上海国资，2022（7）：74-75.有改动。

这一案例中，国泰君安已形成涵盖证券及期货经纪、投行、自营、权益及 FICC 交易、信用、资产管理、公募基金管理、私募股权投资、另类投资、国际业务等业务领域的综合金融服务体系，专注为企业机构客户提供股权和债券发行承销、企业改制重组、收购兼并、公司治理结构和战略发展咨询、资产证券化、股权激励计划设计等全方位的综合投资银行服务，其业务越来越多样化，投资银行业务也越来越专业化。那么，投资银行是什么样的金融机构？它有什么特征、功能和基本业务？它的组织结构是怎样的？这些正是本章所要介绍的内容。

1.1　投资银行的基本内涵

1.1.1　投资银行的定义

投资银行在不同的国家和地区的称谓并不相同，如在美国叫"投资银行"，在英国叫"商人银行"，在日本叫"证券公司"，在中国香港叫"吸储公司"，在法国叫"实业银行"，在德国叫"私人承兑公司"。虽然投资银行的名称里含有"投资"和"银行"，

但是它本身并不从事"投资"，它不以自己的资金作为永久性的生产性投资，而仅仅协助政府或企业发行证券以及使投资者获得这些证券。同时，它也不是一般意义上的"银行"。商业银行最主要的业务是吸收存款、发放贷款，而投资银行主要从事证券的发行和二级市场上的非储蓄类金融中介机构业务。

投资银行的业务常常会随着金融环境的变化而变化，它的业务范围可涵盖从传统的承销到广泛的金融咨询等各式各样的金融服务。我们可以将投资银行按其业务范围从大到小的次序定义为：

（1）最广义的投资银行。它几乎涵盖了所有华尔街金融公司所从事的业务，从国际证券承销到分支机构零售交易，以及房地产和保险业在内的其他金融服务，都在投资银行的业务范围之内。

（2）次广义的投资银行。它涵盖了所有资本市场的活动，从证券承销、公司理财、企业并购、咨询服务、基金管理、风险投资到商人银行及金融机构非零售的巨额交易活动等，都在此定义范围内。但证券零售、房地产中介、抵押贷款及保险商品等业务不在此范围内。

（3）次狭义的投资银行。它仅包括部分资本市场的活动，尤其着重于证券承销和企业并购两项业务，基金管理、风险投资、金融商品交易、风险管理等业务则未涵盖。

（4）最狭义的投资银行。通常，它是指投资银行最传统的功能，相当于我国证券公司的业务，包括初级市场的承销业务及次级市场的经纪业务和自营业务。

最狭义的投资银行和证券公司几乎没有两样，无法对二者作出一个确切的区分，而最广义的投资银行业务又无明确的范围，因此以所有资本市场的活动，即次广义的概念来定义"投资银行"，是最符合投资银行的现实状况和业务发展方向的，也是目前投资银行的最佳定义。

1.1.2 投资银行与商业银行

投资银行和商业银行是现代金融市场中两类最重要的中介机构。从本质上来讲，它们都是资金盈余者和资金短缺者之间的中介，都具有金融中介功能。然而，投资银行的运作方式与商业银行有很大的不同。

投资银行是直接融资的中介，仅充当中介人的角色，它为筹资者寻找合适的融资机会，为投资者寻找合适的投资机会，并从中收取手续费，投资者和筹资者之间发生了直接的权利和义务关系，这种融资方式称为直接融资方式。投资银行的金融中介作用如图1-1所示。

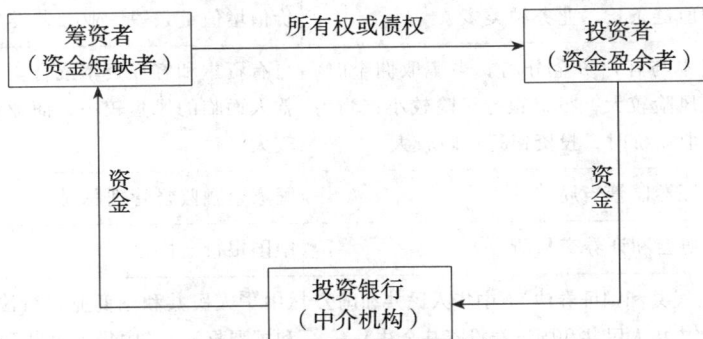

图1-1 投资银行的金融中介作用

商业银行则不同，商业银行同时具有资金需求者和资金供给者的双重身份，对存款人来说，商业银行是资金的需求方，存款人是资金的供给方；而对贷款人来说，商业银行是资金的供给方，贷款人是资金的需求方。可见，存款人和贷款人之间没有直接发生权利和义务关系，而是通过商业银行间接发生关系。商业银行的金融中介作用如图1-2所示。

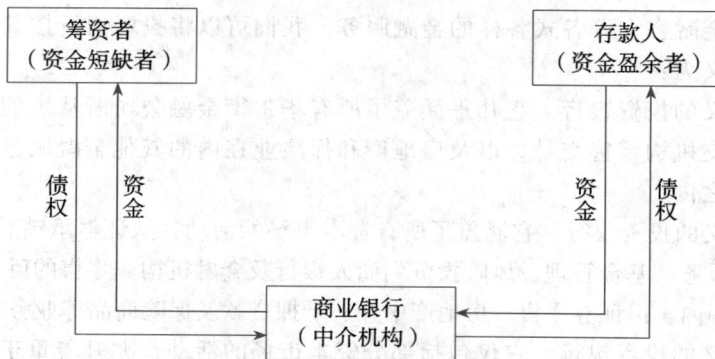

图1-2 商业银行的金融中介作用

投资银行与商业银行除了上述差别外，还有其他方面的区别，表1-1对投资银行与商业银行进行了全面的比较。

表1-1 投资银行与商业银行的比较

比较项目	投资银行	商业银行
机构性质	金融中介机构	金融中介机构
本源业务	证券承销业务	存贷款业务
融资功能	直接融资，并侧重长期融资	间接融资，并侧重短期融资
活动领域	主要是资本市场	主要是货币市场
利润来源	佣金和差价	存贷款利差
经营方针	在风险控制前提下，稳健与开拓并重	追求安全性、盈利性和流动性相结合，坚持稳健原则
业务特征	价值增值链条长，业务种类多	价值增值链条短，业务种类少
风险特征	自有资本与客户资金分离。当赚取佣金时，投资人风险较大，投资银行风险较小；当为自己赚取差价时，投资银行风险较大	自有资本和客户资本混合。一般情况下，存款人面临的风险较小，商业银行面临的风险较大
监管部门	主要是证券监管当局	国家金融监督管理总局
自律组织	证券业协会和证券交易所	中国银行业协会
适用法律	《中华人民共和国证券法》《中华人民共和国公司法》《中华人民共和国证券投资基金法》等	《中华人民共和国商业银行法》《中华人民共和国票据法》《中华人民共和国民法典》等

☑ **小思考 1-1** ┈┈

投资银行的本质是什么？

提示：利用虚拟资本改良现实资本。投资银行是资本市场的核心中介，是金融领域的高科技产业。投资银行以虚拟资本为载体，利用虚拟资本的能动性，盘活存量资产，调整社会经济结构，改良现实资本，建立现代企业制度。投资银行业务的本质是运用虚拟资本调整现实资本，虚拟资本既取决于现实资本，又对现实资本具有能动作用。

1.1.3 投资银行的类型和行业特征

1) 投资银行的类型

（1）国外投资银行的类型。

美国是全球投资银行最发达的国家，我们以美国的投资银行为主，并兼顾其他国家的情况，对投资银行的类型进行研究。

①超大型投资银行。超大型投资银行在规模、市场实力、客户数量、客户实力、信誉等方面均达到一流的水平。在美国，摩根士丹利、高盛公司等是世界公认的超大型投资银行。在欧洲，投资银行和商业银行存在不同程度的混业经营，许多投资银行附属于商业银行。欧洲的超大型投资银行有瑞士银行旗下的瑞银华宝、德意志银行旗下的德意志摩根建富等。

②大型投资银行。大型投资银行是从事综合性业务的投资银行，但在资本规模、信誉、实力等方面均低于超大型投资银行。在美国，大型投资银行有普惠证券和培基证券等。

超大型投资银行和大型投资银行是投资银行界的核心，在一国或世界经济中发挥着十分重要的作用。

③次大型投资银行。次大型投资银行是指那些以本国金融中心为基地，专门为某些投资者群体或较小的公司提供服务的投资银行。这些投资银行一般规模较小，资本实力和信誉相对较差，在组织上一般采灵活的合伙制。

④地区性投资银行。地区性投资银行是指专门为某一地区投资者和中小企业及地方政府机构服务的投资银行。它们一般以某一地区为基地，不在全国及世界金融中心设立总部和分支机构。

⑤专业性投资银行。专业性投资银行通常被称为投资银行界的"专卖店"，专门从事某一或某些重要领域的业务，发挥竞争优势。例如，那些仅承销或经营某些行业证券（如新材料行业证券、网络行业证券、生物制药行业证券等）或进行技术性承销的投资银行。

⑥商人银行。这里的商人银行与英国的"商人银行"概念不同，它是指专门从事兼并、收购与某些筹资活动的投资银行，这类投资银行有时也用自有资金购买证券。

（2）国内投资银行的类型。

根据投资银行的定义和业务经营的范围，我国的证券公司都可称为投资银行。在我国，证券公司按照《中华人民共和国公司法》（以下简称《公司法》）和《中华人民共和国证券法》（以下简称《证券法》）的规定从事证券经营业务，在形式上采取有限责任公司或股份有限公司的形式。

温馨提示 1-1

《证券法》规定，我国证券公司的组织形式为有限责任公司或股份有限公司，不得采取合伙及其他非法人组织形式。

2019年12月28日，十三届全国人大常委会第十五次会议审议通过了修订后的《中华人民共和国证券法》，于2020年3月1日起施行。

2019年修订的《中华人民共和国证券法》第一百一十八条规定，"设立证券公司，应当具备下列条件，并经国务院证券监督管理机构批准：（一）有符合法律、行政法规规定的公司章程；（二）主要股东及公司的实际控制人具有良好的财务状况和诚信记录，最近三年无重大违法违规记录；（三）有符合本法规定的公司注册资本；（四）董事、监事、高级管理人员、从业人员符合本法规定的条件；（五）有完善的风险管理与内部控制制度；（六）有合格的经营场所、业务设施和信息技术系统；（七）法律、行政法规和经国务院批准的国务院证券监督管理机构规定的其他条件。未经国务院证券监督管理机构批准，任何单位和个人不得以证券公司名义开展证券业务活动"。

证券公司经营证券经纪业务、证券投资咨询以及与证券交易、证券投资活动有关的财务顾问的，注册资本最低限额为人民币5 000万元。证券公司经营证券承销与保荐、证券融资融券、证券做市交易、证券自营以及其他证券业务之一的，注册资本最低限额为人民币1亿元。证券公司经营证券承销与保荐、证券融资融券、证券做市交易、证券自营以及其他证券业务中两项及两项以上的，注册资本最低限额为人民币5亿元。证券公司的注册资本应当是实缴资本。

拓展阅读 1-1

中金公司概况

2）投资银行的行业特征

投资银行作为一个十分具有生命力和挑战性的行业，具有与其他行业不同的特点，主要表现在创造性、专业性和职业道德等方面。

（1）创造性。

投资银行的创造性有"创造"和"革新"两层含义。创造是指有价值的新事物产生的过程，其实质是从"无"到"有"。革新是指将有价值的新事物转变为商业上可行的产品或服务的过程，其实质是把已经存在的事物进行商业化。投资银行的创造性表现为开发更好的金融产品、提供更为高效的服务以及更节约成本的服务方式等。创造性是投资银行生存的决定因素，未来投资银行的生存取决于能否不断根据经济环境和客户需求的变化开发出新的金融产品和服务内容，以便在竞争中独占鳌头。

（2）专业性。

投资银行是一个知识密集型行业，需要专业的知识和专门的技能。作为投资银行从业人员，应掌握的知识和主要技能包括：

①精通投资知识。投资银行从业人员必须对投资理论和金融工程方面的知识十分精通，熟悉投资理论的最新进展，并掌握金融工程的基本技术和工具，以便在业务开展过程中有雄厚的理论基础。

②拥有丰富的融资经验和渠道。投资银行通过长期从事证券承销和企业并购业务，

可以积累丰富的融资经验，建立良好的融资渠道，这是投资银行开展业务的基础，也是提高其竞争力的重要保障。

③具有行业专长和较强的业务能力。投资银行的资源和人力是有限的，不可能把精力平均分散到所有的投资银行业务中，最佳的选择是根据一般的业务原则和行业的特殊性，集中资源于某一种或几种业务，重点发展某一行业或几个行业的业务，创造业内最佳和最有竞争力的品牌。

④具有市场洞察力。优秀的投资银行从业人员善于把握证券承销的最佳时机和制定最合适的发行价格，发现那些极具成长性的行业，察觉那些不利或危险的因素。市场洞察力已经成为投资银行从业人员的一种职业本能，他们凭着职业直觉对未来的市场前景作出判断。

⑤具有公关技能。投资银行是一种特殊的金融服务业，在开展业务的过程中需要和利益相关的多个利益集团或个人打交道，向不同的集团或个人推介自己的方案，因此具有一定的公关技能是非常重要的。

（3）职业道德。

职业道德构成了投资银行业的内在基础，是客户产生信心的源泉。证券市场发展越成熟，客户对投资银行的道德行为标准越敏感，职业道德越能够成为投资银行业竞争的新武器。其职业道德要求具体表现在以下五个方面：

①保守秘密。泄露客户的机密是投资银行一个很典型的职业道德问题，会给证券市场和客户带来巨大的不利影响。由于在复杂的投资银行业务中，完成一项交易需要有关各方密切配合和信息共享，因此给保守秘密带来一定的困难。尽管如此，投资银行绝不能谈论任何有关客户的信息。

②信息隔离。投资银行在开展业务中要采取信息隔离措施，要求各有关部门的人员对其所知晓的信息保持缄默，不对本部门以外的人员传播这一信息。

③遵守法律。投资银行从事的各项业务都必须遵守法律和道德规范。一旦投资银行进行违法交易或出现一些不道德的行为，将使投资银行家及其合作伙伴乃至整个投资银行陷入犯罪和破产的深渊，并受到法律的制裁和道德的惩罚。因此，遵守法律和道德规范应是投资银行职业道德要求的第一要义。

④诚信原则。投资银行业是以诚信为基础的中介服务业，要立足于诚信为客户提供最优服务。如果投资银行失去诚信，那么它将失去客户资源，并最终丧失在资本市场上竞争的能力。诚信是确立客户与投资银行之间长期关系的基础。

⑤公开原则。公开原则要做到两个方面：第一，保证客户作出合适的信息披露。投资银行应尽最大努力使证券发行者将与发行有关的重要信息进行完整和正确的公布，避免遗漏重要资料或进行错误的表述。第二，主动将真实情况公之于众。

✓ **小思考 1-2** ···

投资银行的经营理念涵盖哪些方面？

提示：收益最大化、财务最大化、资金筹集及有效利用、独立判断与尽职调查、客户服务与开发、金融创新与新产品开发。

1.1.4 投资银行的功能

投资银行的功能是通过其具体业务得以体现的，在经办某一项业务时，投资银行执行着其中一个或几个功能。

1) 金融中介功能

在资本市场上，投资银行以其拥有的专业技能，提供能满足资本需求者和供给者双方需要的金融工具和服务，促使双方达成交易，实现资本由资金盈余者流向资金短缺者，即发挥着金融中介的作用。

在证券承销业务中，投资银行为发行人设计或推荐合适的证券种类，从证券发行人处购买证券，再出售给社会投资者，从而帮助证券发行人获得资本。在这一交易过程中，资本从投资者一方转移到资本需求者一方，正是投资银行把买卖双方联系起来进而实现资本的流动。因此，投资银行是有效分配金融资源的重要中介之一。

在证券私募业务中，投资银行可为证券发行人寻找合适的机构投资者，向投资者出售证券，不受公开发行的规章限制，节约发行时间和发行成本，收益率高。

在资产证券化业务中，投资银行帮助资产证券化的发行人将资产担保证券或抵押担保证券出售给投资者，在借款者和投资者之间开辟了直接融资的渠道，弱化了传统的金融中介机构的作用。

投资银行作为基金发起人，募集设立投资基金，通过发售基金份额或收益凭证形式向社会投资者募集资金，再将募集的资金用于购买资金需求者发行的有价证券，充当投资者和资金需求者之间的资产转换媒介。

投资银行还通过募集和管理运作风险投资基金，向具有发展潜力的新兴企业特别是高新技术企业提供风险资本融资。

在并购业务中，投资银行充当并购顾问，为收购公司和目标公司提供有关咨询服务，还为收购公司寻找并购机会、物色并购对象，帮助收购公司筹集资金和安排融资等，从而成为并购活动的重要中介。

2) 构建市场功能

投资银行参与交易、构建市场的功能，是与其金融中介功能的发挥密切相关的。

在证券发行中，投资银行作为证券承销商或上市保荐人，除了充当资金供需双方的媒介和桥梁外，还通过对证券发行人的选择和上市证券的保荐，以及对证券发行定价、发行方式和发行时机的掌握促使一级市场资源配置的有效和健康发展。

在一级市场上承销证券后，投资银行还需要参与二级市场的证券交易，其主要目的之一是为参加证券交易的买方和卖方构建一个完整的市场，维持证券市场的有序平稳运行，促进资本的有效、合理流动。一方面，投资银行作为做市商，为公开发行后的证券建立一个完备的、有效的市场；另一方面，投资银行通过参与二级市场的做市商业务支撑其证券承销业务。一家投资银行构建市场的能力越强，它在证券承销中的相对竞争力也就越强。

在资产证券化业务中，投资银行从银行、其他金融机构和公司购入适合于证券化的资产，通过对资产现金流重组，设计完善的交易结构，以这些资产为担保发行有价证券，构建证券化市场。

投资银行还开发了新的金融衍生工具，参与远期、期货、期权、互换等金融衍生产品的交易，推动金融衍生市场的扩大。

3）优化资源配置功能

实现有限资源的有效配置，是国家经济发展的关键。投资银行通过其资金媒介作用，使收益较高的企业通过发行股票和债券等方式来获得资金，同时为资金盈余者提供获取更高收益的渠道，也使国家整体的经济效益和福利得到提高，促进资源的合理配置。

投资银行通过为政府发行债券的方式，使政府获得足够的资金用于提供公共产品，加强基础设施建设，从而为经济的长远发展奠定基础。同时，政府还可以通过买卖政府债券等方式，调节货币供应量，保障经济的稳定增长。

投资银行帮助企业发行股票和债券，将企业的经营管理置于广大股东和债权人的监督之下，有利于企业建立激励机制与约束机制，以及产权明晰的现代企业制度，从而促进经济效益的提高，推动企业的健康发展。

投资银行的兼并和收购业务使经营管理不善的企业被兼并或收购，经营状况良好的企业得以迅速发展壮大，实现规模经济，从而促进产业结构的调整和生产的社会化。

规模较小的风险企业难以从商业银行获取贷款，往往通过投资银行筹措资金求得发展，因此投资银行促进了产业的升级换代和经济结构的优化。

4）信息供给功能

投资银行将发行者需要资金的信息及对发行者和相关金融工具的研究分析信息提供给投资者，又将投资者愿意购买什么金融资产等信息传递给发行者，为资本的形成提供信息服务，减少了发行者和投资者在寻找交易对象、搜寻和分析信息等方面的交易费用。

投资银行通过对国内外市场信息的汇集、整理、分析、研究和传播，包括对国际国内经济形势的评价、一国货币政策和财政政策的解释和预期、产业或行业的发展趋势和单个公司经营状况的分析等，为市场提供了有效的信息加工和传递机制，使资本市场得以在信息充分和信息公平的条件下运行，保障市场价格的客观性，提高了交易效率。

投资银行不仅为单个证券的发行、交易提供信息服务，还为宏观调控和市场监管传递有关信息。投资银行所提供的资源转移的信息和金融资产的价格信息，为政府部门经济政策的调整和企业单位、家庭的投资决策提供了依据。

5）风险管理功能

投资银行的风险管理是投资银行能够识别风险、衡量风险、分析风险，进而有效地控制风险，以尽量避免风险损失和争取风险收益，提供风险管理是投资银行的重要功能之一。投资银行从不同的层面运用多种工具和方法为市场参与者管理金融风险。

当新证券发行上市时，受市场环境和投资者心理等多重因素的影响，新证券的交易价格可能偏离其合理价格，投资银行会采取价格稳定技术，维持新证券市场价格的稳定，从而降低投资者的风险，提高市场接纳新证券的信心。

投资银行通过证券投资基金这种金融工具，将募集的资金投资于多样化的资产组合，为小额投资者和缺乏理财知识的普通居民分散投资风险。

在资产证券化中，投资银行通过对证券化基础资产的现金流重组，实现对资产的风险与收益结构的重新配置和组合，以及运用信用增级机制，为投资者控制和管理资产证券化风险。

投资银行还通过创设金融衍生工具以及参与金融衍生工具交易，为投资者提供套期保值，并运用金融衍生工具进行投资和投机，控制金融资产的价格风险。

6）产业集中功能

投资银行促进了企业实力的增强、社会资本的集中和生产的社会化，成为企业并购和产业集中过程中不可替代的重要力量。企业兼并与收购业务是一项技术性很强的工作，投资银行凭借其专业的人才和先进的技术，帮助企业选择合适的并购对象、合适的并购时间、合适的并购价格及针对并购进行合理的财务安排，促成兼并收购和产业集中的实现。

1.2　投资银行的业务范围

随着资本市场的发展和法律环境的变化，加之受金融竞争、金融创新等相关因素的影响，投资银行经营的业务活动一直处于不断变革中。

1.2.1　投资银行的传统业务

1）证券发行与承销

证券承销是投资银行帮助证券发行人就发行证券进行策划，并将公开发行的证券出售给投资者以筹集所需资本的业务活动。证券承销是投资银行的本源业务，也是这一行业独特的、区别于其他金融行业的标志性业务。投资银行要协助和督促发行人建立完善的公司治理结构，建立健全信息披露制度、会计制度和有关管理制度，为公司满足上市标准或条件提供辅导工作。在证券公开发行、承销过程中，投资银行所做的工作主要有：

（1）帮助设计、策划，提供咨询服务。

发行证券，涉及发行人的筹资成本、资本结构以及法律和监管的要求，还有投资者的预期需求能否被市场所接受等一系列问题。投资银行通过调查来预测风险与收益，评估公司价值，帮助发行人设计筹资方案，并对证券发行的可行性和筹资方案的利弊作出分析；帮助发行人制作招股说明书等有关法律和会计文件；向政府证券监管部门提交申请、办理登记；接受与回答证券监管部门提出的意见和问题；向潜在的投资公众宣传、介绍发行人及其发行的证券等。

（2）与发行人签订承销协议。

对首次公开发行的证券，投资银行在与发行人签订承销协议时可采取三种不同的承销方式，即包销、代销和余额包销。

包销也称全额包销，是指承销商按照商定的价格购买发行人的全部证券，同时将证券款全部支付给发行人。这种方式意味着包销者要承担证券定价和应筹集所有款项的全部风险。如果承销商不能按证券发行价格出售证券或未能将全部证券出售，自己必须承担损失。

代销是指承销商并不从发行人处购买全部证券，只是尽力代发行人推销证券，在承销期结束后，可将未能售出的证券退还给证券发行人，并将出售证券的所收款项按约定日期支付给发行人。这种方式意味着承销商在证券买卖中不承担风险，证券定价和筹集的总金额方面的不确定因素都由证券发行人承担。

余额包销是指承销商承诺在承销期内向社会推销证券，并在规定的承销期结束后，将可能未出售的证券全部购入，按约定时间向发行人支付全部证券款项。这种方式意味着投资银行承担了证券发行的部分风险。

（3）向公众分销。

向公众分销即承销商将承购的证券向社会投资公众出售。当采取竞争性的承销方式，即竞价投标承销时，通常由一家投资银行充当新证券发行的财务顾问，帮助设计、策划证券及负责发行准备工作。当证券发行申请经证券监管部门核准或经注册登记后，发行人可采用竞价投标的方式选择潜在的承销商，一般从所有竞争者中选择费用最低的承销商。这样发行顾问和承销商可能由不同的投资银行担任。这种将证券的发行准备工作与承销分开的做法，为承销商提供了相互竞争的机会，也降低了发行人的筹资成本。如果不采取竞价投标承销的方式，一般情况下，一家投资银行将同时担任财务顾问和承销商双重角色。最终采取什么方式取决于发行人的选择。

✓ 小思考 1-3

发行人如何选择主承销商？

提示：发行人需要考虑主承销商的资本实力、承销经验、专业人员水平、组织协调能力、证券分销能力和研究能力等。

发行人选择承销商时应考虑以下因素：（1）承销商的资本实力。由于承销商是以包销方式承销公司股票的，因此其资本实力决定着承担包销风险的能力。（2）承销经验。这种经验既包括进行承销工作的经验，也包括对发行公司及其所在行业的了解。（3）专业人员水平。承销商是否有足够的高水平的专业工作人员对股票发行工作的成功是非常重要的。（4）组织协调能力。由于承销商可能要同时协调会计师事务所、资产评估机构、律师事务所以及承销团成员等各方面的关系，因此其协调能力就显得尤为重要。（5）证券分销能力。承销商与各方面的关系是否通畅，销售网络是否发达，对发行成功与否也会产生较大的影响。（6）研究能力。研究能力较强的承销商可以为客户提供更好的服务。

2）证券交易

对投资银行来说，证券交易是证券承销的延续。在二级市场的证券交易中，投资银行扮演经纪人、自营商和做市商的角色，为新发行的证券构建了一个完整的市场，满足了自己和客户的需要。

（1）经纪人。

公开发行的大部分证券是在证券交易所上市并集中进行交易的，买卖双方并不直接联系、直接交易，只能委托具有资格的经纪人完成交易。投资银行是以委托代理人的身份为客户买卖证券。投资银行接受客户的委托，按照客户的委托指令为其安排交易，保证尽可能使委托指令获得最好的足额执行。投资银行作为经纪人，从委托人处收取佣金作为报酬，不持有所交易的证券，因而在证券价格变更或市场利率变动时不承担风险。投资银行作为经纪人，加速了资金从盈余者到短缺者的流动和资产转换速度，降低了买卖双方的交易成本。

（2）自营商。

投资银行以投资者的身份出现在市场上，可用自己的资金和账户从事证券买卖，为自营交易的每种证券确定买进和卖出的价格和数量。投资银行从事证券自营交易，其动机是赚取买价与卖价之间的价差，期望从证券价格变动中获利。作为自营商，必须持有用来交易的证券，即证券存货。由于自营商在持有证券期间，持有的证券可能会在卖出以前因利率或市场出现不利的变动导致证券价格下跌，致使其收益减少，甚至遭受损失，因此自营商要承担证券交易的价格风险。投资银行作为自营商从事证券交易，提高了交易市场的效率。

（3）做市商。

投资银行充当做市商，即通过参与证券交易，为其所承销的证券或某些特定的证券建立一个流动性较强的二级市场，并维持其市场价格的平稳。充当做市商的目的，还在于为新证券的发行定价积累经验和提供依据，便于投资银行发挥和保持良好的定价能力。对投资银行来说，证券缺乏流动性，且价格不稳定，既影响其未来证券承销业务的发展，也会蒙受因证券价格下跌所造成的损失。所以，投资银行愿意充当其所承销证券的做市商，积极参与证券交易，通过二级市场操作促使新上市的证券具有更大的流动性，并稳定其价格。

拓展阅读1-2

摩根大通集团
从事的主要
业务

1.2.2 投资银行的创新业务

1）证券私募

证券私募是指向少数特定的投资者发售证券募集资金的行为。私募发行可以避免公开发行的规章制度和限制。一些经营业绩优良的企业甚至目前并非绩优的企业，也能够通过私募发行渠道筹集资金。私募发行的证券通常出售给资金实力雄厚的机构投资者，如保险公司、养老基金公司、共同基金公司和投资公司等。私募发行的证券无法在一个活跃的二级市场上实现交易，因为它受到持有时间和转让条件的限制。它一般由投资者持有直到期满，由于其缺乏流动性而增大了投资者的风险。

在证券私募过程中，投资银行可以帮助设计发行方案，还可以根据证券的发行条件和资金供给者的投资需求及风险偏好，帮助发行人寻找和确定适合的机构投资者。此外，投资银行也可以参加私募证券的助销交易。

2）兼并与收购

兼并与收购简称为并购。兼并是指任何一项由两个或两个以上的企业实体形成一个新经济单位的交易。收购是指一家公司与另一家公司进行产权交易，由一家公司获得另一家公司的大部分或全部股权或资产以达到控制该公司目的的行为。兼并与收购的共同点是，把两个或两个以上企业实体的资源整合成一个整体来运营，且公司的结构发生了重大变化。

投资银行并购业务，是指投资银行为企业并购交易提供价值评价、咨询、并购方案以及协助融资和反收购等服务的活动。在企业并购活动中，投资银行既可为收购方服务，也可为被收购方服务。投资银行通常以下列方式参与并购活动：

（1）评估公司发展规划和并购风险，寻找并购对象，既为收购公司物色目标公司，也为目标公司选择合适的收购公司。

（2）向收购公司或目标公司提供交易价格和非价格条件的咨询，设计交易结构，安排谈判，或者帮助目标公司制定反并购策略，抵御敌意并购。

（3）策划并购融资方案，帮助收购公司筹集必要的资金，为并购融资。

（4）为并购后公司整合和战略调整提供咨询。

投资银行的兼并与收购业务，还包括杠杆收购、公司重组、资产重组、破产重组和国有企业民营化等活动。

3）风险投资

风险投资是指对新兴的极具发展潜力的中小企业，特别是新兴高科技企业创业期的权益性投资。风险投资主要集中于高科技、新产品领域的企业和项目，具有高风险、高收益的显著特点。风险投资的资金主要来自保险公司、养老基金、风险投资基金、投资银行等机构投资者，并多以私募方式筹资。此外，政府还对风险资本投资实行一系列优惠扶持政策。

投资银行的风险投资业务涉及不同层次的内容：

（1）它可以帮助创业企业进行权益性证券私募。

（2）以中介机构的身份出现，参与风险投资基金筹集和管理风险资本。

（3）投资银行自己设立风险投资基金这种专业机构，筹集风险资本，直接参与和管理风险资本投资，并为创业企业提供人才、专业管理经验等方面的支持。

（4）在创业企业获得成功时，帮助其发行股票（IPO）、公开上市和通过二级市场交易或协助其完成并购交易，为风险资本的退出提供变现方法和途径。

此外，一些投资银行还直接对风险企业进行股权投资，待风险企业股票上市后，便抛出其所持有的股份，收回资金并获得超额收益。

4）资产管理业务

资产管理业务是指证券公司作为资产管理人，依照《证券公司客户资产管理业务管理办法》的规定与客户签订资产管理合同，根据资产管理合同约定的方式、条件、要求及限制，对客户资产进行经营运作，为客户提供证券及其他金融产品的投资管理服务的行为。经中国证券监督管理委员会（以下简称中国证监会）批准，证券公司可以从事的业务包括：为单一客户办理定向资产管理业务；为多个客户办理集合资产管理业务；为客户办理特定目的的专项资产管理业务和公募基金业务。

5）财务顾问与投资咨询

财务顾问业务是指与证券交易、证券投资活动有关的咨询、建议、策划业务。财务顾问的具体业务包括：为企业申请证券发行和上市提供改制改组、资产重组、前期辅导等方面的咨询服务；为上市公司重大投资、收购兼并、关联交易等业务提供咨询服务；为法人、自然人及其他组织收购上市公司及其相关的资产重组、债务重组等提供咨询服务；为上市公司完善法人治理结构、设计经理层股票期权和职工持股计划、投资者关系管理等提供咨询服务；为上市公司再融资、资产重组、债务重组等资本营运提供融资策划、方案设计、推介路演等方面的咨询服务；为上市公司的债务重组、资产重组、相关的股权重组等提供咨询服务以及中国证监会认定的其他业务形式。

证券投资咨询业务是指从事证券投资咨询业务的机构及其咨询人员为证券投资人或者客户提供证券投资分析、预测或者建议等直接或者间接有偿咨询服务的活动。

6）资产证券化

资产证券化是指以资产所产生的现金流为支撑，在资本市场上公开发行证券工具，从而对资产的收益和风险进行分离和重组的一种技术和过程。由于是将大量不能立即变现的资产作为担保而创立和发行证券，因此这些证券被称为资产担保证券，资产证券化也被称为创立和发行资产担保证券的过程。

投资银行的资产证券化业务，是指投资银行参与资产证券化融资活动，参与资产担保证券的创立和市场操作。其主要业务有：投资银行帮助资产担保证券的发行人分析评估作为基础资产的现金流，设计证券交易结构，策划证券化交易，负责承销资产担保证券；设立专司单一资产证券化业务的子公司，由其购买银行抵押贷款等适合于证券化的资产，创立资产担保证券；作为证券化资产的受托管理人，为资产担保证券提供信用增级；参与资产担保证券的投资交易等。

投资银行参与资产证券化融资，其最重要的价值体现在：投资银行能根据证券化基础资产的现金流的分析评估，针对资产的提前偿付风险、信用风险、证券化风险和预期收益的变动，结合证券化方面的管理法规、会计和税收的要求，重新组合这些资产的风险和收益，设计合理的证券交易结构，从而满足对期限、风险有不同偏好的融资者和投资者的需要。

7）金融衍生工具的交易与创设

金融衍生工具包括金融期货、期权、互换、远期合约等。这些工具被当作套期保值、规避金融资产价格风险的技术手段和投机手段。投资银行参与设计、创造客户和它自己所需要的金融衍生工具，并在这些衍生工具的交易市场上扮演经纪人和交易商的角色，既帮助客户也帮助自己进行风险控制。

投资银行还以自己在市场上所拥有的信息优势和专业分析能力，敏锐地发现有利的交易机会，利用期货、期权市场与现货市场上的价格差异，以自己的账户买卖期货与期权，以赚取价差收入。这样参与金融衍生工具交易不仅是投资银行控制风险的手段，也是其追逐利润的工具。

除了上述主要业务外，投资银行还从事项目融资、投资研究与证券分析业务，提供多种形式的金融咨询和信息服务等其他活动。这些活动既满足了市场参与者或客户的需要，也对投资银行主要业务的发展起到了重要的支持和推动作用。

1.2.3　投资银行业务的特点

1）业务的广泛性

投资银行业务日益拓展，涉及金融领域的几乎所有金融交易，地域范围涵盖全国乃至全球。不同国家和地区的投资银行业务并不完全相同，即使是同一国家、同一地区的投资银行业务也各有侧重。投资银行业务不拘一格，故其适应性极强，能够根据变化的形势，敏锐地捕捉获利机会。投资银行较为松散的组织结构，快捷、迅速地决策和实施，使其能够很快从竞争激烈而收益下降的业务转向新的比较活跃的收益较高的业务，具有极强的生存能力。

2）发展的创新性

投资银行的最大财富在于其人力资本，熟悉金融市场、精通金融业务、掌握各种金融技术的人才不断给市场提供新的金融产品，起着金融工程师的核心作用。同时，投资银行自身的发展也离不开金融业务创新和金融衍生工具的创新。投资银行凭借其人才优势不断创新推出满足客户需要的金融工具，在吸引更多客户的同时，增加了自身的收入来源。

3）操作的专业性

投资银行所掌握的金融技术本身就具有高度专业化色彩。同时，投资银行面向需求不同的各种投资主体，需要结合金融技术及客户的特殊要求解决金融问题。当金融领域中越来越多的业务规范化和标准化时，也同时涌现出更多的专业性需求。投资银行一方面占领着已成型的业务领域，另一方面参与"量体裁衣"的活动，从中积累了大量的专业技巧。

☑ **小思考 1-4** --

新技术对投资银行业务有哪些影响？

提示：证券市场效率大大提高；证券市场范围大大扩大；证券发行和交易方式大大改进；证券市场全球化进程大大加快；监管难度大大降低。

1.3　投资银行的组织结构

1.3.1　投资银行的组织结构形式

一般而言，一家投资银行采用的组织结构形式是与其内部的组建方式和经营思想密切相关的。现代投资银行的组织结构形式主要有合伙人制、混合公司制和现代公司制三种。

1）合伙人制

合伙人公司是指由两个或两个以上合伙人拥有公司并分享公司利润，合伙人即为公司主人或股东的组织形式。其主要特点是：合伙人共享企业经营所得，并对经营亏损共同承担无限责任；合伙人公司可以由所有合伙人共同参与经营，也可以由部分合伙人经营，其他合伙人仅出资并自负盈亏；合伙人公司的组成规模可大可小。

2）混合公司制

混合公司通常是由在职能上没有紧密联系的资本或公司相互合并而形成的规模更大的资本或公司。20世纪60年代以后，在大公司生产和经营多元化的发展过程中，投资银行是被收购或联合兼并成为混合公司的重要对象。这些并购活动的主要动机都是扩大母公司的业务规模，在这一过程中，投资银行逐渐开始了由合伙人制向现代公司制转变的过程。

3）现代公司制

现代公司制的确立是以企业法人财产权为核心的，企业法人财产权也是现代公司制的重要标志。法人财产权是企业法人对包括投资和投资增值在内的全部企业财产所享有的权利。法人财产权的存在，显示了法人团体的权利不再表现为个人的权利。现代公司制使投资银行在资金筹集、财务风险控制、经营管理的现代化等方面，都具有传统合伙人制所不具备的优势。

大多数超大型投资银行采取的都是现代公司制，即采取股份有限公司的企业组织形式。不过，由合伙人制转为现代公司制仍然是一个过程和趋势，这一转变过程还没有完全结束。

1.3.2　投资银行的职能部门

投资银行为了顺利地开展业务活动，一般设立以下部门：

1）资本市场部

资本市场业务包括传统的投资银行业务和公司金融业务。以下各职能领域是典型的大型投资银行资本市场部下属的独立部门：

（1）证券承销部门。证券承销部门又称公司融资部，负责承销公司发行的各类证券，如公司债券、高收益债券、可转换的其他抵押债券、国际债券、优先股、普通股、商业票据和中期国库券等。规模庞大的投资银行在承销业务量很大的情况下，会把证券承销部进一步细分，如分为股票融资部、债券融资部等，一些大型投资银行还设有公共融资部，主要为各级政府、公共事业组织、研究院和大学等非营利性机构承销证券。

（2）并购部门。并购部门主要负责信息收集、寻找目标公司、评估定价、杠杆收购、管理层收购、反收购，以及调整企业的资本结构。并购部门不仅为投资银行带来丰厚的利润，而且在业务上与其他部门相互配合，为其他部门拓展业务开辟了渠道。

（3）证券经纪部门。证券经纪部门主要负责二级市场上的证券交易，代理客户买卖证券，并向客户收取一定的佣金。同时，在法律许可的情况下，向客户提供保证金贷款和融资服务等。

（4）风险资本部门。风险资本部门专门从事风险资本业务，既接受创业企业的融资委托，也主动寻找新兴的创业企业进行投资。

（5）项目融资部门。项目融资部门是为某些专门项目和大型项目设计融资方案和安排融资的部门，这些项目的现金流量比较可靠，可以用来偿还债务，如为能源和天然资源方面的公司进行项目融资设计和推介。

（6）私募部门。私募部门主要负责与机构投资者和富有的私人投资者建立良好的合作关系，并向这些投资者发行不公开上市的证券，为企业筹集资金。

（7）货币市场部门。货币市场部门主要在货币市场上进行活动，运用中短期国库券、储蓄存单和商业票据、中期债券和合成债券等交易工具，从事货币市场上的筹资和交易业务。

（8）高收益债券部门。许多投资银行为高收益债券的承销和投资业务单独设立一个部门。被称为"垃圾债券"的高收益债券，已经成为现代公司财务中的重要组成部分。

（9）国际业务部门。国际业务部门主要管理投资银行的所有国际业务，并为国外跨国公司在本国的子公司和本国跨国公司的海外子公司服务。

（10）掉期交易部门。组织和安排掉期交易是该部门的一项特殊技能。掉期交易部门的基本业务是利率和汇率掉期。掉期交易的目的是套期交易、轧平资产与负债以及改善不同企业间的相对资本效率。

（11）交易和套利部门。交易和套利部门是投资银行的重要利润中心之一，其基本职能是从事机构投资者和投资银行自身的大宗交易。

（12）风险管理部门。风险管理部门的主要功能是专门把各种套期交易工具结合在一起，为企业和投资银行财务管理开发出一整套套期交易方法。风险管理由套期交易、金融期货、期权交易和指数期货期权等更为细化的部门来负责。

（13）资产证券化部门。资产证券化部门作为投资银行重要的利润中心之一，主要负责将缺乏流动性但具有某种可预测现金收入属性的资产或资产组合，通过创立以其为担保的证券在资本市场上出售变现。

2）消费者市场部

消费者市场部主要进行各种证券的销售和分配，涉及从新的金融产品的设计到分支系统的经营管理等整个过程，还包括为散户提供金融产品和基金，为机构投资者、各种有限公司提供金融产品，进行新的金融产品的开发等。

3）研究发展部

投资银行的研究发展部门是为投资银行拓展业务提供服务的，是投资银行开展业务的前提。投资银行主要进行行业研究、公司研究、宏观经济研究，以及具体项目的可行性和项目评估等方面的研究。在机构设置上研发部有三种模式：

（1）在资本市场部和消费者市场部之外设立研发部，不受二者的制约，为二者提供服务。

（2）在资本市场部之内或在消费者市场部之内设立研发部。

（3）在资本市场部和消费者市场部之上设立研发部，以保持独立公正的研究能力。

1.3.3 投资银行组织结构创新

1）投资银行组织结构创新与业务创新

投资银行的组织结构创新与业务创新具有以下关系：

（1）组织结构的形式取决于业务规模的大小。

（2）在一个容量较小的证券市场中采取扁平化和直线型的组织结构是投资银行的最优选择。

（3）当市场规模扩大到一定的程度且业务不断创新时，专业化所带来的规模效应发生作用，传统的组织结构成本优势将因管理幅度加宽而丧失，进行组织创新有助于降低组织成本和获得更多的收益。

（4）适宜的投资银行组织结构安排，将形成更多的业务创新，促进证券市场广度和深度的提升。

所以，投资银行在进行组织结构设计时，应考虑自身各项业务规模和所处的证券市场容量，设计出较为灵活的组织结构，适时地根据市场环境的变化进行组织结构创新，以降低组织成本，形成组织优势。

2）我国投资银行组织结构创新策略

（1）我国投资银行的典型组织结构类型。

目前，我国投资银行的典型组织结构有三种：

①集权式直线型组织结构。集权式直线型组织结构是一种最简单、最基本的组织形式。其特点是公司的高层管理人员与最底层员工的关系通过一种单一的指挥命令系统进行联系。这种模式中，决策层集中于上层机构，适用于众多员工在同一命令下统一行动，工作较少出现意外事件的情况。其缺点是不能充分发挥下级员工的积极性。这种组织结构比较适合于规模小、业务技术含量较低的经纪类证券公司，对综合类证券公司则不具有普遍适用性，不过在一定程度上适合于综合类证券公司的下属部门，如内部资金调度部门、监管系统、信息网络系统、基础研究部门等。

②多层垂直型组织结构。多层垂直型组织结构是一种典型的"金字塔"式的组织结构，从总裁到部门经理一般设有 16~17 个管理级别。其优点是分工细致、组织严密，整个组织处于秩序井然的状态。其缺点是中间管理层过多，对市场变化不能作出灵敏的反应，不利于充分发挥员工的创造力。目前，我国大多数证券公司采用的就是这种模式。

③分权式事业部制组织结构。分权式事业部制组织结构是按照业务范围（或地区）组成一个组织单位（称为事业部），每个组织单位都有其独立完整的公司体制。在事业部制下，各事业部原则上采取独立核算，实行责、权、利相结合的全面分权化决策。其优点是分部与总部具有良好的"协同关系"，共同追求企业整体利润的最大化。其缺点是分部往往追求短期收益目标，而放弃长远目标以及其他非经济目标，如研究开发、人力资源开发等。我国投资银行的地区分支机构在一定程度上具有事业部制的特点。

温馨提示 1-2

世界上大多数的投资银行都采用事业部制组织结构。

（2）我国投资银行的组织结构创新趋势。

我国的投资银行应该尝试进行组织结构的创新，实行扁平化管理。"扁平化"组织结构层次较传统类型的组织要少，从公司最高领导到最底层员工的管理路径较短，而其管理幅度比一般的组织要宽。由于信息传递的层次较少，信息在组织上下层中流动的速度明显加快，从而提高了组织对外界变化的反应能力。具体的措施包括：

①将公司内部的相关业务部门进行归并，使组织结构"扁平化"。

②取消不必要的中间管理层次，使组织结构"扁平化"。

③适当下放经营决策权，提高业务部门和一线员工的积极性。

④提高管理人员的业务能力和综合素质，以适应管理幅度加大后对管理人员的新要求。

⑤推行团队工作方式，团队由各种专门人员组成，实现分工与协作的统一。

（3）我国投资银行治理结构的完善。

完善治理结构是投资银行进行组织结构创新的一个重要内容。投资银行可以从股权结构、董事会的结构、审计监督机制、激励机制和公司治理透明度等方面入手。

完善股权结构需要扩大公司规模，降低股权的集中度；培养核心股东，加强对经营者的监管；提高股权的流动性。

完善董事会的结构需要确定合理的董事会人员构成；重视董事会秘书和秘书处的作用；设立具有特殊职能的委员会。

发挥内部审计和外部审计的作用，主要有以下措施：①增强审计人员的独立性并提高其地位，如审计负责人直接向董事会或审计委员会报告；②开展外部审计，评估内部审计的有效性；③董事会要充分利用审计来检验高层管理人员提供的投资银行经营和管理信息的准确性，确保各岗位的职责界定明确并得到有效的监督。当前，在资本市场与经理人劳务市场不健全、市场监管较弱的情况下，投资银行的董事会应通过决策控制权对高层管理人员实施有效的监督。高层管理人员应具备相应的技能，使投资银行的经营处于其控制之下，同时管理好其相应领域的雇员。

建立科学、合理的激励机制，一般要满足两个条件：一是最大限度地调动经理人员的积极性和创造性；二是使经理人员与股东利益或其他利益相关者的利益相统一，实现投资银行的稳健发展。具体的激励机制可根据投资银行自身的状况进行设计，常见的有：①股票期权。通过股票期权的方式对投资银行的员工和高级管理人员进行激励。②项目激励。根据一个项目完成的质量和客户的反映，采取提成制或者奖金的形式，对项目组的员工进行奖励。③培训机会。给予业绩突出的贡献者以各种培训的机会，实现激励员工和人力资源开发的有效结合。④年薪制。激励的对象为投资银行的高级管理人员，将高级管理人员的薪金分为年薪、基薪收入、风险收入和特别奖金。⑤闲暇激励。闲暇对竞争激烈的投资银行业的员工来说，是一种稀缺资源，给予员工一定的休闲机会也是激励员工的有效手段。⑥专项奖金。设立与投资银行文化和品牌相一致的专项奖金，专门奖励有突出贡献的员工。

保持公司治理的透明度，有助于增强公司治理的稳健性。当股东、客户、债权人不能从投资银行获取有关其结构和目标的充分信息时，他们将很难判断董事会和经理层的有效性。因此，投资银行需要对公司治理情况如董事会结构、高级管理层结构、内部组织结构、激励机制等内容进行披露。

小实训 1-1

选择美国一家投资银行，了解其公司内部组织结构、业务范围和创新业务。

》【学思践悟】

东方证券：积极践行行业荣辱观 打好高质量发展内功根基

2023年是全面贯彻落实党的二十大精神的开局之年，在推进中国式现代化的伟大进程中，金融机构肩负着重要的责任。东方证券股份有限公司（以下简称东方证券）坚持"客户至上、以人为本、专业服务、开拓创新"的核心价值观，主动担负起时代赋予的使命，履行金融国企担当，以证券行业荣辱观为重要抓手，营造风清气正的市场环境，让文化成为高质量发展的深层动力，努力为中国特色现代资本市场建设作出应有贡献。

东方证券坚持"党建和企业文化就是生产力"的发展理念，推进公司发展与文化建设的深度融合，并通过完善公司治理和构建长效激励机制，确保各利益相关者的合法权益，保障公司的稳健经营；同时，筑牢恪守职业道德的思想防线，积极践行行业荣辱观；始终坚持"德才兼备、以德为先"的选人用人导向，形成了兼顾专业能力与职业操守的人才培育机制，着力规范人员执业行为，建立健全长效激励机制；加强正向引导激励和反向惩戒约束，将廉洁从业及合规情况作为重要的考核维度。我国资本市场正在迈入高质量发展的新阶段，东方证券在监管机构和行业协会的指导下，将践行证券行业荣辱观和强化从业人员道德水平建设作为今后一段时期的重要任务。

新时代大学生应当牢固树立正确的职业价值观，明确自己在职业方面的追求和目标，并始终坚守经典道德原则；同时，加强自我修养，不断提升自己的综合素质和知识水平，通过学习各种职业道德规范和职业操守，塑造自己的职业品格，并时刻保持专业的态度和行为准则，自觉成为行业荣辱观的宣传者和践行者。

资料来源：徐昭，林倩．东方证券董事长金文忠：打造高质量发展一流投资银行［N］．中国证券报，2023-04-10．有改动。

本章要点

本章主要介绍了投资银行的基本含义、功能和作用，投资银行的组织结构形式、职能部门及其创新，投资银行的行业特征，投资银行与商业银行的区别以及投资银行的传统业务和创新业务。其中，重点是投资银行的基本内涵与业务；难点是关于投资银行内涵的理解。

问题讨论

1.讨论我国的证券公司是不是投资银行，为什么？

2.讨论投资银行三种组织结构各自的特点及局限。

3.根据本章所学内容，查找我国以及不同国家投资银行的发展状况及业务创新类别，讨论我国投资银行今后的发展方向。

推荐阅读

1.李凤云．投资银行理论与案例［M］．北京：清华大学出版社，2011．

2.弗勒里耶．一本书读懂投资银行［M］．朱凯誉，译．北京：中信出版社，2010．

3.罗森鲍姆，珀尔．投资银行：估值、杠杆收购、兼并与收购、IPO［M］．刘振山，译．3版．北京：机械工业出版社，2022．

思考与练习

1.单项选择题

（1）我国设立综合类证券公司必须拥有注册资本（　　）人民币以上。

A.5 000万元　　　　　　　B.1亿元　　　　　　　C.3 000万元　　　　　　　D.5亿元

（2）商人银行作为专业性投资银行与英国的"商人银行"概念不同，是指专门从事（　　）业务与某些筹资活动的投资银行。

A.承销　　　　　　　B.经纪　　　　　　　C.并购　　　　　　　D.咨询

（3）（　　）业务是投资银行的本源业务。

A.承销　　　　　　　B.经纪　　　　　　　C.并购　　　　　　　D.咨询

2.多项选择题

（1）在二级市场的证券交易中，投资银行扮演（　　）角色，为新发行的证券创造了交易，构建了一个完整的市场，满足了自己和客户的需要。

A.承销商　　　　　　　B.经纪商　　　　　　　C.自营商　　　　　　　D.做市商

（2）现代投资银行的组织结构形式主要有（　　）。

A.合伙人制　　　　　　　　　　　B.混合公司制

C.现代公司制　　　　　　　　　　D.合伙制和公司制相结合

（3）投资银行业务具有（　　）的特点。

A.业务广泛　　　　　　　　　　　B.发展的创新性

C.专业性强　　　　　　　　　　　D.流动性强

3.简答题

（1）如何理解投资银行的含义？

（2）投资银行是怎样分类的？

（3）投资银行有哪些行业特征？

（4）目前我国投资银行的典型组织结构有哪些？

案例分析

摩根士丹利的投资管理业务

1）私人财富管理

摩根士丹利私人财富管理部是一支专门为拥有高资产净值的个人、家庭及控制巨额可投资资产的信托基金提供理财建议和投资管理解决方案的咨询顾问团队。摩根士丹利的私人财富管理专家向客户们提供设计精密、量身定制的财务解决方案，并让他们也能享受到一般只提供给大公司、金融机构和政府的摩根士丹利的资源。

2）直接投资

摩根士丹利直接投资部在全球范围内主管总值超过40亿美元的直接投资基金。早在1993年其已开始在中国进行长期直接投资业务。摩根士丹利的投资宗旨是寻找具有优秀业绩的企业，通过参股的方式对这些企业进行长期的投资。除了为摩根士丹利所投资的企业提供资金外，摩根士丹利希望与所投资企业的管理层进行友好合作以充分利用摩根士丹利的全球资源和专业知识，为所投资的企业的长远发展作出贡献。摩根士丹利已在中国对多家成功的企业进行了投资，并为企业的发展提供了多方面的协助，在国内的投资企业包括平安保险、蒙牛乳业等多家行业龙头企业。

3）机构投资管理

摩根士丹利提供种类齐全的美国和全球债券、股票以及不同资产类别的基金供机构投资者选择，并为它们特别设计资产配置策略以满足其多元化的投资需求。摩根士丹利与各行各业的客户建立合作关系，协助它们实现其财务目标。而在众多客户当中，最为人熟知的是摩根士丹利向其就重组、并购以及到国际资金市场筹资提供咨询服务的投资银行部客户。摩根士丹利曾协助执行交易的部分主要客户包括中国石化、中国铝业、中国联通、中国电信、亚信科技、新浪网、华为技术、中国华融资产管理公司、中国财政部、中国财险和华润电力等。

资料来源：佚名. 摩根士丹利［EB/OL］.［2018-03-05］. https：//baike.so.com/doc/9173797-9507012.html. 有改动。

问题：摩根士丹利的多种投资管理业务给你带来什么样的启示？

分析提示：投资银行业务多样化不仅可以增加投资银行的收入来源，还可以增强投资银行的实力和竞争力。

实践训练

本章主要介绍了投资银行的基本内涵、业务范围和组织结构。为了让学生深入理解投资银行的基本含义，认识投资银行的业务范围，本章实践训练主要包括以下内容：

1.实训项目：写出著名投资银行的名称，并比较不同国家投资银行的发展状况。

实训目的：掌握投资银行的含义。

实训步骤：

（1）写出以下国家著名投资银行的名称。

（2）比较不同国家投资银行的发展状况（见表1-2）。

表1-2　　　　　　　　　　　　不同国家投资银行的发展状况比较

国　　家	投资银行经营模式	投资银行业发达程度	投资者构成、投资意识	市场适用法律
美　国				
英　国				
德　国				
日　本				
中　国				

2.实训项目：查找国内外投资银行的业务范围。

实训目的：认识投资银行的业务。

实训步骤：

（1）从网站上查找著名投资银行的核心业务，比较我国投资银行业务与发达国家的差距。

（2）查找我国投资银行不同时期增加业务品种的过程并分析原因（见表1-3）。

表1-3　　　　　　　　我国投资银行不同时期增加业务品种的过程及原因

时　间	主要业务	增加的业务品种	原　因
1995 年			
2000 年			
2005 年			
2010 年			
2015 年			
2020 年			

第2章
证券发行与承销业务

学习目标

知识目标：通过本章的学习，了解股票、债券发行与承销的基本概念；掌握股票、债券发行的管理制度；认识股票发行和债券发行的一般规定；掌握股票、债券发行的实施过程。

技能目标：通过本章的学习，能够进行股票、债券发行与承销的基本操作，能够解读证券发行的相关文件与相关制度，能够指导投资者进行投资申购操作。

知识结构图

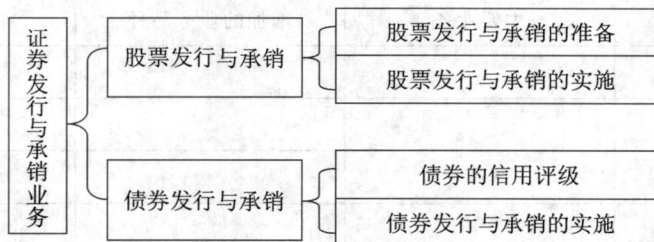

导入案例

广东天承科技股份有限公司首次公开发行股票并在科创板上市发行结果公告

广东天承科技股份有限公司（发行人）首次公开发行 1 453.4232 万股人民币普通股（A 股）的申请已经上海证券交易所上市审核委员会审议通过，并经中国证券监督管理委员会证监许可〔2023〕849 号同意注册。民生证券股份有限公司担任本次发行的保荐人（主承销商）。发行人股票简称为天承科技，股票代码为 688603。

本次发行采用向参与战略配售的投资者定向配售（以下简称战略配售）、网下向符合条件的网下投资者询价配售（以下简称网下发行）与网上向持有上海市场非限售 A 股股份和非限售存托凭证市值的社会公众投资者定价发行（以下简称网上发行）相结合的方式进行。发行人与保荐人（主承销商）根据初步询价结果，综合评估发行人合理投资价值、本次公开发行的股份数量、可比公司二级市场估值水平、所属行业二级市场估值水平、市场情况、募集资金需求及承销风险等因素，协商确定本次发行价格为 55.00元/股，发行数量为 1 453.4232 万股，全部为新股发行，无老股转让。

本次发行初始战略配售预计发行数量为 232.5477 万股，约占本次发行总数量的16%。参与战略配售的投资者承诺的认购资金已于规定时间汇至主承销商指定的银行账户，本次发行最终战略配售数量为 172.6710 万股，占发行总量的 11.88%，初始战略配售与最终战略配售股数的差额 59.8767 万股回拨至网下发行。

战略配售回拨后，网上网下回拨机制启动前，网下发行数量为 914.5022 万股，占扣除最终战略配售数量后发行数量的 71.4%；网上发行数量为 366.25 万股，占扣除最终战略配售数量后发行数量的 28.6%。最终网下、网上发行合计数量为本次发行总量扣除最终战略配售数量，共 1 280.7522 万股。

一、新股认购情况统计

保荐人（主承销商）根据本次参与战略配售的投资者缴款情况，以及上交所和中国证券登记结算有限责任公司上海分公司提供的数据，对本次战略配售、网上发行、网下发行的新股认购情况进行了统计，结果如下：

（一）战略配售情况

本次发行中，战略配售投资者的选择在考虑投资者资质以及市场情况后综合确定，主要包括：①参与跟投的保荐人相关子公司：民生证券投资有限公司；②发行人的高级管理人员与核心员工参与本次战略配售设立的专项资产管理计划：民生证券天承科技战略配售 1 号集合资产管理计划；③与发行人经营业务具有战略合作关系或长期合作愿景的大型企业或其下属企业：博敏电子股份有限公司。

（二）网上新股认购情况

（1）网上投资者缴款认购的股份数量（股）：4 743 673；

（2）网上投资者缴款认购的金额（元）：260 902 015；

（3）网上投资者放弃认购数量（股）：199 827；

（4）网上投资者放弃认购金额（元）：10 990 485。

（三）网下新股认购情况

（1）网下投资者缴款认购的股份数量（股）：7 864 022；

（2）网下投资者缴款认购的金额（元）：432 521 210；

（3）网下投资者放弃认购数量（股）：0；

（4）网下投资者放弃认购金额（元）：0。

二、保荐人（主承销商）包销情况

网上、网下投资者放弃认购股数全部由保荐人（主承销商）包销，保荐人（主承销商）包销股份的数量为 199 827 股，包销金额为 10 990 485 元，包销股份的数量约占扣除战略配售数量后本次公开发行股票总量的 1.56%，包销股份的数量约占本次公开发行股票总量的 1.37%。

2023 年 7 月 4 日（T+4 日），保荐人（主承销商）将包销资金与参与战略配售的投资者和网上、网下投资者缴款认购的资金扣除保荐承销费后一起划给发行人，发行人向中国证券登记结算有限责任公司上海分公司提交股份登记申请，将包销股份登记至保荐人（主承销商）指定证券账户。

资料来源：佚名. 广东天承科技股份有限公司首次公开发行股票 并在科创板上市发行结果公告［EB/OL］.［2023-07-04］.http://epaper.zqrb.cn/html/2023-07-04/content_960988.htm. 有改动。

这一案例中的民生证券股份有限公司作为证券承销商，在权衡多方面利弊的情况下，帮助广东天承科技股份有限公司协商确定本次股票发行价格，体现了投资银行证券发行与承销这一重要业务。该案例也给我们带来一些思考：股票发行与承销是如何进行的？债券与股票的发行和承销一样吗？如果不一样，债券又是如何进行发行与承销的？这些正是本章所要介绍的内容。

2.1　股票发行与承销

2.1.1　股票发行与承销的准备

1）股票发行与承销的基本概念

股票发行是指发行人将新股票从发行人手中转移到社会公众投资者手中的过程。股票发行一般可分为首次公开发行（IPO）和二次发行。所谓股票承销，是指发行人将股票销售业务委托给专门的股票承销机构销售。

2）承销的具体规定

发行人和主承销商应当签订承销协议，在承销协议中界定双方的权利和义务关系，约定明确的承销基数。采用包销方式的，应当明确包销责任；采用代销方式的，应当约定发行失败后的处理措施。

证券发行依照法律、行政法规的规定应由承销团承销的，组成承销团的承销商应当签订承销团协议，由主承销商负责组织承销工作。证券发行由两家以上证券公司联合承销的，所有担任主承销商的证券公司应当共同承担主承销责任，履行相关义务。承销团由三家以上承销商组成的，可以设副主承销商，协助主承销商组织承销活动。

承销团成员应当按照承销团协议及承销协议的规定进行承销活动，不得进行虚假承销。

证券公司承销证券，应当依照《证券法》第二十六条的规定采用包销或者代销方式。

上市公司向特定对象发行证券未采用自行销售方式或者上市公司向原股东配售股份（以下简称配股）的，应当采用代销方式。

上市公司向特定对象发行证券采用自行销售方式的，应当遵守中国证监会和证券交易所的相关规定。

证券发行采用代销方式的，应当在发行公告或者认购邀请书中披露发行失败后的处理措施。证券发行失败后，主承销商应当协助发行人按照发行价并加算银行同期存款利息返还证券认购人。

证券公司实施承销前，应当向证券交易所报送发行与承销方案。

上市公司发行证券期间相关证券的停复牌安排，应当遵守证券交易所的相关规则。

主承销商应当按有关规定及时划付申购资金冻结利息。

投资者申购缴款结束后，发行人和主承销商应当聘请符合《证券法》规定的会计师事务所对申购和募集资金进行验证，并出具验资报告；应当聘请符合《证券法》规定的律师事务所对网下发行过程、配售行为、参与定价和配售的投资者资质条件及其与发行人和承销商的关联关系、资金划拨等事项进行见证，并出具专项法律意见书。公开发行的公司债券上市后十个工作日内，主承销商应当将专项法律意见、承销总结报告等文件一并报证券交易场所。

拓展阅读 2-1

关于修订《证券发行与承销管理办法》的决定

3）股票发行和承销的程序

（1）尽职调查。

尽职调查又称细节调查，是指承销商在股票承销时，以本行业公认的业务标准和道德规范，对股票发行人及市场的有关情况，以及有关文件的真实性、准确性、完整性进行核查、验证等专业调查。

从法律上来讲，公司通过资本市场向社会公众发行股票时，如果出现虚假陈述、重大遗漏等欺诈公众的事件，除了发行公司以外，包括承销商在内的所有中介机构都必须承担法律责任。但是，如果中介机构能够证明自己已经以其行业的业务标准和道德规范、以应有的勤勉和注意对发行人及有关文件进行了审查，仍无法发现欺诈行为，自己也是欺诈的受害者，则可以免责。因此，承销商的尽职调查，一方面直接关系着其承销风险和承销利益，另一方面也直接关系着承销商对招股说明书的保证责任。

股票承销前的尽职调查主要由主承销商承担，主承销商应当准备一份详尽的调查提纲，对本次发行募股的招股说明书中将要披露的全部内容进行全面审查。其主要的调查范围包括发行人、发行市场、产业政策等方面。

主承销商对发行人的审查内容至少应当包括发行人的一般情况、本次发行情况、有关发行人的主要会计数据、本次募股的有关当事人、发行人经营的风险与对策、本次募股资金的运用、发行人公司的股利分配政策、发行人公司结构、发行人的经营业务、主要固定资产状况、发行人的主要产品与业务、发行人的主营收入构成、主要原材料供应、发行人拟进行投资的项目和技术情况、发行人公司章程、发行人的董监事和高级管理人员情况、发行人的负债及主要合同承诺、资产评估情况、财务会计资料、盈利预测、重要合同及重大诉讼事项、发行人公司发展规划，以及发行人过去三年的经营业绩、股本及其变动等。例如，某股份有限公司拟在境外募股或上市，主承销商需要调查和审查的内容将更为广泛详尽。

为了维护自己的利益，保证发行成功，降低承销风险，也为了维护投资者的利益，主承销商应当对股票一级市场和二级市场的情况作出必要的调查。为了保证发行的成功，承销商还应对国家关于发行人主营业务的产业政策做必要的了解。

（2）股票发行与上市辅导。

股票发行与上市辅导是指有关机构对拟发行股票并上市的股份有限公司进行的规范化培训、辅导与监督。股票发行与上市辅导机构由符合条件的证券经营机构担任，原则上应当与主承销商为同一证券经营机构。

上市辅导的内容包括：协助拟上市公司在公司设立、资产重组、股权设置和转让方面进行核查，以确定公司产权关系明晰与否；督促其实现主营业务突出、核心竞争力突出；督促其建立和规范会计制度、内部决策和控制系统；核查辅导对象是否妥善处理了商标、专利、土地等相关的法律问题；对拟上市公司的高级管理人员进行相关法律法规的学习指导。

辅导期自辅导机构完成辅导备案之日起至辅导机构向派出机构提交齐备的辅导验收文件之日结束。辅导期原则上不少于三个月。辅导期内，辅导机构应在每季度结束后十五日内更新辅导工作进展情况报告，辅导备案日距最近一季末不足三十日的，可将有关情况并入次季度辅导工作进展情况报告报送。

（3）募股文件的准备。

募股文件的准备是股票发行前的重要工作。根据中国证监会相关文件的要求，首次公开发行股票并上市的申请文件应包括招股说明书、招股说明书摘要、发行公告、发行人关于本次发行的申请报告、发行人董事会有关本次发行的决议、发行人股东大会有关本次发行的决议、发行保荐书、财务报告及审计报告、盈利预测报告及审核报告、内部控制鉴证报告、经注册会计师核验的非经常性损益明细表、法律意见书、律师工作报告、发行人的设立文件、本次发行募集资金运用的文件、与财会资料相关的其他文件等。有收购兼并行为的，还应提供被收购兼并公司或项目的情况、收购兼并的可行性报告、收购兼并协议、收购兼并配套政策的落实情况、被收购兼并企业的资产评估报告、被收购兼并企业前一年和最近一期的资产负债表及利润表、审计报告。此外，主承销商可以聘请律师为其提交的募股文件进行法律审查，并出具审查意见。

招股说明书是股份有限公司发行股票时就发行的有关事项向机构投资者、公众投资者作出详细披露，并向特定或非特定投资人提出购买或销售其股票的要约或要约邀请的法律文件。公司发售新股必须制作招股说明书。如果是初次发行，则一般称为招股说明书；如果是采用配股的方式发行新股，则称为配股说明书；如果是上市公司增发新股，则称为公募增发招股说明书。招股说明书必须对法律法规、上市规则要求的各项内容进行披露。招股说明书由发行人在主承销商等中介机构的辅助下完成，由拟发行公司董事会审核并表决通过，审核通过的公开募股文件应当依法在指定媒体（报刊、网站）上向社会公众披露。在公开募股文件上签字的全体人员必须保证文件的内容真实、准确、完整，并对其承担连带责任。招股说明书应当依照有关法律、法规的规定，遵循特定的格式和必要的记载事项的要求编制。

（4）发行审核。

发行审核是股票发行前的最后一个工作。我国法律规定的发行审核单位是中国证券监督管理委员会下设的发行审核委员会，拟发行股票的公司必须向该委员会提交相关文件资料，申请审核。

4）股票发行监管制度

股票发行监管制度主要有三种：审批制、核准制和注册制，每一种发行监督制度都对应一定的市场发展状况。在市场逐渐发育成熟的过程中，股票发行监管制度也应该逐渐地改变，以适应市场发展需求，其中审批制是完全计划发行的模式，核准制是从审批制向注册制过渡的中间模式，注册制则是依照法定条件进行证券发行申请注册的模式，是目前成熟股票市场普遍采用的模式。

（1）审批制。

审批制是一国在股票市场的发展初期，为了维护上市公司的稳定和平衡复杂的社会经济关系，采用行政计划的办法分配股票发行的指标和制度，由地方或行政主管部门根据指标推荐企业发行股票的一种发行制度。

审批制下，公司发行股票的一个重要条件是取得发行指标和额度，没有发行指标和额度公司就无法发行股票。公司发行股票的竞争焦点往往落在争取股票发行指标和额度上。

（2）核准制。

核准制是介于注册制和审批制之间的中间形式。它一方面取消了指标和额度管理，并引进证券中介机构的责任，判断企业是否达到股票发行的条件；另一方面证券监管机构对股票发行的合规性和适销性条件进行实质性审查，并有权否决股票发行的申请。核准制下，发行人在申请发行股票时，不仅要充分公开企业的真实情况，而且必须符合有关法律和证券监管机构规定的必要条件。证券监管机构有权否决不符合规定条件的股票发行申请。证券监管机构不仅对申报文件的真实性、准确性、完整性和及时性进行审查，还对发行人的营业性质、财力、素质、发展前景，发行数量和发行价格等条件进行实质性审查，并据此作出发行人是否符合发行条件的价值判断和是否核准申请的决定。

（3）注册制。

注册制是在市场化程度较高的成熟股票市场所普遍采用的一种发行制度。证券监管部门公布股票发行的必要条件，只有达到所公布条件要求的企业才可发行股票。

2020 年 3 月 1 日起，中国开始全面推行注册制。未经依法注册，任何单位和个人不能公开发行证券。同时，考虑到注册制改革是一个渐进的过程，《证券法》授权国务院对证券发行注册制的具体范围、实施步骤进行规定，为有关板块和证券品种分步实施注册制留出了必要的法律空间。

发行人申请发行股票时，必须依法将公开的各种资料完全准确地向证券监管机构申报。证券监管机构或者国务院授权的部门依照法定条件负责证券发行申请的注册。证券交易所等可以审核公开发行证券申请，判断发行人是否符合发行条件，信息披露要求，督促发行人完善信息披露内容，发行人的质量由证券交易所和证券中介机构来判断和决定。证券监管机构的职责是对申报文件的真实性、准确性、完整性和及时性进行合规性的形式审查。这种股票发行制度对发行人、证券交易所、证券中介机构和投资者的要求都比较高。

☑ 小思考 2-1 ···

什么是信息披露？上市公司为什么要进行信息披露？

提示：信息披露主要是指公众公司以招股说明书、上市公告书、定期报告和临时报告等形式，把公司及与公司相关的信息向投资者和社会公众公开披露的行为。

信息披露对资本市场的核心作用在于改善市场信息环境：可以降低资本市场的信息不对称程度，还可以降低交易成本，从而提高资本市场效率；信息披露的透明度和准确度不仅能提高会计盈余的价值相关性，还能改进投资者的投资决策，提升分析师的预测能力，对上市公司也有积极作用。

···

2.1.2 股票发行与承销的实施

股票发行的最终目的是将股票销售给投资者。发行人销售证券的方法有两种：一是自行销售，可称之为"自销"；二是委托他人代为销售，可称之为"承销"。一般情况下，公开发行以承销为主。承销是发行人将股票销售业务委托给专门的证券经营机构（承销商）销售。

股票发行与承销实施过程离不开投资银行的参与，按照风险承担和手续费的高低，投资银行的股票承销可以划分为全额包销、余额包销和代销。

全额包销是指由承销商先全额购买发行人该次发行的股票，然后再向投资者发售的发行方式。全额包销的承销商承担全部发行风险，并向发行人收取较高的手续费。这种承销方式可以保证发行人及时得到所需的资金。

余额包销，又称助销，是指承销商按照规定的发行额和发行条件，在约定期限内向投资者发售股票，到承销期结束时，如投资者实际认购总额低于预定发行总额，未售出的股票由承销商负责认购，并按约定时间向发行人支付全部股票款项。余额包销的承销商要承担部分发行风险，因此手续费也较高。

代销是指投资银行代发行人发售股票，在承销期结束时将未售出的股票全部退还给发行人的承销方式。在代销条件下，承销协议规定的承销期结束后，如果投资人实际认购总额低于发行人预定的发行总额，承销人（承销团）将未售出的股票全部退还给发行人或包销商。

证券的代销、包销期最长不得超过九十日。包销协议签订后，股票发行的风险和责任由承销人承担，在代销方式下，股票发行风险由发行人自己承担，这是包销与代销两种承销方式的实质区别。另外，包销的费用远高于代销。

股票的发行和承销按照承销商数量的多寡，可以分为单个承销商承销和承销团承销。由承销团（通常有一个主承销商，根据需要设立一个或者若干个副承销商）承销发行的股票往往发行规模比较大，一家投资银行不足以承担风险或者投资银行担心风险过大，从而采取承销团承销的方法来达到分散风险的目的。2019年修订的《中华人民共和国证券法》第三十条规定，向不特定对象发行证券聘请承销团承销的，承销团应当由主承销和参与承销的证券公司组成。

投资银行主要从以下两个方面开展股票发行与承销工作：

1）推销和路演

投资银行在受理了某公司的股票发行和承销业务之后，就有义务对该公司及其股票进行推销。推销的目的在于通过对发行人市场形象的设计和市场推荐，引发市场对该公司拟发行股票的需求，同时根据反馈得到的数据，合理准确地确定股票发行的数量和价格。

投资银行对发行人的推销一般集中在对发行人良好的公司形象的展示和上市后良好的业绩表现上，以赢得投资者对该公司的投资兴趣，确保承销的股票能够在市场上迅速被投资者认购。

投资银行往往会同发行人的高级管理人员到某些城市和金融中心进行路演，推销发行人，拜会潜在的机构投资者和证券分析员，使他们对公司的股票产生兴趣。路演给发行公司提供了一个展示公司形象、公司素质和公司成长前景的机会，同时能够增强投资者信心，创造新股的市场需求。设计合理、有效的路演是有依据可循的。股票的内在价值始终是路演的基础。投资银行在向投资者推荐股票内在价值的过程中，一般比较注重股票的动态价值，即股票发行人未来可能获得的成长机会将给投资者带来的回报。

拓展阅读 2-2

IPO 询价制度
概念解读

2）股票的定价

通过推销和路演，承销商应该从反馈得到的市场信息中确定股票发行的价格和规模。根据我国法律的规定，股票不得以低于股票票面金额的价格发行。根据发行价与票面金额的差异，发行价格可以分为按票面价格发行和溢价发行。

股票的定价受到诸如公司盈利水平、公司潜力、发行数量、行业特点、股市状况等因素的影响。其中，公司盈利水平和公司潜力等有关公司的成长性因素是确定股票价格的内在因素，而股市状况等因素则是一种外部因素。

从理论上来说，承销定价是以市盈率为基础进行的。市盈率是指股票市价与每股税后收益之比。市盈率越高，表示定价越高；反之，定价则越低。实践中，确定承销价格要考虑以下因素：参考发行公司上市前最近三年平均每股税后利润率与已上市的近似种类的其他股票最近三年的平均市盈率；参考发行公司上市前最近三年平均每股所得股息与已上市的近似种类的其他股票最近三年的平均股息率；参考发行公司上市前近期的每股资产净值；参考发行公司当年预计的股利除以银行一年期的定期储蓄存款利率。

股票发行定价一般采用每股预测盈利乘以发行市盈率得出的价格作为参考定价。在实际操作中，各个国家和地区根据其市场特点的不同，逐步形成了通行的两种承销定价方式。

（1）美国式"累积订单"方式。

目前，国际上的许多巨额股票发行均采用美国式"累积订单"的方式定价。首先，由承销团与发行人确定一个双方认可的定价区间，在此定价区间内，承销团成员和所有参与到发行中的经纪人、交易商分别向自己的客户推销所发行的证券；然后，将各自的机构投资客户满意的价位和购买数量反馈给主承销商；最后，主承销商在汇总订单后，计算出各个不同价位上的需求总量，分析投资人的需求目的，如打算长期持有还是短期套利，并在此基础上由主承销商和发行人共同确定发行的最后定价。

这种定价方式的优点在于：首先，充分反映了市场对证券的评价和投资人的认购意愿，使价格可以准确地体现市场需求；其次，可以促使承销商及其他参与者尽最大的努力推销，有利于发行的成功。采用这种方式，发行成功与否取决于承销团的分销能力和努力程度，而且会增加发行人的发行费用，而承销商由于拥有预售订单，几乎不需要承担任何风险。

（2）中国香港式"固定价格"方式。

中国香港式"固定价格"方式是指承销团和发行人在公开发售前确定某一固定价格，然后再根据这一确定价格进行公开发行。这种定价方式不存在像"累积订单"方式中的巡回推介，一般由承销商与发行人通过商业谈判确定价格，因此价格的确定往往与谈判能力直接相关。承销商为了降低风险会尽量压低价格，所以这种定价方式下的发行价格一般低于"累积订单"方式下的价格。

在一些香港公募、全球配售的大型股票发行中，采取两种定价方式并用的形式。先进行全球巡回推介，在香港公募前确定最后价格，或者二者同时进行，但公募中的固定价格采用推介时价格区间的上限，如有价差，再将多缴的认购款退还投资人。

> **温馨提示 2-1**
> 要注意不同承销定价方式的区别。

典型案例 2-1

从"一企一价"到"优企优价"科创板积极探索中国特色新股估值定价

在科创板制度体系设计中，发行承销是重要一环。新股的估值定价直接关系发行人、投资者、中介机构的切身利益，是注册制改革的难点，也是市场各方关注的焦点。怎样结合科创企业特点构建市场化的询价定价机制，支持买卖双方围绕企业内在价值表达估值看法，促进合理估值、审慎定价，科创板探索了一条具有中国特色的新股估值定价之路。

"优企优价"折射买卖双方博弈深化。自 2019 年 7 月科创板设立以来，新股发行估值定价整体合理，有力支持了科技公司上市融资。已上市的 500 家科创板公司的发行市盈率区间为 7~1 737 倍，中位数 45 倍，募集资金总额为 7 594 亿元，相比注册制之前主板平均 23 倍的定价水平，科创板定价更为市场化，创新机制发挥了积极效用，实现了"一企一价"。尤其是在询价新规实施后，"抱团压价"现象显著缓解，"优企优价"进一步形成。2023年以来，122家科创板首发上市公司发行市盈率中位数为69倍，募资总额为2 514亿元、中位数为15亿元，六成上市公司首日股价实现不同程度上涨。

提高网下投资者获配数量，增强报价约束。据统计，今年沪市主板网下投资者申购一只新股获配金额中位数约为2.8万元，在人均获配新股金额较少的情况下，投资者在询价阶段往往重策略、轻研究。注册制下，科创板建立了以机构投资者为参与主体的询价定价机制，通过优化网下投资者结构，将询价对象限定在证券公司、基金公司等七类专业机构，并通过一系列机制安排，提高了这些投资者预期获配数量与金额，督促专业机构投资者提升对拟上市公司及行业的研究，加大报价约束。从申购获配情况来看，今年科创板回拨后网下发行比例中位数为63%，网下投资者申购一只新股获配金额中位数约为312万元，是核准制下获配金额的112倍，显著加大了机构报价约束。这种显著变化，一定程度上促使投资者加大对新股定价的研究力度，合理估值、审慎报价。

充分发挥券商作用，在发行人端形成定价约束。对于新股定价的主要责任主体发行人和主承销商，科创板也设计了一系列制度安排予以约束。第一，要求发行人和主承销商在定价时重点参考网下投资者报价平均水平。第二，试行保荐机构相关子公司"跟投"制度，促使保荐机构从过往单方面考虑发行人利益，调整为兼顾发行人与投资者利益。第三，鼓励引入发行人高管与核心员工通过专项资管计划参与战略配售，支持引入产业上下游企业、国家级大基金、大型保险公司等其他战略投资者，引导它们与公司未来发展"绑定"，促进理性定价。

探索中国特色新股估值定价体系是一个渐进的过程，未来将继续深化注册制改革、完善科创板新股发行承销机制，进一步促进资本、科技与实体经济高水平循环，为我国经济高质量发展增添新动能。

问题：如何看待科创板新股估值定价？

分析：新股的合理估值和定价是由多种因素和多方力量决定的，也会在外力驱动等多方面影响下产生波动，理性投资、长期投资、价值投资的理念及有效的市场约束尚未完全形成，注册制改革仍需稳步推进。

资料来源：李静.从"一企一价"到"优企优价"科创板积极探索中国特色新股估值定价[EB/OL].[2022-12-28].http://www.jjckb.cn/2022-12/28/c_1310686666.htm.有改动。

2.2　债券发行与承销

债券发行必须在具备法律要求的发行条件之后，采用一定的发行方式发行。债券的承销是将债券委托给专门的债券承销机构代理销售债券的行为。债券的发行与承销主要包括债券的信用评级、发行与承销工作的实施。

2.2.1　债券的信用评级

债券的信用评级就是由专门的信用等级评定机构根据发行者提供的信息材料，并通过调查、预测等手段，运用科学的分析方法，对拟发行债券的偿债可靠性或违约及其风险程度所做的综合评价。

债券在发行前还应该聘请专门的信用评级机构对企业进行信用评级，这也是债券发行和股票发行最大的区别。信用评级主要从风险管理、主体承担债务能力、获得社会信誉能力等方面考量被评估者，并且用一定的形式来表示考量的结果。

国际上知名的信用评级机构主要有美国穆迪投资者服务公司、标准普尔公司、日本公社债研究所、日本投资家服务公司等。我国则由中国人民银行指定的包括上海远东资信评估有限公司和大公国际资信评估有限公司在内的十家机构从事企业信用评估。

1）债券信用评级的程序

（1）发行人提出评级申请。债券评级首先要由债券发行人或其代理人向信用评级机构提出评级申请，并向评级机构提供详细的书面材料。这些材料主要包括公司状况、财务状况、长期债务、自有资本结构和债券发行概要等。

（2）信用评级机构审查并进行分析。首先，信用评级机构与发行单位的主要负责人见面，就书面材料中值得进一步调查的问题和其他有关情况提出询问。其次，对提供的书面材料进行分析。其分析的内容主要包括：发行人所属行业的动向以及发行人在该行业中的地位；发行人的经营管理情况、内部审计体制、资本构成的安全性和偿付本息的能力；信托合同中规定的财务限制条款和债券的优先顺序；对发行人所属的国家或地区作出评价，分析其政治风险和经济风险；分析发行人在国家政治经济中的重要性和国家与发行人的关系。

（3）信用评级机构评定债券等级。在调查分析的基础上，信用评级机构通过投票决定发行人的信用级别，并与发行人联系，征求其对评级的意见。经发行人同意后，最后决定信用级别。如果发行人不服信用评级机构的评定，可提交理由书，申请变更信用级别，并由发行人提交追加资料，信用评级机构根据追加资料，再次进行讨论，重新决定信用级别，变更申请只能有一次。信用评级机构评定债券信用级别后，一方面通知评级申请人，另一方面将评级结果汇编成册，公开发行。

（4）信用评级机构跟踪调查。信用评级机构评定发行人的债券之后，还要对发行人从债券发售至清偿的整个过程进行追踪调查，并定期审查，以确定是否有必要修正已发行、流通债券的原定等级。如果发行人的信用、经营状况等发生了较大的变化，信用评级机构认为有必要的话，就会作出新的评级，通知发行人并予以公告。

2）衡量债券信用等级的依据

信用评级机构在评价公司债券信用等级时，主要看重的是企业本金支付债务的可靠程度。为此信用评级机构通常从企业的现时经营状况和可能的将来收益来衡量一个企业发行债券的信用等级。确定企业信用等级主要考虑以下五个方面：

（1）企业规模。企业规模越大，该企业所具有的优势也就可能越多，信用等级越高。例如，具有丰富的产品线、广阔的营销渠道、由规模效应带来的更加低廉的单位成本、强大的研发能力和雄厚的资金实力等。

（2）产品生命周期。只有企业的主营产品迈入了稳定的增长期，才有可能获得市场上绝大多数投资者的认同，企业信用等级就高。如果一个企业的主营产品处于该产品生命周期的末期，那么这个企业未来的发展前景是不能让投资者保持乐观的。如果一个企业的产品处在产品生命周期的开始，那么只能吸引一小部分偏爱风险的投资者。

（3）企业的财务指标。财务指标在一定程度上反映了企业的现时经营状况和未来盈利能力。如果企业的经营状况越好、盈利能力越强，那么信用等级就越高。

（4）从资产流动性方面来考虑，通过计算流动比率来衡量企业通过流动资产清偿流动负债的能力；通过计算速动比率来衡量企业将部分资产变现来偿还流动负债的能力；通过计算存货周转率来衡量企业当年存货周转的次数。这些指标的计算结果越合理，信用等级越高。

（5）从资产负债率来分析，资产代表着企业未来可能的收益，而负债意味着企业未来可能的经济资源的流出，资产负债率越合理，信用等级就越高。此外，信用评级机构还会考量流动负债和长期负债分别占全部债务的比例。

此外，信用评级机构还会计算销售毛利率、销售成本率、总资产税后收益率等指标。

在计算了这些指标之后，信用评级机构会根据一定的权重计算得出该企业财务部分的得分。结合其他宏观环境因素和企业发展前景预测，信用评级机构就能够给出相应的等级。

3）债券信用评级的等级

国际范围内比较有影响力的企业信用等级指标体系是穆迪和标准普尔分别制定的指标体系。穆迪将企业信用等级由高到低分为 Aaa、Aa、A、Baa、Ba、B、Caa、Ca、C 共九个等级，Aaa 级为信用最高级。标准普尔则将企业信用等级从高到低分为 AAA、AA、A、BBB、BB、B、CCC、CC、C、D 共十个等级，AAA 级为信用最高级。

2.2.2　债券发行与承销的实施

债券发行必须在具备法律要求的发行条件后，采用一定的发行方式发行。法律规定的债券发行条件主要包括发行金额、债券面值、债券期限、偿还方式、票面利息、付息方式、发行价格、发行方式、收益率、税收效应、是否记名、债券选择权、发行费用以及有无担保等。

债券可以采取公募发行或者私募发行两种方式中的任意一种方式。公募发行是指由承销商面向广泛的不特定的投资者群体发行债券；私募发行是指面向特定的投资者进行债券的发行。私募发行因为发行之前已经确定了一定范围的投资者作为发行对象，所以发行时间比较短、效率较高，债券发行人能以较快的时间获得所需的资金。但是，因为私募发行债券的流动性比较差，所以投资者相应地要求较高的回报。公募发行的债券流动性较好，发行面广，投资者数量众多，但发行所需时间比较长，费用也比私募发行更高。

1）国债的发行与承销

国债具有的以政府信用所决定的风险较低的特性，使其除非在国外发行，一般不进行信用评级。国债所固有的国家信用的特殊属性，使其在发行与承销的过程中，在发行方式及价格确定、承销手续费等方面，与股票和公司债券不同。

（1）国债的发行方式与定价。

国债的发行方式有公开竞拍招标方式、直接要约和拍卖等。

①公开竞拍招标方式。公开竞拍招标方式又包括美国式招标和荷兰式招标两种。美国式招标是利用自己的交易网分销短期国债和长期国债。竞拍前的定价主要参照二级市场同期限国债的收益率。竞拍过程的招标主要有价格招标和收益率招标两种形式。价格招标是按照投标人所报买价从高到低顺序排列，报价高者优先中标，直至满足预定发行额为止，中标价格以各自投标报价为准，这样就产生了中标的多种价格。价格招标主要适用于贴现国债的发行。收益率招标是国债的票面利率由投资者以投标方式进行竞争，按照投标人所报的收益率由低到高顺序排列，收益率低的排列在前优先中标，直到满足预定发行额为止。中标的承销机构分别以各自报出的收益率来认购国债，并以各中标人投标收益率的加权平均值作为国债的票面利率。收益率招标主要适用于附息国债的发行。荷兰式招标通常采用以价格、收益率或缴款期为标的的招标方式，即以募满发行额为止所有中标商的最低中标价格、最高收益率或最迟缴款期作为最终中标的价格、收益率或缴款期，所有中标商的价格、收益率或缴款期都是相同的。在这种方式下不存在非竞争性投标者，所有参与者均需投标出价。

②直接要约。直接要约是由投资银行向发行人发一个实盘，以一定利率和期限购买发行人的债券，发行人需要在一天或几个小时内答复。如果接受要约，则交易达成。投资银行可以把所购债券分销给客户或其他投资银行。通常情况是，投资银行已事先把债券出售给自己的机构客户了。

③拍卖。在这种承销方式下，发行人公布证券发行条件，有意者出价购买全部证券。通过拍卖方式，债券能够得到最高出价。

（2）国债的承销费用。

国债本身所固有的国家信用保证，使其承担的投资风险远远低于股票和公司债券。因此，国债承销的手续费要比股票和公司债券低得多。许多国家采取公开竞拍招投标方式发行国债，节省了大量的承销费用。

在附息方式下，承销手续费的支付是按承销金额的一定百分比计算的。例如，我国对于记账式国债一般按0.3%支付承销手续费；而对于实物券式和凭证式国债，一般支付0.65%的手续费。在零息债券发行方式下，承销手续费往往以绝对数金额包含在低于面值发行的报价之中。

☑ 小思考 2-2 --

什么是零息债券？

提示：零息债券是指低于面值发行、到期以面值偿还的债券。

2）公司债券的发行与承销

公司债券承销的方式同股票有许多相似之处，承销人代理企业发行债券也可以采取代销、余额包销或全额包销方式。为降低承销的风险，通常也由牵头的经理人采用辛迪加组织的形式来承销。

影响债券定价的因素主要有：资金市场或金融市场上资金供求状况及利率水平；发行公司的资信状况；政府的金融政策，如货币政策等。

债券定价的风险主要来自政府货币政策变化的不确定性，这种不确定性会改变投资者的预期收益率，从而使债券在承销阶段就存在潜在的风险（当然有时可能是机会）。这一现象源于债券价格对货币政策极强的敏感性，是债券价格机制的充分表现。因为债券价格是参照市场利率，按照风险与收益之间存在的相关变化规律确定的。当市场利率上升时，为保证债券的投资人也能获得与利率上升相对应的较高收益率，必然要降低债券本身的价格才能实现；反之，当市场利率下降时，债券的价格就会上升，使债券的收益率与市场上投资其他类似证券的收益率相当。

公司债券的承销费用不如股票有弹性。在一定的市场条件下，资信状况大体一致的发行公司所支付的承销费用大致相等。

（1）公司债券的发行条件。

在我国，公司债券的发行主体是在中华人民共和国境内具有法人资格的企业。《企业债券管理条例》是公司债券发行的依据。该条例要求发行债券的企业经济效益良好，具有偿债能力，同时有健全的会计财务制度，所筹集资金的运用符合国家相关规定。

2019 年修订的《中华人民共和国证券法》第十五条规定，"公开发行公司债券，应当符合下列条件：（一）具备健全且运行良好的组织机构；（二）最近三年平均可分配利润足以支付公司债券一年的利息；（三）国务院规定的其他条件。公开发行公司债券筹集的资金，必须按照公司债券募集办法所列资金用途使用；改变资金用途，必须经债券持有人会议作出决议。公开发行公司债券筹集的资金，不得用于弥补亏损和非生产性支出。上市公司发行可转换为股票的公司债券，除应当符合第一款规定的条件外，还应当遵守本法第十二条第二款的规定。但是，按照公司债券募集办法，上市公司通过收购本公司股份的方式进行公司债券转换的除外"。

（2）公司债券承销商的资格条件。

投资银行承销公司债券，根据中国证监会的相关规定，应具备以下资格：净资产不低于 1 亿元；流动资产占净资产的比例不低于 50%；净资产与负债总额之比不低于10%；高级管理人员具备必要的证券、金融、法律知识，近两年内没有严重违法违规行为，其中 2/3 以上具有三年以上证券业务或五年以上金融业务工作经历；具有熟悉有关业务规则及操作程序的专业人员；具有完善的内部风险管理和财务管理制度；公司在近年内无严重的违法违规行为；中国人民银行要求的其他条件。

牵头组织承销团的证券经营机构或独家承销债券的证券经营机构为主承销人。担任主承销人的，除应当具备上述规定的条件外，还应具备下列条件：净资产不低于 5 亿元；专职从事债券业务的人员不少于 5 名，并且拥有具备会计、法律知识的专业人员；参加过 3 只债券承销或具有三年以上债券承销业绩；在最近一年内没有出现作为债券主承销人在承销期内售出的债券不足发行总数 30% 的记录。

（3）公司债券发行程序。

公司债券的发行需要向中国人民银行申请。拟发行公司债券的公司应向中国人民银行递交债券发行章程、法律意见书等相关申请文件。债券发行章程应当注明发行人的名称、住所、经营范围、法定代表人、联系电话、邮政编码，中国人民银行批准债券发行的文号、日期，债券的名称、期限、利率、票面金额、发行价格及发行总额，发行对象、日期、期限、方式，债券计息起止日、还本付息的期限和方式，发行债券的目的、用途及效益预测，经营风险和兑付风险以及防范措施，最近一个季度的财务报告，最近三年的主要财务数据与指标，企业最近三年的生产经营状况及有关业务发展基本情况，保证人基本情况，以及中国人民银行要求载明的其他事项。中国人民银行批准债券发行后，发行人应在批准之日起三个月内开始发行债券，否则原批准文件自动失效；若企业仍需发行债券，则应另行申请。有下列情形之一的，不得再次公开发行公司债券：①前一次公开发行的公司债券尚未募足；②对已公开发行的公司债券或者其他债务有违约或者延迟支付本息的事实，仍处于继续状态；③违反《证券法》的规定，改变公开发行公司债券所募资金的用途。

> 小实训 2-1
>
> 　　选择当地一家上市公司，对其股票和债券的发行过程进行详细分析，以进一步掌握股票与债券发行的相关内容。

》【学思践悟】

中信建投证券：彰显金融担当，共创可持续美好未来

中信建投证券深入学习贯彻党的二十大精神，秉承"汇聚人才、服务客户、创造价值、回报社会"的公司使命，积极践行国有金融企业使命担当，以服务实体经济为落脚点，紧紧围绕国家战略布局，全方位服务创新驱动战略，加大对民营和中小企业支持力度，促进普惠金融发展，切实做好"金融活水"护航实体经济。

服务国家战略，共谱高质量发展新篇章。支持创新产业，公司落实国家科技创新发展战略，助力中航无人机、华秦科技、唯捷创芯、云从科技、软通动力、中钢洛耐等一批致力于创新驱动发展的硬科技企业上市，积极为科创型企业提供融资支持。2022年，公司完成科创板、创业板、北交所 IPO 项目 34 家；主承销科技创新公司债 33 只，承销规模 210.05 亿元；完成新三板挂牌企业定增 18 家，募集资金 6.40 亿元，持续督导新三板创新层企业 47 家；子公司中信建投投资完成科创板 IPO 战略配售跟投 13 家，投资金额 9.38 亿元。

彰显金融担当，积极践行社会责任。推进乡村振兴、巩固脱贫攻坚成果，公司响应国家号召，积极做好结对帮扶等公益工作，通过金融帮扶、产业帮扶、智力帮扶等方式，缓解脱贫地区融资难题，加强当地基础设施建设，全方位助力脱贫地区帮扶。2022年，公司助力脱贫地区企业融资，承销乡村振兴及扶贫债券 8 只，主承销规模人民币17.65 亿元，融资规模人民币 36.67 亿元。中信建投证券以落实国家战略、服务实体经济、促进共同富裕为己任，积极履行企业社会责任，扎实推进社会公益工作。

当代大学生在学习金融知识的同时，应当密切关注国家重大战略需求，不断学习和提升自己的能力，不断适应国家重大战略需求的变化和发展。同时，积极参与社会实践，了解社会发展的需求和趋势，增强自己的社会责任感和使命感，为国家的发展贡献自己的力量。

资料来源：蒋泽然. 金融业社会责任系列报告（2022）|中信建投证券：彰显金融担当，共创可持续美好未来［EB/OL］.［2023-09-10］. http://www.cfthinkingfront.cn/news/20990.html.有改动。

本章要点

本章主要介绍了股票、债券发行与承销的基本概念，股票发行和债券发行的一般规定以及股票、债券发行与承销的实施过程。其中，重点是股票、债券发行与承销的准备与实施过程，难点是股票承销的定价方式。

问题讨论

1.债券发行前为什么要进行信用评级？

2.查找穆迪投资者服务公司和标准普尔公司的信用评级指标，讨论其相同点和不同点。

3.我国有哪些有名的信用评级公司？它们的评级标准怎么划分？

推荐阅读

1.《首次公开发行股票并在创业板上市管理暂行办法》，中国证券监督管理委员会，2018 年 6 月 6 日。

2.《中国证监会关于进一步推进新股发行体制改革的意见（征求意见稿）》，中国证券监督管理委员会，2013 年 6 月 7 日。

3.《证券发行与承销管理办法》，中国证券监督管理委员会，2023 年 2 月 17 日。

4.《证券发行上市保荐业务管理办法》，中国证券监督管理委员会，2023 年 2 月 17 日。

5.《上市公司证券发行注册管理办法》，中国证券监督管理委员会，2023 年 2 月 17 日。

思考与练习

1.单项选择题

（1）国务院证券监督管理机构或者国务院授权的部门应当自受理证券发行申请文件之日起（   ）内，依照法定条件和法定程序作出予以注册或者不予注册的决定，发行人根据要求补充、修改发行申请文件的时间不计算在内。

A.一个月 　　　　　B.两个月 　　　　　C.三个月 　　　　　D.半年

（2）证券公司代发行人发售证券，在承销期结束后，将未出售的证券全部退还给发行人的承销方式称为（   ）。

A.全额包销 　　　　B.余额包销 　　　　C.包销 　　　　　　D.代销

（3）中国证监会下设的（   ）受理上市公司配股申报材料并对配股资格提出审核

意见。

A. 发行审核委员会　　　　　　　　B. 上市公司监管部

C. 配股审核委员会　　　　　　　　D. 其他

2. 判断题

（1）以价格为标的的美国式招标是指以募满发行额为止的中标商最低收益率作为全体中标商的最终收益率，所以中标商的认购成本是一样的。　　　　　　　　（　　　）

（2）不管是美国式招标还是荷兰式招标，承销商以竞价方式确定各自包销的国债数额后，应该按照财政部统一规定的发行价格向外分销。　　　　　　　　　　（　　　）

（3）所谓网上定价发行，是指利用证券交易所的交易系统，主承销商作为唯一的"卖方"，投资者在一定的时间内，按照现行委托买入股票的方式进行申购的发行方式。

（　　　）

3. 简答题

（1）股票发行的条件是什么？

（2）股票发行和承销机构还应该具备什么条件？

（3）确定企业信用等级主要考虑哪几个方面的内容？

（4）我国国债的发行主要采取哪种发行方式？为什么？

案例分析

特化公司发行债券

特化公司（化名）是一家集体所有制企业，由于市场疲软，其濒临倒闭。但因为特化公司一直是其所在县的利税大户，县政府采取积极扶持的政策。为了筹集资金，特化公司经理向县政府申请发行债券，县政府予以批准，并协助特化公司向社会宣传。于是，特化公司发行的价值150万元的债券很快顺利发行完毕。债券的票面记载有：票面金额（100元）、年利率（15%）、特化公司名称以及发行日期和编号。

问题：特化公司债券的发行有哪些问题？

分析提示：

（1）《公司法》规定，股份有限公司、国有独资公司和两个以上的国有企业或者其他两个以上的国有投资主体投资设立的有限责任公司，为筹集生产经营资金，可以依照本法发行公司债券。特化公司是集体所有制企业，不具备发行公司债券的资格，发行主体不合格。

（2）发行公司债券要由公司董事会作出方案，经股东大会作出决议后，由公司向国务院证券管理部门申请批准后才能发行。而本案中，由县政府批准发行债券，这是不符合法律规定的。

（3）《公司法》规定，公司发行债券必须在债券上载明公司的名称、债券票面金额、利率、偿还期限等事项，并由董事长签名，公司盖章。本案中，债券票面缺少法定记载事项。

（4）证券的发行应当由证券公司承销，而不能由特化公司自行发售。

实践训练

本章主要讲述了股票、债券的发行与承销。为了让学生深入理解证券发行的基本含义，了解投资银行证券发行的实施过程，本章实践训练主要包括以下内容：

1.实训项目：查找有关证券发行尽职调查的资料。

实训目的：了解我国证券公司如何进行尽职调查。

实训步骤：

（1）到学校附近的证券公司查找尽职调查资料。

（2）写一篇关于我国投资银行尽职调查现状、问题与建议的文章，字数不少于3 000字。

2.实训项目：确定股票的发行价格。

实训目的：掌握股票询价的步骤和询价依据。

实训步骤：

（1）查找你所在城市某公司的相关资料。

（2）假定该公司为拟上市公司，请模拟股票询价方法确定发行价格。

（3）写出该公司模拟公开发行股票初步询价及推介公告。

第3章
证券交易业务

学习目标

知识目标：通过本章的学习，认识证券交易的基本理论；掌握证券经纪业务、证券自营业务、做市商业务的基本运作原理和业务流程；了解我国证券交易业务的发展现状，并能够把所学知识运用到证券经纪业务、证券自营业务、证券做市商业务等实际交易中。

技能目标：通过本章的学习，具备顺利开展证券交易操作的基本技能，能够用正确的方法开展证券经纪业务、证券自营业务与做市商业务，能够具备适应投资银行实际工作岗位的基本能力。

知识结构图

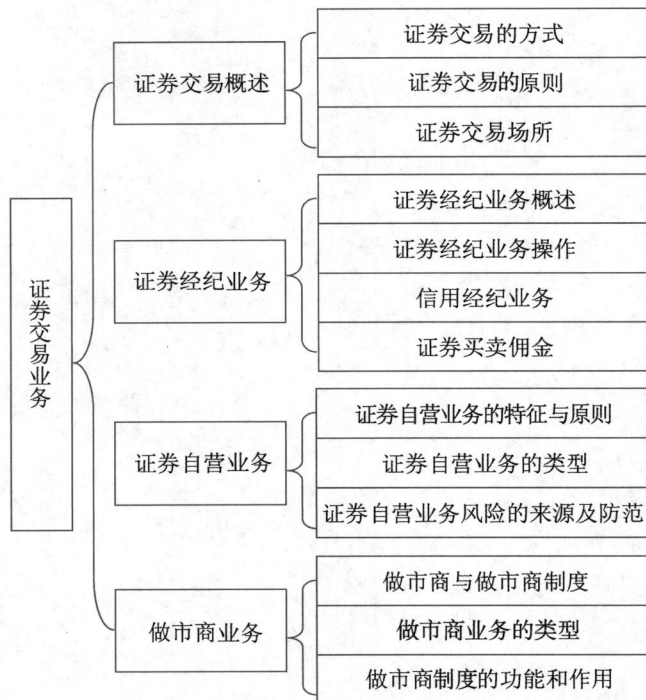

导入案例

区域性股权交易市场

区域性股权交易市场是为特定区域内的企业提供股权、债权的转让和融资服务的私募市场，是我国多层次资本市场的重要组成部分，也是中国多层次资本市场建设中必不可少的部分。

2023 年 5 月 26 日，中国证券业协会（以下简称协会）区域性股权市场专业委员会（以下简称委员会）全体会议在北京召开。会议指出，在新形势下各区域性股权市场要进一步转变发展理念，构建新发展格局。

会议总结了委员会工作情况，就区域性股权市场创新试点工作、数据治理、打造私募股权投融资服务平台、与市场监管部门建立对接机制、与其他层次资本市场建立有机联系、宣传及培训等具体事项进行了经验交流，对行业的疑难问题进行了深入沟通。与会代表在发言中表示，下一步将配合证监会及协会工作安排，明确市场定位，优化市场生态，防范市场风险，积极推进各项工作。

资料来源：佚名. 中国证券业协会召开区域性股权市场专业委员会全体会议 [EB/OL]. [2023-06-19]. https://m.sohu.com/a/687044478_120250635. 有改动。

这一案例为我国区域性股权交易市场的最新发展安排。区域性股权交易市场对于促进企业，特别是中小微企业股权交易和融资，鼓励科技创新和激活民间资本，加强对实体经济薄弱环节的支持，具有积极作用。证券交易业务与上一章介绍的发行与承销业务存在相互依赖、相互依存的关系，投资银行在两个市场的业务也是相互配合、相互补充的。投资银行在证券交易业务中一般作为经纪商、自营商和做市商，为市场投资者提供多种服务。本章主要介绍证券交易的方式、原则和交易场所以及证券经纪业务、证券自营业务和做市商业务的基本原理和实际操作流程。

3.1 证券交易概述

3.1.1 证券交易的方式

证券交易是指股票、债券等有价证券的买卖和转让，是证券在市场上流通的一种手段。证券交易市场又称二级市场或次级市场，是指已经发行的证券买卖交易的场所。证券交易方式主要有以下四种：

1）现货交易

现货交易是指在证券买卖成交的同时，按照成交价格及时进行实物交易和资金清算的交易方式。采用现货交易方式，买卖双方都有证券和资金的收入或支付。其特点表现在：一是交割迅速，一般在 3~5 天内办理交割手续；二是实物交易，卖方向买方转移证券，买方向卖方转移资金；三是操作简单，风险较小，投资性弱。

2）期货交易

期货交易是指买卖双方先行成交后，在未来某一约定时间按预先约定的价格交割的一种交易方式。期货交易是在远期现货交易的基础上产生的，是一种标准化的远期交易方式。期货交易和现货交易最主要的区别在于：一是交割期限不同。现货交易交割期短，而期货交易交割期长，可以是一个月、三个月、六个月不等。二是履行交割的情况不同。现货交易在成交后要履行实际交割，而期货交易不是为了履行交割，而是利用交割期内证券价格的变动，通过对冲交易赚取差价。

3）证券回购交易

证券回购交易是指证券买卖双方在成交的同时就约定于未来某一时间以某一价格双方再进行反向交易的行为。证券回购交易实质上是一种以有价证券作为抵押品拆借资金的信用行为，也是证券市场的一种重要的融资方式。目前，我国开展的证券回购交易主要有债券质押式回购交易和债券买断式回购交易两种。

✓ 小思考 3-1 --

什么是债券质押式回购交易和债券买断式回购交易？

提示：债券质押式回购交易，是指正回购方（卖出回购方、资金融入方）在将债券出质给逆回购方（买入返售方、资金融出方）融入资金的同时，双方约定在将来某一指定日期，由正回购方按约定回购利率计算的资金额向逆回购方返回资金。

债券买断式回购交易，又称开放式回购、买断式回购，是指债券持有人（正回购方）在将一笔债券卖给债券购买方（逆回购方）的同时，交易双方约定在未来某一日期，再由正回购方以约定价格从逆回购方购回相等数量同种债券的交易行为。

证券回购交易的流程如下：

（1）回购委托。客户委托证券公司做回购交易。

（2）回购交易申报。根据客户委托，证券公司向证券交易所主机做交易申报，下达回购交易指令。回购交易指令必须申报证券账户，否则回购申报无效。

（3）交易系统前端检查。交易系统将融资回购交易申报中的融资金额与该证券账户的实时最大可融资额度进行比较，如果融资要求超过该证券账户实时最大可融资额度，则属于无效委托。

（4）交易撮合。证券交易所主机将有效的融资交易申报和融券交易申报撮合配对，回购交易达成，证券交易所主机成交金额实时扣减相应证券账户的最大融资额度。

（5）成交数据发送。T日闭市后，证券交易所将回购交易成交数据和其他证券交易成交数据一并发送给结算公司。

（6）标准券核算。结算公司每日日终以证券账户为单位进行标准券核算，如果某证券账户提交质押券折算成的标准券数量小于融资未到期余额，则为"标准券欠库"，登记公司对相应参与人进行欠库扣款（由于采取前端监控的方式，一般情况下，不会出现参与人和投资者"欠库"的问题，只有标准券折算率调整才可能导致"标准券欠库"）。

（7）清算交收。结算公司以结算备付金账户为单位，将回购成交应收或应付资金数据，与当日其他证券交易数据合并清算，轧差计算出证券公司经纪和自营结算备付金账户净应收或净应付资金余额，并在T+1日办理资金交收。

在回购到期日，交易系统根据结算公司提供的当日回购到期的数据，为相关账户增加相应可融资额度。融资方可以在可融资额度内进行新的融资回购，从而实现滚动融资；或者融资方可以申报将相关质押券转回原证券账户，并可在当日卖出，卖出的资金可用于偿还到期回购款。

4）信用交易

信用交易又称保证金交易、垫头交易，是指投资者在缺乏足够的资金以支付购买证券所需的价款，或没有足够的证券可供卖出时，可在委托有效期内，只需按规定的保证金比率向经纪商缴纳保证金，其余款项（或证券）由经纪商垫付，买进或卖出证券的一种证券信用交易方式。

信用交易分为融资和融券两种。融资交易又称保证金买进交易或保证金多头交易，是指投资者预期证券价格看涨但又没有足够资金，缴纳保证金后余款由证券商垫付，买进证券，当证券价格上涨后，卖出相应的证券归还借款。融券交易又称保证金卖空交易或保证金空头交易，是指投资者预期价格下跌时，欲卖出证券但又没有证券，投资者在缴纳保证金后借入证券卖出，当证券价格下跌时，在低价位补进证券归还证券商，从中获利。

3.1.2　证券交易的原则

证券交易的原则是反映证券交易宗旨的一般法则，它应该贯穿于证券交易的全过程。为了保障证券交易功能的发挥，以利于证券交易的正常运行，证券交易必须遵循"三公"原则。

1）公开原则

公开原则又称信息公开原则，是指证券交易是一种面向社会的、公开的交易活动，其核心要求是实现市场信息的公开化。根据这一原则的要求，证券交易参与各方应及时、真实、准确、完整地向社会发布自己的有关信息。在我国，强调公开原则有许多具体内容。例如，对股票上市的股份公司，其财务报表、经营状况等资料必须依法及时向社会公开；股份公司的一些重大事项也必须及时向社会公布等。按照这个原则，投资者对于所购买的证券，就可以进行充分、真实、准确、完整的了解。

2）公平原则

公平原则是指参与交易的各方应当获得平等的机会。它要求证券交易活动中的参与者都有平等的法律地位，各自的合法权益都能得到公平的保护。证券市场的行为有着极强的利益相关性，证券价格的变动直接关系到投资者的投资盈亏，每一项监管措施和监管行为涉及众多市场参与者的切身利益。在证券交易活动中，公平的市场规则、平等的主体地位、以价值规律为基础的证券交易形式就是公平。

3）公正原则

公正原则是指应当公正地对待证券交易的参与各方，以及公正地处理证券交易事务。证券市场是广大投资者和各类机构集中交易的场所，具有人数众多、利益相关度高、风险大等特点，有着很强的政策性，这在客观上要求对证券市场的监管应充分展示法律的公正性和严肃性，以保证证券市场的健康运行。

✓　小思考 3-2　　┈┈┈┈┈┈┈┈┈┈┈┈┈┈┈┈┈┈┈┈┈┈┈┈┈┈┈┈┈┈┈┈┈┈┈┈┈┈┈

公正原则的基本要求包括哪些方面？

提示：（1）反欺诈。欺诈是指证券发行者制造、散布虚假或使人迷惑的信息，欺诈投资者。（2）反操纵。操纵是指通过合资或者集中资金来影响证券的发行及发行价格，以从中获利。（3）反内幕交易。内幕交易是指公司人员利用内幕信息买卖证券的行为。

3.1.3 证券交易场所

证券交易场所是供已发行的证券进行流通转让的市场，该场所由集中交易市场和场外交易市场组成。

1）集中交易市场

集中交易市场主要指证券交易所，它是有组织的市场，是集中买卖已发行证券的有形市场。证券交易所作为证券进行集中交易的场所，它本身不持有证券，也不进行证券的买卖，当然更不能决定证券交易的价格。证券交易所为交易双方的成交创造或提供条件，并对双方进行监督。证券交易所的组织形式有会员制和公司制两类。会员制的证券交易所是由符合一定条件的会员自愿组成的，是不以营利为目的的法人团体。公司制的证券交易所则是由股东出资组成的股份有限公司，是以营利为目的的法人团体。

证券交易所的基本功能有：

（1）为交易双方提供了一个完备、公开的证券交易场所，促使证券买卖迅速、合理地成交。证券交易所具有成交量大、买卖频繁、报价差距小、交易完成迅速等特点。

（2）形成较为合理的价格。证券交易所的证券交易价格是在充分竞争的条件下，由买卖双方公开竞价形成的，因此能反映供求关系，在一定程度上能体现证券的投资价值。

拓展阅读3-1

澳门证券
交易所

（3）引导社会资金的合理流动和资源的合理配置。证券交易价格的波动通常是资本市场供求关系的反映，反过来又会促进资本向价格信号指引的方向流动，并引导社会资源的流动。

2）场外交易市场

场外交易市场是指在证券交易所外由证券买卖双方当面议价成交的市场。它没有固定的场所，也没有正式的组织，实际上是一种通过电信系统直接在证券交易所外进行证券买卖的交易网络。场外交易市场的一个共同特点是，在国家法律限定的框架内，由成熟的投资者参与，接受政府管理机构的监管。

具体来说，场外交易市场可以分为以下三类：

（1）柜台市场，又称店头市场。在柜台市场交易的证券，主要是按照法律规定公开发行而未能在证券交易所上市的证券。当然，能够在场内交易的证券也可以在柜台市场进行交易。柜台市场的交易价格由买卖双方协商议定，在柜台市场一般只进行即期交易。柜台市场的交易场所一般在证券经营商的营业处，它不是严格意义上的固定场所，因此属于场外交易。柜台市场是最为典型的场外交易市场。

（2）第三市场，又称店外市场。它是靠证券交易所会员直接从事大宗上市股票交易形成的市场。它实际上是"已上市证券的场外交易市场"，是指已在正式的证券交易所内上市却在证券交易所外进行交易的证券买卖市场。第三市场的参与者主要是各类投资机构，如银行的信托部、养老基金、互助基金和保险公司等。第三市场具有费用低的特点。

（3）第四市场。第四市场是指投资者完全绕过证券商，通过电子计算机网络直接进行证券交易而形成的市场。由于科技发展迅速，特别是计算机和通信技术日益发达，买卖双方只需要利用计算机系统，通过终端设备进行交易，因此第四市场交易成本低、成交快、保密好，具有很大的潜力。参与第四市场交易的都是一些大企业、大公司，它们进行大宗股票买卖，不通过证券交易所，直接通过计算机网络进行交易，主要是为了不暴露目标。

3.2　证券经纪业务

3.2.1　证券经纪业务概述

1）证券经纪业务的含义

证券经纪业务是投资银行作为证券买卖双方的经纪人，按照客户投资者的委托指令，在证券交易场所代理客户进行证券买卖并收取佣金的证券中介业务。证券经纪业务是大多数投资银行最重要的基础性业务之一，是投资银行日常收入的一项重要来源。

证券经纪业务具有以下特征：

（1）业务对象的广泛性。证券经纪业务交易的对象很广泛，包括在证券交易所上市交易的所有股票和证券。另外，由于证券价格瞬息万变，证券经纪业务的对象还具有多变性的特点。

（2）证券经纪业务的中介性。证券经纪商与客户之间是一种委托代理关系，经纪商向客户提供中介服务以收取佣金作为报酬。除了向客户提供信用交易服务之外，证券经纪商不能用自己的资金进行证券买卖，也不承担交易中的风险。

（3）客户指令的权威性。在证券经纪业务开展过程中，委托人的指令具有权威性，证券经纪商必须严格按照委托人指定的证券、数量、价格、有效时间进行买卖，不能以任何理由自行改变委托人的意愿。即使交易情况发生变化，经纪商也不得以任何借口，擅自更改委托指令。如果经纪商擅自更改委托人的指令，在处理委托事务中致使委托人遭受损失，经纪商必须赔偿全部损失。

（4）客户资料的保密性。证券经纪业务中投资者委托的信息资料关系到委托人的切身利益，证券经纪商有义务为客户保守秘密。保密的资料包括：客户开户的基本情况，如股东账户和资金账户；客户委托中的各项要素，如买卖证券名称、买卖数量和价格等；客户股东账户中的库存证券种类和数量、资金账户中的资金余额等。如果证券经纪商因故意或无意泄露而给客户造成损失，经纪商必须赔偿全部损失。

2）证券经纪商

根据证券经纪商经营证券的种类及其在证券交易中所起的不同作用，证券经纪商大体分为以下五类：

（1）佣金经纪人。佣金经纪人也称代理经纪人，是投资银行的代表，是独立经营的证券经纪人，他们专门代理顾客买卖证券，其报酬来自客户支付给他们的佣金。佣金经纪人在其所属的证券公司等营业网点接受投资者的委托，然后以代理人的身份进行交易。所以，佣金经纪人只按照投资者的委托指令进行交易，自己不承担任何风险。佣金经纪人是纽约证券交易所各种正式会员中人数最多的一种。

（2）独立经纪人。独立经纪人可以作为投资银行的代表，也可以作为独立经营的经纪人。这种经纪人主要是在证券交易所交易繁忙时接受其他会员的委托而从事交易。通常，当佣金经纪人业务量很大时，就会把部分业务委托给独立经纪人，或者一些会员因故未能上班，便把自己所承担的业务委托给独立经纪人，或者没有取得证券交易所正式会员的证券交易商，因自己不能直接进入交易大厅进行交易，也会把业务委托给独立经纪人。独立经纪人接受他们的业务委托而从事交易，从佣金经纪人或非正式会员证券交易商那里取得佣金。由于有一段时间他们对100美元证券交易收费2美元，因此独立经纪人又被称为"两美元经纪人"。

（3）零数经纪人。零数经纪人从事零数交易。纽约证券交易所一般以100股为交易单位，100股以上的交易称为整数交易，100股以下的交易称为零数交易。尽管零数交易实际上不在证券交易所内进行，但是其价格则完全由整数交易的行情来决定。零数经纪人专办1～99股的证券交易，发挥着拾遗补阙的作用。

（4）专家证券交易经纪人。专家证券交易经纪人有双重作用：①专家证券交易经纪人以经纪人的身份协助其他经纪人经营业务，完成客户的限价委托。在经纪人的业务比较繁忙时，经纪人往往就把这种限价委托再委托给专家证券交易经纪人。所以，专家证券交易经纪人又有"经纪人的经纪人"之称，但他们一般不直接接受客户的委托。②专家证券交易经纪人有维持证券市场供求平衡和价格稳定的责任和职能。在执行这一职能时，专家证券交易经纪人以自营商的身份在证券交易所内从事证券交易，他们通过买卖证券为其所负责的证券"制造市场"。他们必须主动、及时地对证券市场变化的各种趋势进行分析和预测，作出正确的判断，然后用自己账户的资金买入或卖出证券，以弥补市场供求的差距，使证券交易中的买价和卖价大体平衡而不致相距太远。

（5）债券经纪人。这种经纪人在证券交易所内从事债券经纪活动，有时他们也参加债券交易活动，所以他们又被称为债券交易商。

3）证券经纪业务的分类

证券经纪业务可分为柜台代理买卖和证券交易所代理买卖两种。从我国证券经纪业务的实际内容来看，柜台代理买卖比较少。因此，证券经纪业务目前主要是指证券公司按照客户的委托，代理其在证券交易所买卖证券的有关业务。由于证券交易所规定可以进行证券买卖的只能是证券交易所的会员，投资人从事股票投资不能直接进入证券交易所而只能通过证券经营机构进行，因此证券经纪商往往在全国许多城市设有营业部，客户通过营业部发出委托指令，营业部将客户指令传递到证券交易所来完成证券买卖过程。在证券经纪业务中，证券公司不垫付资金，不赚取差价，只收取一定比例的佣金（代理手续费）作为业务收入。

3.2.2　证券经纪业务操作

大部分证券经纪业务是通过证券交易所来完成的。证券交易所的场内交易程序大体上包括开户、委托、成交、清算、交割、过户和结账等阶段。

1）开户

开户是投资者在证券经纪商处开设账户的过程。投资者可以自主选择自己的证券经纪商的投资银行，投资银行也可以对投资者进行综合评判，因此开户实际上是一个双向选择的过程。

（1）证券账户。

证券公司营业部在为客户开户时须根据《中国证券登记结算有限责任公司证券账户管理规则》确认客户证券账户的开户资格及各类证券品种的交易权限，须针对客户拟投资的高风险证券品种进行客户适当性评估与管理，向客户揭示风险，并按照《中国证券登记结算有限责任公司证券账户管理规则》和账户开立的基本要求在经纪业务账户管理系统中开立证券账户。

①境内自然人申请开立证券账户：由客户本人填写自然人证券账户注册申请表，并提交本人有效身份证明文件及复印件。委托他人代办的，还需提供经公证的委托代办书、代办人的有效身份证明文件及复印件。

境内自然人申请开立 B 股账户，需先开立 B 股资金账户，即境内居民个人需凭本人有效的身份证明文件到其原外汇存款银行，将其可投资 B 股的外汇资金转入本人欲委托买卖 B 股的证券公司的 B 股保证金账户，然后凭本人有效身份证明文件和本人进账凭证到该证券公司开立 B 股资金账户，最后凭 B 股资金账户开户证明开立 B 股证券账户。

②境内法人申请开立证券账户：由客户填写机构证券账户注册申请表，提交有效的身份证明文件（企业营业执照或注册登记证书）及复印件，或加盖发证机关确认章的复印件、经办人有效身份证明文件及复印件。

境内法人还需要提供加盖公章的法定代表人证明书、经法定代表人签章并加盖公章的法定代表人开立机构证券账户授权委托书、法定代表人的有效身份证明文件及复印件。

（2）资金账户。

①客户开立资金账户，应到证券公司营业部柜台提出书面申请，出示有效身份证明文件。

②客户开立资金账户时必须签署《证券交易委托代理协议》《风险揭示书》《买者自负承诺函》（均一式两份），以及《客户资金存管合同》（一式三份）等文件。这些文件一份交给客户保存，一份由营业部存档，余下的一份《客户资金存管合同》交给指定银行。

③证券营业部在为客户开户前须对客户进行投资者入市风险教育，并进行客户身份识别，审核客户的开户资格，查验客户申请资料的真实性、有效性、完整性、一致性，留存客户申请资料，查验无误后在经纪业务账户管理系统中予以登记。

④证券营业部为申请人开立资金账户时，须依据客户的书面申请设置资金账户的证券交易委托方式、服务品种、存管或银证转账银行，请客户自行设置密码。

⑤营业部必须对客户的证券账户复印件、有效身份证明文件复印件、《证券交易委托代理协议》、《风险揭示书》、《买者自负承诺函》、业务申请书和代理人身份证明复印件等要求留存的各类资料一并归档，按资金账号进行排序，妥善保管，要配备专库并由

专人管理。

典型案例 3-1

切勿借用账户炒股

薛某在证券市场炒股已有二十余年经历，为了操作上的便利，他借用朋友王某的名义开立了资金账户和证券账户，进行股票交易操作。几年下来，通过使用王某证券账户进行交易，使得账户资产已达 300 余万元。王某知道这一消息后，动了私心，不顾朋友情谊，向法院提起诉讼，要求确权该账户内的资产。法院认为根据账户实名制原则，该账户以王某的名义开立，没有证据证明账户内的财产为薛某所有，所以账户内的财产应为王某所有。薛某聪明反被聪明误，白白损失了 300 余万元。

问题：请对以上案例进行分析。

分析：薛某借用王某的名义进行投资，本身就是一种违法行为，只能由其承担财产损失的后果。根据账户实名制的原则，投资者应当使用自己的账户进行投资，并保证账户信息与自己的身份信息完全一致，只有这样，投资者在账户中投资的资产和获得的收益才能受到法律的保护。否则，一旦发生纠纷，法院只承认名义上的所有人，而实际出资人的权利则无法得到保护。这就是借用他人账户所导致的法律风险，对广大投资者来说，一定不能忽视其中的风险，做到自觉防范，严格按照实名制的规定进行操作。

2）委托

投资者在开设账户后就可以进行证券交易了，所以委托是单次证券交易过程的真正开始。

（1）委托形式。

按委托形式划分，委托可分为书面委托，电话委托，电报委托、传真委托和信函委托，自助委托。

①书面委托，是指投资者亲自到证券公司营业部，填写委托单，经证券公司业务员审核确认后，将委托指令通过电话传送给场内经纪人，经纪人以会员的名义代理投资者买卖股票的方式。目前，我国基本不采用该种委托方式。

②电话委托，是指投资者通过打电话的形式通知证券公司经纪商要求按其指令办理证券买卖的方式。目前，我国电话委托形式采用电脑提示下的自动委托，在一定程度上减少了纠纷。

③电报委托、传真委托和信函委托，是指投资者通过电报、传真和信函的形式通知证券公司经纪商要求按其指令办理证券买卖的方式。

④自助委托，是指投资者直接使用磁卡证券账户进行买卖交易的方式。在金融电子化的浪潮中，磁卡和电脑网络自助委托已成为重要的委托形式，传统委托形式有向现代电子委托形式转变的趋势。

（2）委托价格。

按照委托价格划分，委托可分为市价委托和限价委托。

①市价委托，是指投资者委托证券经纪商按照执行指令时的市场价格买入或卖出证券，投资者并不规定买入或卖出的具体价格，但要求该委托进入交易大厅或交易撮合系

统时以市场上最好的价格进行交易。该种委托方式的优点有：一是保证即时交易，交易量大；二是消除了因价格限制不能成交所产生的价格风险。但是，市价委托也有缺陷，容易使经纪商和投资者之间发生纠纷。

②限价委托，是指投资者委托证券经纪商按其限定价格或更有利的价格买入或卖出证券的委托。例如，在买入股票时，投资者所委托的价格为最高价，经纪商只能按等于或低于该委托价格的价格为投资者办理成交；在卖出股票时，投资者所委托的价格为最低价，经纪商只能按等于或高于该委托价格的价格为投资者办理成交。限价委托形式弥补了市价委托形式容易使经纪商和投资者之间发生纠纷的缺陷，但是容易使投资者失去最佳的买卖时机。

（3）委托期限。

按委托期限划分，委托可分为当日有效委托、当周有效委托和撤销前有效委托等。

①当日有效委托，即委托生效后，在当天收盘前一直有效，收盘后即无效的委托。

②当周有效委托，即委托生效后，在当周最后一天收盘前一直有效，之后即无效的委托。

③撤销前有效委托，即委托生效后，在投资者撤销该委托前一直有效，撤销后即无效的委托。

> **温馨提示 3-1**
> 　　我国现行规定的委托期限为当日有效。

（4）委托数量。

按委托数量划分，委托可分为整数委托和零数委托。整数委托是委托买卖证券的数量为一个交易单位或以交易单位的整数倍计。一个交易单位俗称"1 手"。按照现行规定，1 手相当于 100 股股票、100 份基金或 1 000 元面额债券。在债券回购时，1 手=1 000 元标准券或综合券。在实际应用中，上海证券交易所和深圳证券交易所均是股票按股填报买卖数量，债券按张填报买卖数量（1 张为 100 元面值债券）。零数委托是指委托买卖证券的数量不足证券交易所规定的一个交易单位。目前，零股只能卖出，不能买进。

3）成交

（1）成交的原则。

买卖成交的原则包括价格优先原则和时间优先原则。

①价格优先原则。经纪商在为买卖双方撮合成交时，在同等条件下，报价低的卖单较报价高的卖单优先成交；报价高的买单较报价低的买单优先成交。按照价格优先原则，申报竞价时，如买卖价位相同立即成交；如买入申报价高于卖出申报价，按对手价成交。

②时间优先原则。在申报价格相同时，先递报价单比后递报价单优先成交。在无法区分先后时，由中介经纪人组织抽签决定。当经纪商更改申报时，按原申报的时间顺序自然消除，新申报按更改后报出的时间顺序排列。

此外，有的证券交易所还实行客户优先原则和数量优先原则。客户优先原则是指客户的申报比证券商自营买卖申报优先满足。数量优先原则是指申报买卖数量大的比申报买卖数量小的优先满足。

（2）竞价的方式。

目前，证券交易一般采用两种竞价方式，即集合竞价和连续竞价。

①集合竞价是指对在规定时间内接受的买卖申报一次性集中撮合的竞价方式。

②连续竞价是指对买卖申报逐笔连续撮合的竞价方式。

（3）竞价的结果。

证券交易的达成是通过竞价的方式来完成的。竞价的结果有三种可能：全部成交、部分成交、不成交。

①全部成交。委托买卖全部成交，经纪商应及时通知委托人按规定的时间办理交割手续。

②部分成交。如果委托人的委托未能全部成交，则经纪商在委托有效期内可继续执行，直到有效期结束。

③不成交。如果委托人的委托未能成交，则经纪商在委托有效期内可继续执行，等待机会成交，直到有效期结束。

4）清算

清算是指投资银行之间相互冲抵证券和价款的过程，因为经纪商受多个投资者的委托，进行了多项证券交易，有买进也有卖出。证券清算主要有两种方式，即净额清算和逐笔清算。

（1）净额清算。

由于不可能做到每笔交易即时清算，这就产生了交付净额的要求，一般证券交易所都有自己专门的清算中心，集中办理清算业务，通常以每一个交易日为一个清算期，对各经纪商的应收、应付价款和证券进行冲抵和结算，算出应收、应付的余额，然后进行价款和证券的划转，其目的在于减少证券和现金的实际交割数量，节省人力和物力。

（2）逐笔清算。

对每一笔成交的证券及相应价款进行逐笔清算，主要是为了防止在证券风险特别大的情况下净额清算风险积累情况的发生。

5）交割

交割的过程是买方交出价款给卖方，卖方交出证券给买方的过程。证券交易的清算完成后，证券交易双方就应在约定的时间内对清算的余额办理交接和转账，然后各经纪商根据投资者的委托成交情况将相应的价款和证券划入投资者的账户。买方交付价款，收到证券；卖方交出证券，收回现金。交割是证券交易过程的结束。

按照成交后至交割时间的长短划分，交割可分为以下四种：

①当日交割，是指在成交的当日进行交割，即T+0日。

②次日交割，是指在成交的次日进行交割，即T+1日。

③第三日交割，是指在成交后的第三天进行交割。

④例行交割，是指西方大多数证券交易所惯用的在成交后第五天进行交割。

✓ 小思考 3-3 ··

清算与交割的区别是什么？

提示：清算与交割二者的根本区别在于：清算是对应收、应付价款和证券的轧抵计算，其结果是确定应收、应付净额，并不发生财产的实际转移；交割则是应收、应付净额（包括价款和证券）的收付，发生了财产的实际转移。

··

6）过户

证券交易结束后，对记名证券而言，必须办理过户手续。记名证券是指券面上记载有持有人名称，并在发行人的有关名册上进行登记的证券。其权利的特点是"认人不认券"，因此证券的转让及其权利的转移必须按法定程序进行。记名证券交易完成后，必须到证券登记公司办理过户，即把受让人的姓名记载于票面上，并在发行者的相关名册上进行变更登记，否则转让无效，受让人并不能享有与该证券相关的各种权利。不记名证券可以自由转让，无须办理过户。

7）结账

整个交易完成后，经纪商应将账单及时送交客户。客户也应按经纪业务协议支付足额佣金。在信用交易的条件下，经纪商和客户还应就信用金及其利息进行结算。同时，经纪商应按时向证券监督机构呈报报表，报告当日证券交易的名称、数量、价格等情况。

除了在证券交易所交易外，还可以在场外交易市场上进行交易。场外交易市场（OTC市场）是非上市证券的市场。场外交易市场的投资者不一定要以经纪人为中介来完成交易，如在第四市场就无须经纪人作为交易中介。作为典型的场外交易市场，NASDAQ市场近年来发展迅速。投资者在NASDAQ市场进行交易的程序大体上与证券交易所的场内交易程序相似。由于NASDAQ市场是由多家做市商主持后的市场，因此经纪商在接到投资者的委托后，是参与竞价而不是在许多做市商的不同报价中择优成交。

┌──┐
小实训 3-1
　　应用大智慧系统模拟操作股票交易。
└──┘

3.2.3　信用经纪业务

1）信用经纪业务的类型

信用经纪业务也称融资融券业务，是指投资银行作为经纪商，在代理客户买卖证券时，以客户提供部分资金或有价证券作为担保为前提，为其代垫交易所需资金或有价证券的差额，从而帮助客户完成证券交易的业务行为。信用经纪业务是投资银行融资功能与一般经纪业务相结合的产物，是对传统经纪业务的创新。2011年10月，中国证监会印发《关于修改〈证券公司融资融券业务试点管理办法〉的决定》的通知，融资融券业务转为证券公司常规业务。

信用经纪业务有两种类型，即融资与融券。

（1）融资与买空。

融资是指客户预计未来价格上扬而委托买入证券时，投资银行以自有或融入的资金为客户垫支部分资金以完成交易，以后由客户归还本金并支付利息。投资者这种借入资金购买证券的行为，就是通常所说的"买空"。投资者通过融资实现了财务杠杆，证券价格上涨，投资者将加倍获利；证券价格下跌，投资者也将加重损失。下面举一个案例进行分析。

假如某投资者有 2 000 元可用于投资，欲购买 A 公司股票，时价 10 元/股，该投资者可买 200 股。在不计手续费的情况下，股价上涨至 15 元/股，该投资者可获利 1 000 元，股价下跌至 5 元/股，该投资者将损失 1 000 元。又假如投资银行给该投资者按 1：1 的比例融资，那么该投资者可购买 400 股 A 公司股票。因此，当股价上涨至 15 元/股时，该投资者可获扣减融资利息后的不足 2 000 元利润；当股价下跌至 5 元/股时，该投资者将损失 2 000 元和融资利息。

（2）融券与卖空。

融券是指客户预计未来价格下调而卖出证券时，投资银行以自有、客户抵押或借入的证券为客户代垫部分或全部证券以完成交易，以后由客户买入并归还所借证券且按与证券相当的价款计付利息。投资者这种卖出自己实际并不持有的证券的行为即通常所说的"卖空"。其基本立足点为投资者对后市看淡。如果投资者后来买入证券的价格低于卖出的价格，投资者将获利。与买空一样，由于实施卖空操作，风险和收益对投资者来说都加大了。下面举一个案例进行分析。

假如某投资者有本金 2 000 元，保证金比例为 50%，当证券价格为每单位 10 元时，按规定该客户可卖出 400 单位该种证券，卖出价款总额 4 000 元。当证券价格下跌到每单位 5 元时，客户可用 2 000 元买入 400 单位该证券归还投资银行，便可获利 2 000 元。当卖空证券的价格不跌反涨时，投资者则要蒙受损失。

卖空是资本市场的一个重要机制。没有卖空机制的市场，证券的定价会因投资者的过分乐观而偏高。而有了卖空机制，证券的价格会被更好地实现。但卖空又是一个相当危险的机制，因为当价格下跌时，投资者纷纷卖空容易导致证券市场的崩溃。为了防止这一现象的发生，证券交易所可用波幅分析方法对卖空进行的时间给予限制，即卖空只能在以下条件下才能进行：①某只股票的售价高于前一次交易的价格；②某只股票的交易价格与前次相比没有什么变化，但前一次交易的价格必须高于再前一次的价格。

✅ 小思考 3-4 --

为什么信用经纪业务仍属于经纪业务的范畴？

提示：其原因在于：（1）投资银行提供信用的对象必须是委托投资银行代理证券交易的客户；（2）投资银行不承担交易风险，也不企图获取交易所产生的收益。

2）信用经纪业务的影响

（1）对证券市场而言，信用经纪业务会增加投入市场的资金量，扩大证券市场的供需，起到活跃市场的作用。信用交易可增加证券交易的连续性，提高证券的换手率，从而提高市场的流动性。另外，在市场价格过大地偏离证券内在价值时，信用交易有调节市场价格和稳定市场的作用。但是，信用经纪业务也可能产生助长市场短线投机过度的负面影响。

（2）对证券监管部门而言，各个国家都结合自身的特点，制定了相应的法规和制度，利用对信用经纪业务具体规定的改变，有效地调节市场，如增减信用交易的证券品种、改变保证金比例、改变保证金账户的开户标准、调整融资和融券的利率上下限及公布信用交易余额等。有时为了抑制市场过度投机，证券监管部门还有可能在一段时间内全部或部分暂停信用交易。

（3）对金融和产业经济而言，如果信用经纪业务发展到一定阶段，证券市场价格和交易规模达到一定程度，则可能影响货币供应量、利率等货币政策目标，并通过资金一、二级市场之间的分配以及资金在证券市场与产业部门之间的分配，影响产业经济的发展。

（4）对投资者而言，投资者可以通过投资银行的信用经纪业务，及时把握投资时机，如判断市场价格将要下跌时，向券商融券卖空而不必被动等待，还可以通过财务杠杆的作用扩大收益。另外，投资者可利用此项业务规避风险和避税。当然，投资者必须慎重对待信用交易带来的风险，以免遭受重大损失。

（5）对投资银行而言，信用经纪业务的开展可以增加客户的资金量和交易量，从而增加佣金收入。同时，融资利息可以增加利息收入。投资银行还可以运用客户抵押担保的资金和证券来获得利差收入。在严格的风险管理下，投资银行可以提供优惠的信用交易条件参与竞争，以吸引客户。

拓展阅读 3-2

我国信用经纪业务投资者交易流程

3.2.4 证券买卖佣金

佣金是证券经纪商为投资者代理买卖证券而向其收取的费用，即客户支付给经纪人的报酬。佣金的收费标准因交易品种、交易场所的不同而有所不同。经纪商佣金制度大体上分为固定佣金制和浮动佣金制两种。

1）固定佣金制

固定佣金制是指无论证券交易量大小和投资者类型，均按交易额的一定比例收取佣金。佣金的收费标准一般由证券管理部门和证券交易所规定一个统一的佣金比例或上下限浮动界限。

2）浮动佣金制

浮动佣金制，又称佣金谈判制，是指由经纪商和投资者讨价还价商定一个佣金比例，按商定的比例收取佣金。

我国《关于调整证券交易佣金收取标准的通知》规定，从 2002 年 5 月 1 日开始，A 股、B 股、证券投资基金的交易佣金实行最高上限向下浮动制度。证券公司向客户收取的佣金不得高于证券交易金额的 3‰，也不得低于代收的证券交易监管费和证券交易所手续费。A 股、证券投资基金每笔交易佣金不足 5 元的，按 5 元收取；B 股每笔交易佣金不足 1 美元或 5 港元的，按 1 美元或 5 港元收取。

拓展阅读 3-3

佣金定价策略

3.3 证券自营业务

3.3.1 证券自营业务的特征与原则

1) 证券自营业务的特征

证券自营业务是指证券经营机构用自有资金或依法筹集的资金在证券交易市场以营利为目的买卖证券的经营行为。证券自营业务与证券经纪业务相比，具有以下特征：

（1）决策和操作上的自主性。自营就是自主经营，包括交易行为的自主性、交易方式的自主性和交易价格的自主性。

（2）承担的风险不同。从事证券自营业务的证券经营机构以自己的名义和合法资金进行直接的证券买卖活动，而证券交易市场中的风险性决定了自营业务具有较大风险，这和证券经纪业务只收取佣金而收益和风险由委托人承担完全不同。

（3）收益难以确定。由于证券市场价格变化无常，证券自营业务的收益就具有较大的风险，而不像证券经纪业务那样所获佣金具有固定的比例，因此证券自营业务的收益难以稳定。

☑ 小思考 3-5

自营业务与委托代理业务存在哪些区别？

提示：首先，自营业务开展时，证券商必须拥有自有的证券或资金，而不是像在委托代理业务中只需要场所和从业人员即可。其次，自营业务是证券商以营利为目的，通过合法交易来获得利润。尽管由于市场变化或判断失误等原因有时会出现亏损，但是行为动机是营利。最后，自营业务是证券商自主决策的经营行为，通过证券买卖差价来获利，而不是像委托代理业务那样是一种中介服务。自营业务是投资银行自身作为投资者，运用自身的资金在证券市场买卖证券，并自行承担在证券买卖中的风险。

2) 证券自营业务的原则

（1）客户委托优先原则。该原则是指投资银行在经营自营业务和经纪业务时，应把经纪业务摆在首位。也就是说，对同一证券，当自营业务的报价与经纪业务的报价同时发生，且交易价格相同时，经纪业务的买卖应优先成交，投资银行不得以损害客户的利益为手段来为自己牟利。

（2）维护市场秩序原则。投资银行是依托资本市场而生存的，有责任来维护市场秩序。同时，作为一个机构投资者，投资银行也有能力维护市场秩序。因此，投资银行应扮演做市商的角色，保证市场交易的稳定性与连续性。当证券市场出现暂时的供需失调、价格异常时，投资银行应介入其中，稳定市场。

（3）守法经营原则。投资银行作为自营商，在信息、资金和技术上具有较大的优势，为保证交易的公平合理，防止自营商利用这些优势进行不公平的交易，必须对自营商提出公开原则。自营商应向客户明确标明自营业务的内容，将交易的程序、价格、数量公开，以防止欺诈客户和营私舞弊现象的发生，同时便于主管部门的监管。

（4）风险控制原则。投资银行的自营业务是一项充满风险的业务，证券市场中的所有交易由于不确定性形成的风险都将由投资银行自身来承担。为了控制风险，投资银行应适度控制自营业务的规模，保持良好的资产流动性，避免风险过于集中。投资银行需要建立健全内部监督机制、风险预警系统和风险防范系统等，以有效地进行风险控制。

3.3.2　证券自营业务的类型

投资银行从事自营业务有投机交易和套利交易两个主要类型。

1) 自营商的投机交易

投机是指自营商期望能够通过预测证券价格的变动方向而获取价差收益。如果自营商认为价格将上升，就会买入证券，希望将来以一个更高的价格将其出售；如果自营商认为价格将下降，就会卖出或卖空证券，待价格回落进行对冲，从而获利。

投资银行在证券市场从事投机交易至少起到两个积极作用：一是有助于证券市场的价格发现；二是活跃证券市场，引导市场资源配置。

投机交易的策略主要有：

（1）绝对价格交易。绝对价格交易是指自营商根据某种资产的价格与其价值的差异程度的预测，来调整其持有的证券头寸的交易行为。同时，对其持有的证券头寸并不进行套期保值。

（2）相对价格交易。相对价格交易是指自营商根据对两种资产收益率的相对变动的预测，来调整其持有的证券头寸的交易行为。相对价格交易在证券交易操作中最为典型。例如，公司债券和国债之间的收益率有差别，国债收益率相对低，如果投资银行预测到这种收益率差距还将扩大，那么投资银行应当卖出公司债券而买进国债；而当收益率真的扩大时，投资银行再卖出国债，买进公司债券。

（3）信用等级交易。信用等级交易是指自营商以信用等级预测作为交易的基础，主要用在债券交易中。如果自营商预测债券的信用等级将下降，则将这些债券卖空；如果自营商预测债券的信用等级将上升，则将这些债券买空。投资银行的研究部往往进行大量的信用分析并试图预测信用等级的变化。

2) 自营商的套利交易

套利是指通过价格差异获得收益，通常是利用证券在两个或两个以上不同市场中的价格差异，同时进行买卖，从差价中获取收益。

套利按有无风险来划分，可分为无风险套利和风险套利。

（1）无风险套利。

所谓无风险套利是指投资银行同时在两个或两个以上不同的市场中，以不同的价格进行同一种或者同一组证券的交易，利用市场价格的差异获利。无风险套利具有两个特征：①没有自有资金投入，所需资金通过借款或卖空获得；②没有损失风险，最糟糕的情况是最终回到起点，套利者的最终结果还是零。

现在举例说明如何利用卖空交易来获得套利利润。假定有三种股票 A、B、C，其收益见表3-1。为计算简便，假定每股都以 100 美元交易，以美元计算的损失或利润也是投资的百分比收益。例如，100 美元的投资赚取 10 美元意味着收益率为 10%。从

表 3-1 中可以明显看出，股票 B 的收益并不总是好于股票 A 的收益，股票 B 在衰退状况和稳定状况下的收益都低于股票 A。此外，股票 C 的收益也不总是高于股票 A 的收益，当经济繁荣时，股票 C 的收益低于股票 A 的收益。虽然股票 B 和 C 都并不总是好于股票 A，但投资银行仍可以构造一项包含股票 B 和 C 的证券组合，以得到套利机会。

表 3-1　　　　　　　　　　　股票 A、B、C 的收益情况　　　　　　　　　　单位：美元

经济状况 ＼ 股票	A	B	C
衰退	-3	-6	0
稳定	7	6	10
繁荣	9	16	4

现在，投资银行持有股票 B 和 C 的证券组合，卖空股票 A 就会产生套利利润。假定投资银行以 200 美元的价格卖空 2 股股票 A，并用 200 美元的实得款项分别：以 100 美元的价格购入 1 股股票 B；以 100 美元的价格购入 1 股股票 C。这一交易的收益见表 3-2。

表 3-2　　　　　　　　　　　套利交易的收益情况　　　　　　　　　　单位：美元

经济状况 ＼ 交易现金流量	卖空 2 股股票 A	1 股股票 B 和 1 股股票 C 的证券组合	套利交易的总净收益
衰退	2×3=6	1×（-6）+1×0=-6	6-6=0
稳定	2×（-7）=-14	1×6+1×10=16	-14+16=2
繁荣	2×（-9）=-18	1×16+1×4=20	-18+20=2

虽然在经济衰退期，股票 A 每股将损失 3 美元，但是卖空 2 股股票 A，将得到 6 美元的利润。当经济衰退时，购入 1 股股票 B 和 1 股股票 C，将在股票 B 上发生 6 美元的损失，股票 C 则不发生利得或损失。同理，通过计算可知，股票 B 和股票 C 的证券组合在稳定期将获得 16 美元的利润，在繁荣期将获得 20 美元的利润。因此，这一套利交易中总净收益在经济衰退时为零，在经济稳定或经济繁荣时均可获利 2 美元。

（2）风险套利。

风险套利一般多以证券市场上兼并收购或其他股权重组活动为契机，通过买卖并购公司的证券来获利。在兼并收购交易中，收购方的股票价格往往会在并购成功后下跌，而被收购方的股票价格则会上升。也就是说，被收购公司股票的市场价格与收购公司支付的股票价格之间会出现差异。于是，风险套利者（投资银行）往往在并购前买入被收购方的股票而抛售收购方的股票，待并购完成以后再做相反的交易，以期获利。

假设 B 公司宣布计划收购 A 公司，其交易条件是以 B 公司的 1 股股票换取 A 公司的 1 股股票。假设宣布消息时，B 公司和 A 公司股票的价格分别为 60 美元/股和 52 美元/股。如果 B 公司执行收购计划，那么以 52 美元/股购得 A 公司股票的投资银行将通过交换获得同等数量的 B 公司股票，利差为 8 美元/股。

由于并购发生时，收购公司的股票价格往往会下跌，而被收购公司的股票价格会上

升。在本例中，当以A公司股票交换B公司股票时，利差可能会减少。为了避免这种风险，投资银行应在购买A公司股票的同时，卖空同样股数的B公司股票（因为是1对1的换股交易），以锁定交易发生时8美元/股的利差。假设B公司股票的价格从60美元/股下降至55美元/股，那么用A公司股票（52美元/股）交换B公司股票将获利3美元/股；而以60美元/股卖空的B公司股票现在可以用55美元/股买回，获利5美元/股，投资银行的全部利润仍为8美元/股。

如上所述，当换股按宣布的条件进行时，风险套利就能锁定利差，这一过程包括买入目标公司的股票和卖空收购公司的股票，买卖数量要视交换条件而定。依照上例，如果交换条件是按1股B公司股票换2股A公司股票，那么在购买每2股A公司股票时就要卖空1股B公司股票。

当然，作为风险承担者，投资银行要承担并购不能如期进行的风险。依照上例，假定由于某种原因导致B公司放弃收购计划，而投资银行又不得不售出A公司股票，则不仅没有利润可言，还可能遭受损失。显然，投资银行必须仔细分析研究某一并购事件获得成功的可能性，以减少这种风险。

3.3.3 证券自营业务风险的来源及防范

在进行证券自营买卖过程中，由于各种原因会导致投资银行发生损失，这种发生损失的可能性就是投资银行从事证券自营业务的风险。

1）自营业务风险的来源

（1）系统性风险。

系统性风险又称市场风险、不可分散风险，是指由于某种因素的变化给证券市场上所有证券都会带来损失的可能性。系统性风险包括市场风险、利率风险和购买力风险。

①市场风险。市场风险是指证券市场行情随经济周期变动而引起的风险。这种行情变动不是指证券价格的日常波动，而是指证券市场行情长期趋势的改变。

证券市场行情变动受多种因素影响，但决定性的因素是经济周期的变动。经济周期变动是由于国民经济活动依次经过高涨、衰退、萧条和复苏四个阶段所形成的，它决定了公司的景气和效益程度，从根本上决定了证券市场行情。证券市场行情随经济周期的循环而起伏变化，总的趋势可分为看涨市场（多头市场）和看跌市场（空头市场）两大类型。看涨市场从萧条开始，经复苏到高涨；而看跌市场则从高涨开始，经衰退到萧条。在这两大趋势中，一个重要的特征是：在整个看涨行情中，几乎所有证券的价格都会上涨；在整个看跌行情中，几乎所有证券的价格都不可避免地有所下跌，只是涨跌的程度不同而已。对自营商来说，市场风险是难以回避的，但是只要选好证券，还是可以设法降低市场风险的。

②利率风险。利率风险是指市场利率变动引起证券投资收益变动的可能性。市场利率的变动会引起证券价格的变动，并进一步影响证券收益的确定性，给自营商带来风险。一般而言，当市场利率下降时，人们会把资金转向证券市场，证券价格会有一定幅度的上涨，自营商的利率风险较小；当市场利率上升时，证券市场的资金供给量缩减，使证券价格下跌，自营商的利率风险较大。

利率风险对不同证券的影响程度也不同。由于普通股的收益和价格由公司经营状况决定，利率变动仅是影响公司和财务状况的部分因素，因此利率风险对普通股的影响较小。利率变动对固定收益的证券，如债券和优先股影响较大。减轻利率风险影响的办法是，自营商在预测利率将要上升时，减少对固定利率债券，特别是长期债券的持有。

③购买力风险。购买力风险又称通货膨胀风险，是指由于通货膨胀引起自营商实际收益和本金购买力下降的可能性。在通货膨胀条件下，物价普遍上涨，社会经济运行秩序混乱，企业生产经营的外部条件恶化，证券市场也难免深受其害，所以购买力风险是难以回避的。在通货膨胀条件下，随着商品价格的上涨，证券市场的价格也会上涨，自营商的货币收入有所增加，但由于货币贬值，实际购买力水平下降，自营商的实际收益非但没有提高，反而有所下降，自营商要通过计算实际收益率来分析购买力风险。其计算公式如下：

实际收益率=名义收益率-通货膨胀率

例如，某自营商购买了一张年利率为10%的债券，名义收益率为10%。若当年的通货膨胀率为5%，则自营商的实际收益率为5%；若当年的通货膨胀率为10%，则自营商的实际收益率为0；若当年的通货膨胀率超过了10%，则自营商非但没有收益，反而有所亏损。

购买力风险对不同证券的影响是不同的，与利率风险类似，购买力风险对固定收益证券，如优先股、债券的影响较明显，对普通股影响较小。但当出现恶性通货膨胀时，各种商品价格轮番上涨，社会经济秩序紊乱，企业承受能力下降，在盈利减少的同时，股利也难以增加，股价即使上涨也难以赶上物价上涨，这时普通股也难以抵御购买力下降的风险。

✓ 小思考 3-6 ··

系统性风险的特征有哪些？

提示：首先，系统性风险是由共同因素引起的；其次，系统性风险会影响所有证券的收益，只不过不同类型的证券受其影响的程度不同；最后，我们不可能通过多样化投资来回避和消除系统性风险。

··

（2）非系统性风险。

非系统风险又称非市场风险、可分散风险，是指某些因素使单个证券产生损失的可能性，它强调的是对某一证券的影响。非系统性风险包括公司经营风险、财务风险和违约风险。

①公司经营风险。公司经营风险是指由于公司经营状况变化而影响盈利水平，从而产生投资预期收益下降的可能。经营风险产生的原因可分为内部原因和外部原因两个方面。

内部原因是指企业决策发生了失误或经营管理不善及资本结构变化等。内部原因给企业的盈利带来了波动，主要表现在：一是决策失误，由于未对投资项目做可行性论证，草率上马，导致项目投资决策失误；二是不注意技术更新，产品不能及时更新换代，缺乏竞争能力；三是销售决策失误，没有花大力气打开新市场及寻找新的消费渠道，而是过分依靠少数大客户、老客户，产品销售困难，销量下降，导致公司收益下降，股价下跌，影响了自营商的收益；四是管理者因循守旧，不思进取，机构臃肿，人浮于事，对可能出现的天灾人祸没有采取必要的防范措施。企业管理不善，使组织与运筹失当，考核与控制制度不健全，制造成本和管理费用偏高，产品质量下降，影响了公司的收益，导致股价下跌。

外部原因是指公司外部因素的变化而引起风险。例如，由于竞争对手的条件发生变化，如新工艺技术的应用，将使老工艺方法处于劣势，老机器设备会被淘汰，从而导致公司在竞争中处于劣势，造成盈利减少；或者由于政府产业政策的调整（如税收、关税保护）以及政府补贴等的变化，造成公司盈利的波动。

②财务风险。财务风险是指公司财务结构不合理、融资不当而导致投资者预期收益下降的可能性。财务结构即企业总资本中负债与股本（权益）之比，财务结构决定了企业财务风险的大小。因为负债（包括银行贷款、发行企业债券、商业信用）的利息负担是一定的，如果公司资金总量中债务比重过大，或者公司的资金利润率低于利息率，就会使公司股东的可分配利润减少，股息下降，财务风险增加。例如，当公司的资金利润率为10%，公司向银行贷款的利率或发行债券的票面利率为8%时，普通股股东所得权益将增加；如果公司的资金利润率低于8%时，公司须按8%的利率支付贷款或债券利息，普通股股东的权益就会减少。可见，在公司财务结构中，如果债务资金比重较小，偿债能力强，财务风险就小；如果债务资金比重大，偿债能力弱，财务风险就大。

③违约风险。违约风险又称信用风险，是指由于证券发行主体不能按依法约定的条件向投资者提供回报而给投资者带来损失的可能性。当公司资金周转不灵，财务出现危机时，证券发行人就不能支付债券利息、优先股股息或偿还本金，即使延期支付，也会影响自营商的利益，使自营商失去再投资和获利的机会。违约风险主要受证券发行人的经营能力、盈利水平、事业稳定程度及规模大小等因素的影响。

债券、优先股、普通股都可能有信用风险，但程度不同。债券与优先股有缓付、少付甚至不付的信用风险。自营商在投资时要参考证券信用评级的结果，信用级别越高的证券，信用风险越小，信用级别越低的证券，违约的可能性越大。普通股的股利不固定，但仍有信用风险。如果公司不能偿还债务，则会影响公司股票的市场价格。当公司破产时，该公司的股票价格会接近于零，更无信用可言。

2）自营业务风险的防范

防范自营业务风险的措施主要有：

（1）合理确定自营资金数量。现在投资银行的主要利润来源于二级市场，资金量较小，利润额就相对较小，但资金量较大，风险的控制难度也相对较大。把握这个度的原则有两条：一是尽力而为；二是量力而行。尽力而为就是最大限度地发挥资金优势，最大限度地调动主观能动性，使投资收益最大化；量力而行是指自营资金量一般不超过最大许可量的八九成。一般而言，自营盘实行"三三制"较为妥当，即自有资金、委托资产、拆借资金各占1/3。自有资金一般是注册资金或实收资本的60%～75%，而80%则是应高度关注的警戒线。对一个注册资金为10亿元的投资银行而言，6亿元～7.5亿元的自有资金较为稳妥。

（2）合理配置自营资金。在确定了自营盘总量之后，下一个关键的问题就是资金的配置。投资组合和专项项目间的资金分配以三七开或四六开为宜。当然，这因投资银行经营的稳健性程度不同而不同。同时，随着证券市场逐步趋于成熟，投资组合所占的资金份额将呈现逐步扩大的趋势。

（3）建立集中领导、科学决策、分级管理、及时反馈的自营决策机制和有序、高效、规范的运作机制，切实防范和控制自营风险和政策风险。

（4）组建投资决策委员会和风险控制委员会，对自营业务的决策和操作过程进行及时的风险监控和预警。

（5）充分发挥资金部门、财务部门、稽核部门对自营业务的监督作用。

3.4　做市商业务

3.4.1　做市商与做市商制度

做市商是指在证券市场上，运用自己的账户从事证券买卖，通过不断地买卖报价，并在该价位上接受公众投资者的买卖要求，以其自有资金和证券与投资者进行证券交易，维持证券价格的稳定性和市场的流动性，并从买卖报价的差额中获取利润的金融服务机构。

现代证券市场中最基本的两种交易机制是报价驱动交易机制和指令驱动交易机制。

1）报价驱动交易机制

报价驱动交易机制，是指证券交易的买卖价格均由做市商给出，买卖双方的委托不直接配对成交，而是从市场上的做市商手中买进或卖出证券。也就是说，做市商在其所报价位上接受投资者的买卖要求，将其自己持有的证券卖给买方，或用自有资金从卖方手中买下证券。做市商通过这种不断的买卖来维持市场的流动性，满足投资者的交易需求。做市商买卖报价的价差就成为做市商的经营收入，作为其提供做市服务的补偿。做市商市场的基本特征是，证券交易价格由做市商决定，投资者无论买进还是卖出证券，都只是与做市商交易，与其他投资者无关。

2）指令驱动交易机制

指令驱动交易机制，又称双向拍卖制或竞价制，是指交易双方直接下达价格和买卖数量指令，由计算机系统按"价格优先、时间优先"的原则自动撮合成交。这种交易机制的特点是交易价格由买卖双方同时自主报价，以竞价方式决定。

两种交易机制各有优缺点：

（1）指令驱动交易机制是买卖双方通过竞价达成协议，投资者交易费用比较低；而报价驱动交易机制是由做市商买卖报价确定的，不能免去支付给做市商的买卖价差，投资者的交易费用比较高。

（2）指令驱动交易机制存在订单执行风险，下达市价委托订单时，由于不知道确切的交易价格，会承担价格风险；下达限价委托订单时，可能因价格偏离而不被执行。在报价驱动交易机制下，投资者可按做市商的报价立即进行交易，因此没有订单执行风险。

（3）在指令驱动交易机制下，投资者会因信息不均衡或不充分，使得竞价交易的价格频繁波动；而在报价驱动交易机制下，做市商拥有更多的市场订单信息，有利于做市商根据市场分析得出报价，不会导致价格产生较大的波动。在买卖不均衡时，做市商及时处理大额订单的做法也可以平抑价格波动。

3.4.2 做市商业务的类型

1）多元做市商业务

多元做市商制，即每一种股票同时由很多个做市商来负责。美国纳斯达克证券市场是典型的多元做市商制。在纳斯达克证券市场，活跃的股票通常有 30 多个做市商，最活跃的股票有时会有 60 多个做市商。做市商通常也是代理商，他们可以为自己、客户或其他代理商进行交易。做市商之间通过价格竞争吸引客户进行交易。

在纳斯达克证券市场，做市商必须随时准备用自营的账户买卖他们所负责的股票，并有义务持续报出对该股票的买卖价格，同时必须恪守自己的报价，在其报价下执行 1 000 股以上的买卖订单。做市商的报价必须和市场价格一致，买卖价差必须保持在规定的最大限额之内。在美国全国证券交易商协会的自动报价系统中，为客户代理买卖的经纪商输入所需查找的股票代码时，系统会即刻显示出该股票的买价和卖价。如果该股票存在若干个做市商，那么自动报价系统可显示当时的全部买价和卖价，并注明最高的买价和最低的卖价。经纪商代表其客户打电话或发传真给交易商，通知交易商客户已接受了即时的买价，并卖出客户的股票，或接受了即时的卖价，并为客户买入股票，经纪商的客户一般看不到买卖价差。

拓展阅读 3-4

美国全国证券交易商协会（NASD）对做市商报价的主要规定

> **小思考 3-7**
>
> 投资银行为什么要充当做市商？
>
> 提示：（1）从证券交易中获利；（2）为了发挥和保持良好的定价技巧，辅助其一级市场业务的顺利开展；（3）投资银行为了争取到发行业务，维系与发行公司的良好关系，一般都会在二级市场上为其发行的股票"做市"。

2）特许交易商业务

证券交易所指定一家投资银行来负责某一只股票的交易，该投资银行就被称为特许交易商。特许交易商制的典型代表是纽约证券交易所。纽约证券交易所有三个特点：一是一只股票只能由一个特许交易商做市，被视为垄断做市商制；二是客户委托可以不通过特许交易商而在代理商之间直接进行交易，特许交易商必须和代理商进行价格竞争，所以纽约证券交易所是做市商制和竞价制的混合；三是特许交易商有责任保持市场公平有序。

纽约证券交易所的特许交易商类似于做市商，即必须在交易大厅保证其所做市的股票始终保持连续交易。为此，特许交易商必须提供买价和卖价，如果交易大厅内的交易商和经纪商无法从其他交易商处获得某股票的报价，找不到交易对手，那么该股票的特许交易商必须提供报价，以自己为交易对手，维持市场的流通性。

在纽约证券交易所，特许交易商除了履行上述做市商的职责以外，还有责任保持市场公平有序。特许交易商的职责包括：

（1）保持价格连续性。当股票价格变化太快时，经常会使投资人作出错误决策。作为特许交易商，有责任避免价格大幅度跳跃。例如，当下一个成交价比前一个价格低很多时，作为特许交易商有义务在中间下一个买单，以稳定价格。

（2）保持市场活跃。当交易指令报到交易所时，如果在一定时间内找不到与其匹配的买单或卖单，特许交易商有义务接下这个买单或卖单。

（3）保持价格稳定。如果买单暂时多于卖单，那么特许交易商有义务用自己的账户卖出；如果卖单暂时多于买单，那么特许交易商有义务用自己的账户买入。当价格出现持续下跌时，特许交易商有义务以等于或高于前笔交易的价格卖出；当价格出现持续上涨时，特许交易商有义务以低于或等于前笔交易的价格买入。

（4）其他职责，包括大额交易、散股交易和卖空交易等。

☑ **小思考 3-8** ···

实行做市商制度有何利弊？

提示：做市商制度的优点有成交的及时性、价格的稳定性、矫正买卖指令不均衡现象和抑制股价操纵。做市商制度的缺点有缺乏透明度、增加投资者的负担、增加监管成本和做市商可能滥用特权。

···

3.4.3　做市商制度的功能和作用

1）做市商制度的功能

做市商制度的功能有以下三个方面：

（1）做市。当股市出现过度投机时，做市商通过在市场上与其他投资者相反方向的操作，努力维持股价的稳定，降低市场的泡沫成分。

（2）造市。当股市过于沉寂时，做市商通过在市场上人为地买进、卖出股票，以活跃市场、带动人气，使股价回归到其投资价值。

（3）监市。在做市商行使其权利、履行其义务的同时，通过做市商的业务活动监控市场的变化，以便及时发现异常情况，及时纠正。在新兴的证券市场，这是保持政府与市场的合理距离、抵消政府行为对股市影响惯性的有益尝试。

2）做市商制度的作用

做市商制度有以下三个作用：

（1）做市商制度有利于增强市场的透明度。在不同国家的证券交易制度下，信息传递的速度和方式不同，透明度也就不同。虽然竞价交易市场能够实时传播汇总交易报告的信息，但是存在信息不对称问题，导致一部分人在信息上占有优势，而另一部分人对信息的掌握是被动的、盲目的，这样就使信息存在事实上的不透明。在做市商制度下，虽然没有委托的汇总机制，但是做市商对市场信息的了解程度远远胜过普通投资者。做市商可以对包括上市公司在内的信息来源进行各方面的汇总分析，事实上提高了市场的透明度。

（2）做市商制度有利于维持市场价格和交易的稳定性。价格的相对稳定是股票市场正常运行的重要条件。首先，在报价驱动交易机制下，由于做市商本身不是股票的最终所有者，过高的价格不宜出售，因此做市商不会使股价大幅度偏离价值。做市商通过股票价值来确定稳定的双向报价，使其在短期内不会随供求关系而随意波动，可有效地使供求关系的不确定性在一段时间内得以缓解，从而使股票价格保持一定的连续性。其次，由多个做市商同时负责一个公司股票的做市，这种竞争机制可极大地减少股票买卖之间的价差。通常该价差有一定限度，如纳斯达克证券市场规定做市商的获利价差必须在股票价格的 5% 之内，从而有利于减缓价格波动，使股价保持稳定。最后，交易所禁止做市商在价格大幅度下跌时抛售和大幅度上涨时收购。如果出现过大的卖压，做市商有义务充当买方，缩小供求差距，以防止价格大幅度下跌；反之，当某证券出现抢购风潮，市场供不应求时，做市商有责任出售该证券，以缓和供求矛盾。

（3）做市商制度有利于提高市场的流动性。根据纳斯达克证券市场的规定，做市商必须确保股票能开盘交易。如果没有做市商，投资者在二级市场上通过指令买卖证券时，必须找到准备卖出或买入的交易方，而且数量与价格必须合适，才能成交。而做市商有责任在各种市场条件下通过调整报价，使价格在一定幅度内波动，吸引投资者进行交易，带动市场人气，提高市场活跃度，而且由于投资者总有做市商作为固定的交易对象，可以保证交易始终能够成交，避免了市场指令的执行风险，因此使市场具有高度的流动性。

同时，做市商制度还有利于大宗交易。在缺乏做市商的情况下，投资者可能会因报价不适合或缺乏交易对手而无法成交，大宗交易可能会费时或引起价格的剧烈波动。做市商有责任维护双向交易，在任何交易时间，只要有做市商存在，就意味着一定有交易价格和交易对手，不会存在投资者需要交易但无人接手的情况，这使市场具有即时性，保证了交易量的存在，使大宗交易能迅速完成，且又不影响市场价格的稳定，从而节约了交易时间和由于价格变动引起的额外交易成本，保证了市场有较高的流动性。

≫ 【学思践悟】

公平原则——上市公司创世纪前董事长秘书内幕交易案的启示

古往今来，古今中外，公平、平等在推动社会进步中发挥着至关重要的价值导向作用。回望人类的发展史，人们都在追求公平。在证券交易的过程中也是如此，若人人都寻求违法内幕交易，那么证券市场也就没有公平可言。

2023 年 3 月，证监局披露的一份行政处罚决定书显示 A 股上市公司创世纪（300083.SZ）前董事长秘书周某超因内幕交易行为，被广东证监局开出罚单，责令其依法处理非法持有的证券，没收违法所得 51 827.45 元，并处以 50 万元罚款。

行政处罚决定书指出，上述违法事实，有相关公告、相关人员讯问笔录、情况说明、银行及证券账户资料等证据证明，足以认定。周某超的上述行为违反了《证券法》第五十条、第五十三条第一款的规定，构成《证券法》第一百九十一条第一款所述内幕交易行为。

这一内幕交易案显然不符合证券交易中的公平原则。公平是指参与交易的各方应当获得平等的机会。证券交易活动中的所有参与者都具有平等的法律地位，各自的合法权益都能得到保护。证券交易需要公平公正，其他任何事情也需要公平公正，正如习近平总书记在党的二十大报告中所提出的，"着力维护和促进社会公平正义"。我们新时代的大学生要认识到公民在法律面前一律平等，必须尊重和保障人权，保证人人依法享有平等参与、平等发展的权利。公正即社会公平和正义，是国家、社会的根本价值理念，追求社会的公平与公正一直是社会主义的一个基本目标和核心价值，也是全面建成社会主义现代化强国不可或缺的重要因素。作为祖国未来的建设者，我们必须从现在开始做起，在校园中做到公平参与评奖评优，树立公平公正的价值观，以后步入社会，才能做到公平竞争，真正实现社会主义公平公正。

资料来源：朱雨蒙．因内幕交易，这家上市公司前董秘被罚50万！[EB/OL]．[2023-04-19]．https：//m.sohu.com/a/668369913_119666.有改动。

本章要点

本章主要介绍了证券交易的方式、原则，证券经纪业务的特征、类型、操作与佣金要求，证券信用经纪业务的分类和操作，证券自营业务的条件、特征、类型及风险防范，做市商业务和做市商制度。其中，重点是证券交易与证券经纪业务，难点是证券信用经纪业务与做市商业务。

问题讨论

1.讨论信用经纪交易与期货交易的异同。
2.结合当前我国证券市场的实际，讨论我国有无必要推行做市商制度。
3.结合我国资本市场的发展现状，讨论我国证券公司的业务发展前景。

推荐阅读

1.《中华人民共和国证券法》，2019年12月28日。
2.证券从业资格考试命题研究组.金融市场基础知识[M].北京：中国财富出版社，2021.
3.中国证券监督管理委员会网站，http：//www.csrc.gov.cn。
4.上海证券交易所网站，http：//www.sse.com.cn。
5.深圳证券交易所网站，http：//www.szse.cn。
6.中国证券业协会网站，http：//www.sac.net.cn。

思考与练习

1.单项选择题

（1）（　　）属于实物交易。

A.现货交易　　　　　B.期货交易　　　　　C.期权交易　　　　　D.信用交易

（2）（　　）又称保证金交易。

A.现货交易　　　　　B.期货交易　　　　　C.期权交易　　　　　D.信用交易

（3）（　　）交易的对象是上市证券。

A.证券交易所　　　　B.柜台市场　　　　　C.第三市场　　　　　D.第四市场

2.多项选择题

（1）证券经纪业务具有（　　）特征。

A.业务对象的广泛性　　　　　　　　　B.经纪业务的中介性

C.客户指令的权威性　　　　　　　　　D.客户资料的保密性

（2）按委托形式划分，委托可分为（　　）。

A.书面委托　　　　　　　　　　　　　B.电话委托

C.电报委托、传真委托和信函委托　　　D.自助委托

（3）证券清算主要有（　　）方式。

A.一级清算　　　　　B.净额清算　　　　　C.二级清算　　　　　D.逐笔清算

3.简答题

（1）什么是投资银行的投机交易和套利交易？

（2）什么是证券做市商制度？

（3）做市商制度有何特点和功能？

（4）简述证券经纪业务的程序。

案例分析

借"荐股"之名实施"杀猪盘"

　　某天，李先生突然接到一个陌生电话，对方自称某证券公司客服，可将他拉入炒股群免费学炒股课。不久，李先生被拉进一个炒股交流群，李先生通过群聊加了"推荐老师——狮哥"的微信，从中"学到"了不少东西之后，对"狮哥"的商业素养非常有信心。每天，"荐股"群里都是热闹非凡，每次老师推荐一只股票，都会有人夸奖，称他跟着老师赚了不少钱，李先生便试着投资了几只股票，的确赚了不少。慢慢地，"狮哥"成了李先生眼中的职业"炒股高手"。几个月后，"狮哥"突然告诉李先生，最近股市行情不好，可以介绍给他的师姐陈女士认识，说陈姐是个很厉害的理财高手。李先生一口答应下来，就加了陈姐的微信。陈女士表示，有一个 APP 是做虚拟货币投资的，炒虚拟货币比炒股票赚钱容易多了。随后几天，李先生在陈女士的指导下安装了这个

APP，先充值 6 万元进行试水，很快就赚了钱，之后陆陆续续充值近百万元，但此后投资并没有想象中的顺利，有赚有赔，但是赚的多赔的少，所以李先生并没有多想。此时，陈女士提出可以再增加一点本金来扩大自己的底盘，李先生便又充值了 100 多万元，没想到这一次却立刻亏空，账户的余款也无法提现。这时陈女士与平台工作人员均已联系不上，自己的微信也被拉黑，李先生这才如梦初醒，报了案。

问题：请你谈谈对上述案例的看法。不法分子的作案手法是什么？给投资者带来什么警示？

分析提示：

（1）作案手法剖析：不法分子就是利用投资者"天上掉馅饼""一夜暴富"的心理，盲目轻信所谓的专家、老师，以荐股为名，诱骗投资者参与所谓的虚拟货币投资，其实这些投资活动根本没有备案，都是不法分子运营的虚假投资平台。这是一起典型的荐股"杀猪盘"案，投资者看似在平台上进行了真金白银的交易，而实则只是幕后操纵者在平台数据库里随意添加的一串数字，投资者投入的资金早已被诈骗团伙收入囊中。

（2）警示：荐股诈骗套路复杂，但又有明显的特征，投资者要保持理性的投资心态，证券市场存在一定的投资风险，没有任何人或任何炒股软件能够对市场作出准确无误的判断，不要被任何高额回报的口头承诺蛊惑。

实践训练

本章主要讲述了证券交易业务的基本概念与基本业务。为了让学生深入理解证券交易的基本含义，认识证券交易的基本业务，本章实践训练主要包括以下内容：

1.实训项目：写出投资者开户程序。

实训目的：了解投资者开户程序。

实训步骤：

（1）列出投资者开户需要准备的资料。

（2）列出投资者在深、沪两市开户的程序。

2.实训项目：根据资料计算投资收益率。

实训目的：掌握证券交易收益率计算的方法。

实训步骤：

（1）假如某投资者有 10 000 元可用于投资，欲购买 A 公司股票，时价 10 元/股，在不计手续费的情况下：

①如果股价上涨至 15 元/股，则该投资者可获利多少？如果股价下跌至 5 元/股，则该投资者的损失是多少？

②某投资银行给该投资者按 1∶1 的比例融资，如果股价上涨至 15 元/股，则该投资者可获利多少？如果股价下跌至 5 元/股，则该投资者的损失是多少？

（2）假定有三种股票 A、B、C，其收益见表 3-3。为计算简单，假定每股都以 100 美元交易，投资银行可以构造一个包含股票 B 和 C 的证券组合，以得到套利的机会。

表 3-3 股票 A、B、C 的收益 单位：美元

经济状况 \ 股票	A	B	C
衰退	−3	−5	0
稳定	8	6	16
繁荣	18	22	8

请你用 200 美元进行风险套利，并计算风险套利的总净收益。

3.实训项目：模拟证券交易。

实训目的：掌握证券交易的方法。

实训步骤：

（1）给你 500 万元资金进行股票模拟交易，时间为 2 个月，自制买卖委托成交单，并计算总盈亏。

（2）比较我国证券交易制度与其他国家的不同（见表 3-4）。

表 3-4 我国证券交易制度与其他国家的比较

国 家	证券交易制度
中 国	
德 国	
美 国	
日 本	

4.实训项目：调查分析报告。

实训目的：学会运用知识进行分析总结。

实训步骤：

（1）对证券公司营业部的风险环节进行实地调研。

（2）写出调研报告。

第4章

兼并与收购业务

学习目标

知识目标：通过本章的学习，认识和理解兼并与收购的概念、动机，企业并购的业务流程；掌握企业并购的主要形式、反并购策略，以及对目标企业并购的估价和支付方式；了解上市公司并购的程序；掌握并购与反并购的基本原理及操作程序。

技能目标：通过本章的学习，具备开展兼并与收购业务操作的基本技能，能够帮助企业寻找并购目标，分析并购的可行性；能够结合公司实际，制定并购与反并购策略。

知识结构图

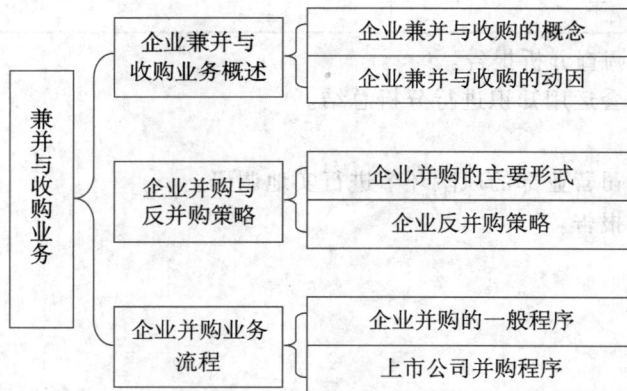

摩根士丹利在并购中的作用——国美收购永乐案

　　摩根士丹利（Morgan Stanley）是一家全球领先的国际性金融服务公司，业务范围涵盖投资银行、证券、投资管理以及财富管理等。摩根士丹利是最早进入中国发展的国际投资银行之一，多年来业绩卓越。众所周知，企业并购会给证券公司带来机遇，参与企业购并有利于证券公司改善其业务结构、规范业务发展和帮助企业成长。

　　在国美并购永乐案中，摩根士丹利发挥着极其重要的作用，摩根士丹利的操作路线很明确：增持永乐—永乐与大市同步—减持永乐—增持国美—国美收购永乐。从摩根士丹利公司直接投资部门投资永乐后，其承销部门大力配合，担任永乐家电的上市保荐人，将永乐推入国际资本市场。在 2005 年 1 月，摩根士丹利投资 5 500 万美元给永乐，换取 27.36% 的股权。此次战略投资者的引入成为永乐登上香港 IPO 的前奏。2005 年 10 月 14 日，永乐电器登陆香港主板，总共筹资 12 亿港币，总股本达到 21.68 亿股。同时在 2005 年 1 月，摩根士丹利投资永乐时双方签订了对赌协议，这份"对赌协议"的实质是保证摩根士丹利的投资收益水平，稳赚不赔。而对于永乐管理层来说，输掉"对赌协议"就要失去对公司的控股权。永乐上市后，包括摩根士丹利在内的国际投资机构对永乐给予了较高的投资评级，而与之相对应的，永乐股票的价格从发行便开始一路上扬，创出 4.30 元的年内最高价。在 2006 年 4 月 24 日，摩根士丹利突然将永乐评级由"增持"降至"与大市同步"，目标价由 4.20 港元下调至 3.95 港元，直接使得永乐的股价进入了下降通道，并最终使永乐输掉对赌协议，失去绝对控股权。摩根士丹利两次调整对永乐的评级，主导了投资者的增减持股决策，从而获得巨大的差价利润，并间接操控了永乐的未来去向。最终导致了永乐被国美强制收购，永乐成为国美的全资子公司，并将根据香港上市规则，于 2007 年 1 月 31 日撤销永乐在联交所的上市地位。

　　从某种意义上说，摩根士丹利造就了这一起并购，它全面掌握着并购双方的财务信息，并通过其评级系统直接影响着投资者的决策，从而间接控制着永乐的经营状况；另外它凭借着巨大的信息优势与专业的财务手段，为国美和永乐提供了一个交流合作的平台，充当着并购的撮合者、顾问的角色，并成为最大的幕后获利者。

　　资料来源：佚名．浅析国际投资银行在企业并购中的作用［N/OL］．［2023-09-18］．https：//www.wenmi.com/article/pxzv0901m8mn.html.

　　这一案例是企业并购的典型案例，企业并购中往往少不了投资银行这个重要角色，其作为最贴近资本市场的中介机构，引发和推动了 20 世纪以来的几次兼并浪潮。若没有投资银行介入企业并购，也许至今都不会看到某些行业的"超级巨无霸"企业，企业运营的层次也可能达不到今天这么高的水平。兼并与收购业务并非天生就是投资银行所应从事的业务，但事实上却是投资银行最擅长的业务。那么，什么是兼并与收购？企业为什么要实施并购？并购的业务流程是什么？并购与反并购的策略有哪些？这些正是本章所要介绍的内容。

4.1 企业兼并与收购业务概述

4.1.1 企业兼并与收购的概念

1) 国际通行定义

一般来说，企业成长的主要方式包括两种：内部扩张和外部扩展。前者是指公司现有部门利用资本预算程序决定投资方案，使公司的规模呈现稳定渐进的成长；后者则是激烈而骤进的成长方式，也就是一般所称的兼并与收购。

（1）兼并，是指两个或两个以上的公司通过法定方式重组，重组后只有一个公司继续保留其合法地位。例如，A公司兼并B公司后，A公司依然保留法人地位，B公司的法人地位则被取消。这种情况可以用"A+B=A"的公式来表示。

（2）联合，是指两个或两个以上的公司通过法定方式重组，重组后原有公司都不再继续保留其法人地位，而是组成一家新的公司。例如，A公司与B公司联合后组成了C公司，A、B两公司都不复存在。这种情况可以用"A+B=C"的公式来表示。

（3）收购，是指一家公司在证券市场上用现金、债券或股票购买另一家公司的股票或资产，以获得对该公司的控制权，被收购的公司法人地位并不消失。收购有两种形式：股权收购和资产收购。收购方或者成为目标公司的股东，或者拥有一些新的资产，但收购方和目标公司的法人实体地位均继续存在。例如，A公司收购B公司的股权或资产后，双方仍继续存在，即"A+B=A+B"，不过等式两边的关系和内涵已经完全不同。

温馨提示 4-1

注意企业兼并与收购的区别。

---

2) 我国企业并购的定义

（1）企业兼并，是指一个企业通过购买等有偿方式取得其他企业的产权，使其失去法人资格或虽然保留法人资格但变更投资主体的一种行为。

（2）公司合并，分为吸收合并和新设合并两种形式。一个公司吸收其他公司为吸收合并，被吸收的公司解散；两个以上公司合并设立一个新的公司为新设合并，合并后各方分别解散。无论是吸收合并还是新设合并，合并各方的债权债务应当由合并后存续的公司或者新设的公司承担。

（3）上市公司的收购，是指任何法人通过获取上市公司发行在外的普通股而取得该上市公司控制权的行为。兼并和收购往往是作为一个固定的词组来使用，简称并购。

☑ **小思考 4-1**

兼并与收购的联系与区别？

提示：（1）联系：①基本动因相似：二者最终目的都是扩大企业市场占有率、扩大经营规模和拓宽企业经营范围；②二者都以企业产权为交易对象。

（2）区别：①兼并中，被合并企业法人实体不复存在，而收购中，被收购企业法人实体仍可存在，产权可以部分转让；②兼并后，兼并企业成为被兼并企业新的所有者和债务承担者，资产和债务一同转换；而收购中，收购企业是被收购企业的新股东，以出资股本为限承担企业风险。③兼并多半发生在被兼并企业财务状况不佳等时间段，而收购一般发生在企业正常生产经营状态，产权流动比较平和。

4.1.2 企业兼并与收购的动因

企业作为一个资本组织，必然谋求资本的最大增值，企业并购产生的动力主要源于追求资本的最大增值及竞争压力。并购的动因按照目的指向，大致可以分为：经济动因、管理动因和战略动因。

1) 经济动因

企业并购可以获得企业所需的资产，实行一体化经营，达到规模经济。

（1）管理效率不一致。具有较高效率的企业的管理能力超过了企业日常的管理需求，因此它会并购有较低效率的目标企业，并通过提高被并购方的效率而获得收益。对于目标企业来说，它能很好地融合并购方的管理效率，即在并购方注入管理资源后，目标企业能够最大限度地利用这种资源，并达到与并购方一样的高效率。

（2）目标企业价值被低估。当目标企业的市场价值由于某种原因而未能反映其真实价值或潜在价值时，并购就会发生。目标企业的价值被低估的原因有以下两点：一是企业的经营管理未能充分发挥应有的潜能；二是由于通货膨胀造成资产的市场价值与重置成本的差异而使企业价值被低估。这时，如果并购方拥有有关目标企业真实价值的内部信息，就会通过并购来挖掘被并购企业的真实价值。

（3）财务协同效应。不同企业具有不同的财务状况，有些企业现金流量较大，但缺乏好的投资机会；而有些企业现金流量小，虽有好的投资机会却无力去投资。在分散的、专业化的经济体系中，资金是按来源进行分配的，这将导致市场信号被频繁地延误，或者资金被专断地进行分配。而在并购后形成的混合企业经济体系中，现金流量不管来源于何处，都不会被产生这些资金的部门自动留存，而是以收益前景为标准进行分配。合并后的企业的负债能力要大于两个企业合并前的负债能力之和，这将为企业节约税收、筹资成本和交易成本。

（4）生产规模效应。企业通过并购对生产资本进行补充和调整，达到规模经济的要求；在保持整体产品结构不变的情况下，在各厂中实现单一化生产，达到专业化生产的要求。

（5）节约交易费用。市场运作的复杂性导致交易的完成要付出高昂的交易费用。当市场的交易费用很高时，市场不再是协调经济活动和配置资源的一种有效方式，这时就可以通过企业并购将交易内部化，从而节约组织经济活动和配置资源的成本，这种动机促成了企业间的并购。组织企业内部的活动需要一定的组织费用，随着并购活动的进行，企业规模越来越大，组织企业内部活动的费用也随之增加，当企业规模扩大到一定程度时，组织费用的边际增加额与交易费用的边际减少额相等，这时企业就不会再通过并购来扩大企业规模。

（6）税负考虑。税收上的好处能够部分解释收购的产生，尤其是体现在公司合并上。当公司有过多账面盈余时，合并另一家公司可以降低税收支出。如果政府主动以税收减免的方式鼓励公司的合并，这一好处将更加明显。

中国能建并购重组葛洲坝

在国家政策和制度的指引下，中国能建和葛洲坝两家营收达到千亿的大型央企通过并购重组，做优、做大、做强，实现了企业战略与国家战略的进一步融合，成为国企改革三年行动开始以后并购重组的首个案例。其中，中信证券公司担任并购的撮合者，其作为资本市场的一个重要角色，为企业提供并购咨询服务，对促进企业并购的成功至关重要。

此次合并过程中，中国能建向葛洲坝除葛洲坝集团以外的股东发行 A 股股票，用于交换股东持有的葛洲坝股票，此方案获得中国证监会并购重组审核委员会无条件通过。同时在收购过程中，葛洲坝收到上交所对于交易预案披露中存在的包括换股价格、股票价格定价依据、异议股东现金选择权等 9 个问题的问询，葛洲坝也对上交所关于交易预案的问询函作出回复报告并发布公告。在 2021 年 9 月 9 日，上交所出具决定书同意葛洲坝终止上市。从 2020 年 10 月到 2021 年 9 月历时不到一年，中国能建成功并购重组葛洲坝，回归 A 股实现整体上市，成为 A+H 上市公司。上市当天 A 股收盘价 2.73 元/股，相比发行价 1.96 元/股，涨幅达到了 39.28%。

中国能建并购重组葛洲坝以后，资源整合释放协同效应，财务能力提升，市场反应良好，效果与动因趋同，企业价值有所提升，实现了国有资产保值增值，优化了国有经济布局和结构，对于国企改革具有"标杆"作用。

资料来源：陈彦羽. 国企并购重组及价值增值研究［D］. 昆明：云南财经大学，2023.

2）管理动因

（1）代理问题。代理问题是由于公司的管理层与公司股东双方利益不一致而产生的。由于管理层没有或只有公司的小部分所有权，管理层会倾向于非现金的额外支出，如豪华办公室、专用汽车等，而这些支出则由公司其他所有者共同负担。收购可以降低代理成本，公司的代理问题可经由适当的组织设计解决，如完善公司治理结构，将决策的拟定、执行与决策的评估和控制加以分离等。这是通过内部机制设计来控制代理问题，而并购可以提供一种控制代理问题的外部机制。公司控制权接管市场的存在，使得外部管理者可以通过要约收购或代理权之争，战胜现有的管理者和董事会，从而取得对目标公司的决策控制权。另外，代理人的报酬取决于公司的规模，因此，代理人有动机通过并购使公司规模扩大而忽视公司的实际投资收益率。

（2）自由现金量。自由现金量是指公司的现金在支付了所有现值为正的投资计划后所剩余的现金量。在公司并购活动中，自由现金量的减少有助于化解经理人与股东之间的冲突。自由现金量应完全交付给股东，以限制经理人的权力，避免产生代理问题。同时，进行投资所需的资金由于将在资本市场上重新筹集而再度受到监控。

3）战略动因

作为战略动机，并购本身的收益已属次要，重要的是通过并购降低企业风险和占领市场份额。

（1）多角化并购。当并购方与被并购方处于不同业务、不同市场，且这些业务部门的产品没有密切的替代关系时，这种并购被称为多角化并购或混合并购。这个并购的重要思想是"不要把所有的鸡蛋放在一个篮子里"，类似于投资者在资本市场上的分散投资，并购方企业需要把其资源分散化，以避免市场中一些不可预测的风险。因此，降低、规避风险是这种并购最主要的目的。另外，以较低成本进入有发展潜力的新行业也是多角化并购的一个重要目标。

☑ **小思考 4-2** ....

一般来说，企业可以通过什么方式进入新领域？

提示：一是通过内部投资新建的方式进入；二是通过并购进入。由于企业对这个新行业还比较陌生，如果采用第一种方式，企业将承担较大的市场风险和产品开发成本，而采用第二种方式则可以降低市场风险和产品开发成本。

──

（2）获取市场势力。减少竞争对手，提高市场占有率，增加企业长期获利机会是企业并购的主要动机。规模、稳定性和市场势力是密切相关的。大企业在利润方面的变动要比小企业的小，因为大企业市场势力较强，不容易受市场环境变化的影响。并购使企业取得了规模效益，增加了社会福利，同时，并购也会造成一定程度的垄断，损失一定的福利。所以，要判断并购对社会来说是好是坏，取决于并购造成的社会净福利是增加还是减少。

从企业并购的历史发展来看，全球的五次并购浪潮中，前四次几乎都是由经济动机所引发的，而第五次则更多的是由战略动机所引发的。从 20 世纪 90 年代开始，战略性买家成为主流，公司管理者已经把兼并与收购视为保持竞争力的关键手段。从全球范围来看，企业并购的动机正从经济动机向战略动机过渡，其中偶尔夹杂着一些管理因素引发的并购动机。

☑ **小思考 4-3** ....

企业并购的作用有哪些？

提示：企业并购的积极作用：可以促进存量资产流动，推进资产优化配置；促进资本和生产的集中；促进企业发展，实现企业竞争战略；促进企业吸收专业技术人才，保持企业的人才和技术优势。

企业并购的消极作用：并购不当会造成社会资源的浪费；并购过程中易产生内幕交易和不当投机行为；过度并购会形成垄断，阻碍技术进步。

──

4.2　企业并购与反并购策略

4.2.1　企业并购的主要形式

企业并购的形式多种多样，特别是在并购迅速向纵深发展的今天，并购在不同行业、不同地域甚至不同国家之间发生，并购的方式、工具和手段也在不断创新。

1) 从行业角度划分

（1）横向并购。横向并购是指在同一行业中两家从事相同业务或产品、具有一定替代性的公司之间发生的并购行为。这种并购最大的优点是可以快速实现生产上的规模效益，节约共同费用，提高通用设备的使用效率，便于在更大范围内实现专业分工协作、采用先进工艺、统一技术标准等，从而提高企业效益。对小企业来说，这种并购一般是为了抵御来自外部的竞争；而大企业之间或大企业对小企业的并购则是为了形成规模效应或形成垄断，以期获得超额利润。19世纪末至20世纪初，美国出现了以横向并购为主要特征的并购浪潮，出现了众多规模庞大的企业，形成了如炼钢、化工、机械等相当集中甚至垄断的行业。

（2）纵向并购。纵向并购是指在同一产业和经营环节互相衔接、密切联系的企业之间的并购。这种并购往往是兼并公司与原料供应公司、产品销售公司之间的并购，以保证原材料—生产—销售渠道的畅通。纵向并购具体又分为向前并购和向后并购两类。例如，一家食品制造公司并购一家食品连锁便利商店，称为向前并购；一家百货公司并购一家服装制造厂，称为向后并购。纵向并购可以扩大生产经营规模，节约设备费用；可以加强生产过程各环节的配合，有利于协作化生产；可以改进生产流程，缩短生产周期，节省运输和仓储资源等。20世纪20年代，西方资本主义国家掀起了以纵向并购为主的第二次并购浪潮。

（3）同源并购。同源并购是指一家公司以自身的产品和市场作为中心，通过并购同一产业中与自身业务性质不相一致且没有业务往来的相关公司，将业务逐渐渗透到相关领域，以达到产品多元化经营的目标。例如，银行与保险公司或证券公司之间的合并；同一加工工业中不同产品生产商之间的合并；同一商业领域中不同商品销售商之间的合并等。这种并购方式有利于公司拓宽在同一产业内的生产经营范围，形成规模经济。同时，一些大企业为了追求长期经营业绩，需要退出行业内前景暗淡的经营领域，进入本行业内前景被看好的领域，往往采用这种并购方式。

（4）混合并购。混合并购又称多角化并购，是指并购公司在几个主要的不相关产业内进行并购，逐渐形成几个核心，以扩大其生产规模的并购方式。混合并购秉承了"不要把鸡蛋放在一个篮子里"的风险分散思想，其优点主要体现在财务和管理上：在财务方面，流动资金等预防性资产将因各公司之间可以相互支援而大幅减少，且公司的财务风险也因为集团内相互支持而大幅降低；在管理方面，以集中管理的方式，可以达到管理上的规模经济与效率的提高。但由于混合并购的目标公司的业务性质和收购公司完全不同，其风险也相对较大。

2) 按企业并购的支付方式划分

（1）现金并购。这是指并购公司使用现金购买目标公司部分或全部资产或股票，以实现对目标公司的控制。

（2）股票支付并购。这是指并购公司向目标公司发行并购公司自己的股票，以交换目标公司的大部分或全部资产或股票，从而实现并购的目的。一般来说，并购公司向目标公司的股东发行股票的数量至少要达到并购公司能控制目标公司所需的股票数量。

（3）综合支付方式并购。这是指并购公司对目标公司的出价由现金、股票、优先股、可转换债券等多种融资方式组成的一种并购方式。

3）按并购的融资渠道划分

（1）杠杆并购。这是指并购公司以目标公司的资产及运营所得为抵押进行大量的债务融资，来并购目标公司。在杠杆并购中，并购公司不必拥有巨额资金，只需准备少量现金（用以支付收购过程中必需的律师、会计师等费用），即可并购任何规模的公司，由于此种并购方式在操作原理上类似杠杆，故而得名。

（2）非杠杆并购。这是指不用目标公司资金及运营所得来支付或担保支付并购价款的并购方式。早期并购风潮中的并购形式多为此类。但非杠杆并购并不意味着并购公司不用举债即可负担并购资金，实践中，几乎所有的并购都是利用贷款完成的，所不同的只是贷款数额的多少而已。

4）按并购企业的行为划分

（1）善意并购。这是指并购企业通常给出比较公道的价格，提供较好的并购条件，这种并购主要通过并购企业与目标企业之间的协商，取得理解和配合，目标企业的经营者提供必要的资料，双方在相互认可、满意的基础上制定并购协议。

（2）敌意并购。这是指并购企业未先与目标企业经营者协商而通过秘密收购目标企业分散在外的股票等手段，对其形成包围之势，使目标企业不得不接受条件，将企业出售，从而实现控制权的转移。在敌意并购的情况下，并购企业通常得不到目标企业的充分资料，而且，目标企业常常制造障碍阻止并购。

（3）狗熊式拥抱。这是介于善意并购和敌意并购之间的并购方式。在这种方式下，并购方先向目标企业提出并购建议，而不论目标企业同意与否，并购方都会进行并购。如果目标企业接受并购建议，并购方将以优惠的条件进行并购；否则，并购企业将在二级市场上大举购入目标企业股票，以敌意的条件完成并购。

5）按并购人在并购中使用的方式划分

（1）要约并购。这是指并购人通过向目标公司的股东发出购买其所持该公司股份的书面意图表示，并按照其依法公告的并购要约中所规定的并购条件、价格、期限以及其他规定事项，并购目标公司股份的并购方式。要约并购不需要事先征求目标公司管理层的同意，而是由并购人提出统一的并购要约，并由受要约人（目标公司股东）分别承诺，从而实现并购人的并购意图。

（2）协议并购。这是指并购人通过与目标公司的股东反复磋商，在征得目标公司管理层同意的情况下，双方达成协议，并按照协议所规定的并购条件、价格、期限以及其他规定事项，并购目标公司股份的并购方式。协议并购必须事先与目标公司的股东达成转让股权的书面协议，据此协议受让股份，实现并购目的。

4.2.2　企业反并购策略

企业并购是一个企业以某种条件取得另一个企业部分或全部产权，以取得其控制权的行为。作为目标企业，其面临并购时，可能同意也可能反对。如果目标企业反对被并购，就要采取相应的反并购策略。

1) 并购发生前的反并购策略

（1）构造合理的股权结构，限制并购者所能得到的股份。一个上市公司为了避免被并购，应该重视建立相应的股权结构，即公司股权难以"足量"地转让到并购者的手上。一般做法有以下几种：

①自我控股。这是指公司的发起组建人或其后继大股东为了避免公司被他人并购，必须拥有足够的股份，在公司中居于控股地位。自我控股又分为两种情况：一种情况是在一开始设置公司股权时就让自己持有公司的"足量"股权；另一种情况是通过增持股权，加大持股比例来取得控股地位。如果自我控股达到51%，敌意并购就不可能发生。

②交叉持股。这是指关联公司或关系友好公司之间相互持有对方股权，在其中一方受到并购威胁时，另一方伸以援手。如A公司购买B公司10%的股份，B公司又购买A公司10%的股份，它们之间达成默契，彼此忠诚，相互保护。在A公司沦为并购目标时，B公司则锁住A公司的股权，加大并购者吸纳"足量"筹码的难度。同时，B公司在表态和有关投票表决时支持A公司的反并购。反之，B公司受到并购威胁时，A公司也采取同样的做法。交叉持股除了能起到反并购效果外，也有助于双方公司形成稳定、友好的交易关系。

③员工持股计划。这是指由公司内部员工个人出资认购本公司部分股份，并委托公司的持股会或其他机构进行集中管理的产权组织形式。员工持股计划在西方国家十分流行。一般而言，目标公司被并购后，并购者的整合行动往往不利于目标公司的员工，比如大规模裁减员工、压低工资福利待遇以减少成本开支、强制推行不同的企业文化等，都侵犯了目标公司员工的既有利益，因此，员工在投票表决时，往往倾向于原有的管理层，反对并购者。

（2）修订合理的公司章程，限制并购者所拥有股份的表决权。并购者要成功地并购目标公司，最终要通过控制董事会完成，因此，在法律允许的范围内，目标公司可以在公司章程里设置反并购条款。

①董事轮换制。这是指在公司章程中规定，每年只能更换一定比例的董事（一般为1/3），这意味着即使并购者拥有公司绝对多数的股权，也难以获得目标公司董事会的控制权。目前，美国标准普尔指数的500家公司中的一半以上采用了这种反并购对策。由于这种反并购方法阻止了并购者在两年内获得公司的控制权，从而使并购者不可能马上改组目标公司，并且为目标公司赢得宝贵的、采用其他反并购手段的时间，这样就降低了并购者的并购意向，并提高并购者获得财务支持的难度。

②绝对多数条款。这是指在公司章程中规定，公司的合并需要获得绝对多数的股东投赞成票，这个比例通常为80%，同时，对这一反并购条款的修改也需要绝对多数的股东同意才能生效。这样，敌意并购者如果要获得具有绝对多数条款公司的控制权，通常需要持有公司很大比例的股权，这在一定程度上增加了并购的成本和并购难度。

③双重资本化。这种反并购对策是将公司股票按股票权划分为高级和低级两等，低级股票每股拥有普通的一票的投票权，高级股票的每一股拥有多票的投票权，但高级股票派发的股息较低、市场流动性较差，低级股票的股息较高、市场流动性较好。高级股票可以转换为低级股票。经过双重资本化，公司管理层掌握了足够的高级股票，公司的

投票权就会发生转移，即使敌意并购者获得了大量的低级股票，也难以取得公司的控制权。与董事轮换制和绝对多数条款相比，采取双重资本化这种反并购对策的公司很少。

（3）设置"毒丸"计划，增加并购者的并购成本。"毒丸"是指公司为避免敌意收购对股东利益的损害，而给予公司股东或债务人的特权，这种特权只有在敌意并购发生时才生效。"毒丸"计划主要有以下几种方法：

①优先股购股权计划。这种购股权通常发给老股东，并且只有在某种触发事件发生时才能使用。优先股购股权计划一般分为"弹出"计划和"弹入"计划。"弹出"计划通常指履行购股权，购买优先权。例如，以 100 元购买的优先股可以转换成目标公司200 元的股票。"弹出"计划最初的影响是提高股东在并购中愿意接受的最低价格。在"弹入"计划中，目标公司以很高的溢价购回其发行的购股权，通常溢价高达 100%。也就是说，100 元的优先股以 200 元的价格被收回，而敌意并购者或触发这一事件的大股东则不在回购之列。这样就稀释了并购者在目标公司的权益。"弹入"计划经常被包括在一个有效的"弹出"计划中。优先股购股权计划对于敌意并购来说是一项有力的反并购对策，它能在很大程度上阻止并购。

②管理层补偿计划，也称"金银锡降落伞"计划，即根据企业内部人员的等级划分为"金""银""锡"三个级别。所谓"金降落伞"计划是指根据公司的董事会决议，一旦公司股权发生大规模转移，公司的高层管理人员的聘任合同即行终止，公司将提供高层管理人员巨额的补偿金。这些补偿金就像一把降落伞一样让高层管理人员从高职位上安全着陆，又因其收益丰厚，故名"金降落伞"。所谓"银降落伞"计划是指向中层管理人员支付费用。所谓"锡降落伞"计划是指公司的职工如果在公司被并购后两年内被解雇的话，收购公司需支付职工遣散费，这也是一笔不小的费用。"金银锡降落伞"策略不但使公司的高层和中层管理人员、企业员工减少了后顾之忧，而且额外增加了并购公司的并购成本或增加了目标公司的现金支出，使并购者蒙受损失，从而阻碍并购。

拓展阅读 4-1

③兑换毒债。这是"毒丸"计划的变异，即公司在发行债券或借贷时订立"毒药条款"，在公司遭到并购时，债权人有权要求提前赎回债券、清偿借贷或将债券转换成股票。这样，目标公司需要在短期内偿付大量现金，导致财务恶化或者债转股，增发大量股票，令并购难度加大。

盛大与新浪的博弈——毒丸计划

2）并购发生后的反并购策略

（1）公司重组，削弱目标公司的吸引力。当公司面临并购时，公司将最有利的资产（又称"皇冠上的明珠"）、最赚钱或最有前途的业务或部门出售；或者大量举债，使财务指标变坏；或者将公司分拆上市或出售。防御性公司重组对反敌意并购非常有效，但必须全面权衡利弊。

①出售"皇冠上的明珠"。在公司内经营最好的企业或某项资产常被喻为"皇冠上的明珠"，它们对于并购公司的发展起着很好的互补作用或者构成竞争威胁，通常会诱发其他公司的并购欲望，成为被并购的目标。在目标公司没有其他更好的反并购手段时，上策就是出售"皇冠上的明珠"，使并购者失去并购兴趣。

②推行"焦土政策"。这是指目标公司以自残为代价驱退敌意并购者的措施。这些

措施包括：大量举债买入一些无利可图的资产；故意进行一些低效益的长期投资；将公司的债务安排在合并后立刻到期；并购其他更小的公司等。这些政策将使并购方在并购成功后得到一个烂摊子，并购者可能会因为"焦土政策"而不得不停止并购。但是推行这种政策往往会导致股价下跌，而且明显地损害公司股东和债权人的利益，故各国法律对此均有所限制。

③资本结构重组。这是指通过改变资本结构，提高债务和降低股权比重来实现反并购。目标公司向股东发放数量可观的现金或债券来向股东返还部分投资，改变并购者对自身财务状况的预期，能有效地驱退敌意并购。这种策略对已进入成熟期、经营比较稳定的公司更加有效。

④公司分拆。公司分拆和子公司上市本来是公司经营专业化并提高股价的战略措施，但也常常被用作公司反并购的策略之一，原因在于：公司分拆和子公司上市后，由于"注意力效应"，原母公司和子公司的股价均可能被推高，从而增加收购公司二级市场的收购成本；另外，子公司上市可以筹得大量资金，有助于母公司采取反并购策略。

小实训 4-1
　　收集反并购案例，并分析其采用了哪些反并购策略。

（2）股票回购。当并购公司发出并购要约、收购目标公司的股票时，目标公司可以以高于收购价的价格来购回自己的股票，使其流通在外的股份数量减少。这样，一方面使并购公司无法并购到足够达到控制的股票数量，另一方面又使并购公司不得不提高要约价格来收购股票，从而提高并购公司的并购成本，有效地抑制并购的进行。

在我国，股票回购的运用还存在诸如法律规定不全、公司股权结构复杂、证券市场不规范等问题，其发展受到一定的限制。

（3）诉诸法律。诉诸法律是最普通的反并购对策。在西方国家，企业并购往往要受到反托拉斯法的限制，因此，公司在受到袭击时，可以向法院提起诉讼。目标公司提起的诉讼最常见的理由有：公开并购手续不完备，并购要约公开内容不充足等。其目的为：一是拖延并购时间，从而鼓励其他竞争者参与并购或为运用其他反并购手段赢得时间；二是通过法律诉讼迫使收购者提高其并购价格，或迫使并购公司为了避免法律诉讼而放弃并购。

（4）邀请"白衣骑士"。当目标公司遭到敌意并购时，为了不使公司沦为并购者的囊中之物，目标公司可以邀请一个友好公司，即所谓的"白衣骑士"作为另一个并购者，以更优惠的条件达成善意并购。优惠条件包括以更高的价格购买公司的股票，以及对目标公司的人事安排给予保证等。并购目标公司的竞争者增加，可以迫使并购者提高并购价格或者放弃并购。

小思考 4-4 --
为什么邀请"白衣骑士"战略在我国具有很好的适用性？
提示：一方面，我国上市公司多数具有母公司背景，当子公司遭到敌意并购时，为了这个宝贵的融资渠道，母公司及其关联公司一般会救助子公司从而避免其被并购；另一方面，上市公司被并购一般会导致当地的税款流失或转移，并且可能会因失业等问题导致当地社会不稳定，因此，当地政府也可能组织当地其他企业对目标公司进行并购。

(5)"帕克曼"战略。"帕克曼"战略又称"小精灵防御术"，"帕克曼"原是20世纪80年代初流行的一款电子游戏的名称，在该游戏中，任何没有吞下敌手的一方将遭到自我毁灭。这里是指当敌意并购者对目标公司提出并购要约时，目标公司针锋相对地对并购者发动进攻，也向并购公司提出并购要约，或者策动与目标公司关系密切的友好公司出面并购，从而达到"围魏救赵"的目的，这种策略通常以杠杆并购的方式进行。

"帕克曼"反并购战略的实施，不但使原来的进攻者变成了防御者，而且可使实施此战略的目标公司处于进退自如的境地。"进"可以使目标公司反过来并购袭击者；"退"可以使袭击者无力再向目标公司挑战，或者即使目标公司被并购，其也能分享到并购公司的部分利益。

但是，"帕克曼"战略也有缺陷：一是它要求实施方有大量的闲置资金或广泛的融资渠道，反并购的条件比较高；二是如果目标公司使用这种反并购战略，就必须放弃一些其他的反并购手段，比如放弃反垄断控诉等。因为这种战略的运用意味着目标公司也赞同两公司的合并，只是对哪家公司充当并购方表示异议而已。

在我国现有的融资环境下，目标公司很难获得必要的杠杆并购资金，这就限制了这种并购战略在我国的实用性。

(6)管理层收购。管理层收购是指目标公司管理层通过负债融资购买本公司股权以达到控股公司目的的一种财务型并购方式。管理层之所以收购自己经营的公司，一方面是因为他们深知公司价值和发展潜力；另一方面是当目标公司面临被并购的危险，却无法通过其他方法驱除袭击者时，管理层只能自己挺身而出，实现管理层收购，维护自己的利益。在美国，由于垃圾债券的存在，管理层收购曾风靡一时。

在我国，尽管管理层收购呼声很高，也成为各上市公司管理层心照不宣的计划，但由于我国目前还存在不少诸如融资问题、股权定价问题及法律障碍等不利因素，管理层收购还不能成为反并购的有效手段。

☑ 小思考 4-5

我国如何处理并购后的目标企业管理层的待遇问题？

提示：对并购后的目标企业的管理层待遇，我国并无明文规定。但我国上市公司多数是由国家控股的公司，其管理层往往也是政府官员，在部分上市公司的所有者监督缺位、内部人控制的治理结构下，管理层补偿计划极有可能是变相地瓜分公司资产或国有资产。因此，这种计划很难被有关部门通过，即使被通过也很可能不被认可。

4.3　企业并购业务流程

4.3.1　企业并购的一般程序

1）企业战略分析

并购是企业的战略行为，它关乎企业的成长。在并购前，企业必须进行战略分析，包括分析企业的战略目标，分析企业的外部环境和内部条件，分析企业应采取的发展战略等。企业在发展战略的指导下，寻找合适的并购机会。

（1）企业外部环境分析。企业外部环境分析包括对政治、经济、社会、文化等因素进行分析。对企业并购有较大影响的有国家的经济政策、法律环境以及重大的机会分析。

①国家的经济政策。企业应该了解国家在企业并购中的引导、监督、中介及服务功能，及时对国家颁布的各项政策作出反应，寻求有利政策的支持，避免不利政策的管制，主要包括对产业政策的分析、对金融政策的分析、对财政补贴政策的分析及对特殊行业的限制等。

②并购的法律环境。市场经济是一种法制经济，并购作为一种市场行为，必然受到法律的约束。并购方企业了解法律环境主要是为了避免企业并购中可能遇到的法律障碍。企业并购的法律体系由兼并法、证券法、反垄断法、公司法、知识产权法、社会保障法等组成。

③对出现的重大机会的分析。当市场出现重大变动时，如某种生产要素价格的突然提高、某种原材料供应的大幅度减少、外汇市场上汇率的涨跌等，会使一些企业陷入突发性的困境，处于劣势地位，或使并购方企业的优势骤然强大，从而为优势企业并购劣势企业提供了重大机会。

（2）并购企业的并购能力分析。对并购企业并购能力的分析，主要有以下两个方面：

①资金运筹能力。企业并购需要大量资金，并购企业必须有良好的资金运筹能力。企业运用的资金可以是企业的自有资金，也可以是凭借企业与商业银行、投资银行及其他金融机构的良好关系或较高的资信等级借来的资金，还可以是通过发行债券募集来的资金，不管用哪种方式筹集的资金，都必须保证及时到位。

②经营管理能力。企业并购的目的是在完成目标企业的并购后，其资产得到合理有效的运用，与并购企业产生协同效应，服务于并购企业的发展战略，这就要求企业有良好的经营机制、优秀的管理人才以及适合企业发展的企业文化等。

2）目标企业选择

（1）目标企业初选。在决定将并购作为企业的增长方式后，就要对并购目标进行筛选。并购企业的动机不同，它要寻求的目标企业也不同，但一般而言，具有以下特征的企业最容易被并购企业看中：企业发展前途好，但管理层比较弱；股东比较分散；高层管理人员掌握的股票不多，大量股票分散在机构性股东手中；企业股票的账面价值高于市场价值；很少或没有发行在外的债券等。并购企业通常会围绕自身的发展策略，通过比较分析，选出几个并购对象。

（2）目标企业审查。确定目标企业是一项难度较大的工作，必须从收集资料开始，对资料进行广泛、深入的分析和研究，一般要从以下方面对候选对象进行专门的调查研究：①目标企业的出售动机；②目标企业所处的行业分析；③目标企业总体经营状况及财务评价。

（3）目标企业的审慎调查。利用有关书面资料或信息对目标企业作出分析与评估，确定其是否适合作为并购目标，这只是审查的一方面或一个阶段；在买卖双方已草签协议或其他不太具有约束力的契约后，还要进行较深入的审查，称之为审慎调查或听证，重点检查卖方提供资料的真实性及拥有资产的合法性。

（4）分析并购风险。并购是一种高风险与高收益相伴的业务，在并购活动中购买方要承担一些风险，如并购后无法形成协同效应，并购方未能达到预期目的而产生的经营风险；高价并购使并购者无法获得满意投资回报的多付风险；融通资金的财务风险；目标企业采取反并购行动的反并购风险；国家对并购活动限制的法律风险及信息风险等。

3）目标企业的价值评定

（1）目标企业的价值评估模式。企业并购是一项复杂的经济行为，在初步考查目标企业以后，就要对目标企业进行估价，得到理论上的合理价格，以便确定并购的成本。企业价值评定的方法很多，常见的有以下几种：

①贴现法。贴现法是在目标企业持续经营的前提下，通过对目标企业被并购后各年预期的现金净流量，按照适当的折现率折现的现值作为目标企业价值的一种评估方法。这一模式包括收益贴现法和现金流量贴现法，其优点是将企业的价值与盈利能力结合起来，从动态的角度对企业价值进行评定，但对目标企业的盈利预测缺乏准确性。贴现法的基本公式为：

$$V = \sum_{t=1}^{n} \frac{C_t}{(1+i)^t}$$

式中：V——目标企业价值；C_t——贴现对象，即现金流量或收益；i——贴现率。

②市盈率法。市盈率法是指根据上市公司行业的市盈率并结合公司的实际情况，来确定上市公司合理的市盈率，然后由公司近期盈余计算出上市公司的股票价值及公司价值。采用市盈率法评估目标企业的优点是比较简洁，但前提是要有完善的资本市场，信息要完全对称，而且主观性较强。市盈率法的计算公式为：

V=E×L×N

式中：V——目标企业价值；E——市盈率；L——每股盈余；N——公司发行在外的股份总数。

例如：某公司发行在外的股本总数为 1 000 万股，本期每股盈余为 2 元，行业平均市盈率为 18，考虑到该公司经营情况略好于行业平均水平，将其市盈率确定为 20。则该公司的价值为：

V=1 000×2×20=40 000 （万元）

③资产基准法。资产基准法是指对目标企业的每项资产进行评估，然后将各类资产的价值加总，得出目标企业的资产总值，再减去各类负债总和，就得到目标企业的价值。该方法一般忽略目标企业的无形资产，主要适用于以购买资产方式进行并购的并购企业，通常包括账面价值法、清算价值法及重置成本法。其计算公式为：

$$V=A-L$$

式中：V——目标企业价值；A——目标企业资产总值；L——目标企业负债总值。

例如：经评估，目标企业的资产总值为5 000万元，负债总值为1 600万元，以购买资产方式进行并购时，目标企业的价值为：

$$V=5\ 000-1\ 600=3\ 400（万元）$$

④市场比较法。市场比较法是指对于非上市公司进行评估，先找出在营运和财务上与其可比的上市公司作为参照公司，然后再按照作为参照公司的上市公司的主要财务比率推断非上市公司的价值。具体计算公式为：

拓展阅读4-2

$$V=E\times R$$

式中：V——目标企业价值；E——目标企业市盈率；R——目标企业的收益总额。

海外投资并购中的交易文件条款和价格调整机制

例如：在A公司收购B公司的案例中，B公司为非上市公司，但其与C公司处于同一行业，二者的财务指标、经营情况也大致相同，因而取C公司的20倍市盈率作为B公司的市盈率。又知B公司的当期收益总额为400万元，则B公司的价值为：

$$V=400\times20=8\ 000（万元）$$

（2）交易价格的确定。由于影响交易价格的因素很多，确定交易价格是非常复杂的，所以并购双方应根据并购程序的不同阶段确定不同的交易价格。

①基本价格的确定。基本价格也称交易底价，是企业在价值评估基础上确定的价格。

②谈判价格的确定。谈判价格也称浮动价格，是并购双方围绕基本价格进行谈判，根据目标企业的资产状况、经营情况、稀缺程度、发展潜力以及并购方的需求程度、市场竞争程度确定浮动价格和浮动范围。一般情况下，最初收购要约价格以目标企业股价为下限，以目标企业预计价值为上限。为了使目标企业股东能够接受，保证并购活动的顺利实施，要约价格不宜过低，并购方也可提出一个并购价格的区间。

③并购价格的确定。并购价格也称成交价格。从基本价格开始，经过浮动价格的谈判，并购双方共同认可的交易价格，即为可以成交的并购价格。并购双方完成谈判的一切手续，通过法律确认后，并购价格才正式确定。

4）并购实施

（1）发出要约及签订并购协议。除敌意并购外，并购企业都应在并购开始之初向目标企业发出并购要约，提出并购条件、并购价格等。并购企业发出要约后，应主动与目标企业管理层及主要股东进行接触。如果并购双方在基本问题上达成一致，就可以签订并购协议。

（2）制订融资方案及选择并购支付方式。融资是并购中必须考虑的一个重要问题，考虑融资方案时应该处理好成本、风险及收益的关系，分析采取何种方式融资才能做到成本低、风险小、收益高，通常在并购中可以制订一揽子融资计划。由于并购融资方式与并购支付方式密切相关，不同支付方式对于并购融资的要求也不一样，所以根据对并购方现实流动性的不同要求，并购支付方式可以分为现金支付方式和非现金支付方式。

①现金支付方式。现金支付方式是指并购方以现金（包括银行存款或某种形式的延期支付票据）向被并购方股东支付并购价款的方式。在企业并购实践中，现金支付方式是使用最普遍的。由于并购交易金额较大，当企业确定以现金支付时，就要选择适当的方式进行融资：

一是内部融资，就是从公司内部筹集并购所需资金，通常有三种渠道，即公司的自有资金，公司的应付税款、利息、股利或其他应付款及未使用或未分配的专项基金。

二是银行贷款，对于并购所需的巨额现金，只靠内部积累往往是杯水车薪，外部融资是必要的渠道，而银行贷款就显得非常重要。

三是过桥贷款，是指对于并购方依然存在的资金缺口，由并购方向投资银行申请短期的并购贷款。在存在投资银行并购贷款的前提下，并购方的优质资产大都已抵押给银行，则此时申请到的过桥贷款一般没有抵押资产，贷款的利率高于银行的贷款利率，期限在 6 个月左右。当过桥贷款到期而并购企业无力偿还时，投资银行一般会要求并购企业发行垃圾债券或出售被并购方资产来偿还过桥贷款，这将产生额外的融资费用。

四是发行债券，除了银行贷款或过桥贷款以外，并购方还可以通过在公开市场上发行债券的方式，在获得并购资金的同时，取得与前述二者相同的财务杠杆效应。

五是发行股票，当并购方无法获得贷款或发行债券时，只能考虑股权融资方式。

六是卖方融资，是指被并购方股东以合同协议或应收票据的形式，允许并购方分期支付并购款项的行为。这事实上是被并购方股东为并购方流动性不足而提供的一种信用。

②非现金支付方式。一般包括以下几种方式：

一是以股票换股票，即按照协商的比例，以并购方股票换取目标企业股东的股票，从而使目标企业股东转变为并购后企业的股东。

二是以债权换股权，是指并购方以原先持有的债权或向目标公司股东定向发行并购方债券以换取目标公司的股权。

三是定向发行可转换债券，是指向债券持有者提供一种选择权，其在某一给定时间内可以某一特定价格将债券换为股票。

四是定向发行认股权证，是指发行公司所发行的一种有价证券，持有人拥有在权证上所约定的有效期内，以某一固定价格向发行公司认购特定数量的普通股票的权利。在并购中，并购方可以通过向目标公司定向发行认股权证，从而抵偿一部分收购价款。

5）并购后的整合

企业并购后的整合是指并购企业获得目标企业的资产所有权、股权或经营控制权之后，进行资产、人员等企业要素的整体系统性安排，从而使并购后的企业按照一定的并购目标、方针和战略组织运营。并购整合需要将原来不同的运作体系有机地整合成一个运作体系，这是整个并购过程中最艰难也最关键的阶段。

（1）资产整合。资产整合是通过重组达到生产要素的有机整合，发挥物质资本的基础功能，使其以资本化的形式运作起来，使生产要素在整合功能推动下向边际效益最大化方向流动，产生重组的乘数效应。从企业微观层面分析，只有通过资产重组盘活存量资产，才能实现低成本扩张，增强企业的市场竞争力。

（2）管理整合。资产重组要与机制转换、制度创新相结合。通过重组，改革不合理的管理体制与分配体制，充分调动员工的积极性。在资产重组过程中，优势企业应充分利用自身的管理优势输出机制，切实做好被并购企业的机制转换与制度创新工作。

（3）组织整合。根据企业组成的具体情况和市场经济的固有规律，通过组织结构的重构与优化，重新设定企业的组织指挥系统，重新制定企业的组织制度，建立科学有效的组织结构，降低重组后的组织成本。

（4）人力资源整合。人力资源整合是指对现有人员进行优化配置，留住并购双方的关键人员，对企业各层次的人员进行合理的调配和安排，最大限度地减少目标企业员工的抵触情绪，调动员工的积极性。

（5）文化整合。这是一个典型的"软重组"过程，是资产重组的内在灵魂。由于每个企业都有自己的企业文化与经营理念，在这方面重组双方可能存在很大差异，这就需要一个企业文化与理念的对峙、碰撞、渗透与不断磨合的过程。特别是在资产重组实施的初期，重组双方的相互磨合与适应是相当重要的，先进的企业文化渗透到企业的管理和运行之中，会对企业运行产生辐射作用。只有这种"软重组"取得成功，文化、心态、思维方式才能发生根本性转变。

4.3.2　上市公司并购程序

从上市公司并购的方式来看，按照并购的公开程度和程序的不同，并购可以分为协议并购和要约并购。在发达国家的市场上，通行的成熟做法是要约并购，而协议并购由于不符合上市公司的公开原则，因而在许多国家和地区都不鼓励。我国的并购实践恰好相反，大多数的上市公司并购都是协议并购。

1）西方国家的要约并购程序

（1）聘请并购顾问。一般来说，并购一个上市公司要有一个商业银行或投资银行提供帮助，来处理可能产生的复杂的法律和行政管理事务。

（2）获得一定份额的股份。在并购某公司前，先购买它的一小部分股份，这对下一步整体报价是十分有利的。

（3）确定报价时间。发达国家证券市场股东众多，持股分散，因而只要获得比例不大的股份，就可以在目标公司董事会中获得一个席位，这就使并购者能对下一步并购获得更多的信息，并为全面报价确定一个适当的时间。

（4）向目标公司董事会通告。并购者首先应将并购通告提交给目标公司的董事会，如果能得到目标公司董事会的支持，成功的机会就会增大。

（5）反托拉斯检查。西方国家的并购可能会涉及反托拉斯的问题，与有关的权力机构如公平交易部的接触，在并购之前就可以进行。

（6）通告。目标公司的董事会在收到并购要约前，宣布通告的责任在并购方。一旦并购企业通告其报价后，就得遵守报价诺言，其并购顾问也要承担这方面的责任。

（7）并购期间的交易。在某一预定或可能的并购通告被宣布后，当事人仍可自由交易目标公司的股票，但是需要在交易日后第二天把交易情况报告给证券交易所专门小组及新闻媒体。

（8）并购文件的发送。正式的并购文件篇幅很长，但并购内容却十分明确。在并购文件发送前，并购企业董事会成员必须在有关文件中证明其对并购要约准确性所负的责任。

（9）目标公司对并购的反应与防御。目标公司董事会应公布它对并购的意见，并在目标公司董事会发出的主要通知文件中列出。

（10）要约的延长与文件修改。并购者可以延长并购和修订并购文件，无论是否延长或修改，并购公司都应该及时向股东通告，并同时把情况通知证券交易所。

（11）接受的撤回。从第一个报价结束日起，在文件规定的时间内并购仍未被无条件接受，那么已接受该报价的股东可以自由撤回其接受的决定。

（12）举行股东大会。根据股票交易规则，并购行为需得到并购企业股东的同意，为此，并购企业应举行一个特别股东大会，以正式批准并购行动。这次会议通过的决议的内容应全部以正式通告形式列出，附在并购文件中。

（13）并购支付。如果并购成功，就可以现金、股票、债券等方式支付。

（14）强制性的兼并与收购。如果并购公司在并购文件寄送后的 4 个月内得到 90% 的股票持有者同意，对并购方来说，下一步是根据法令向持有不同意见的股东发出通知，对剩下的股票采取强制性购买。

温馨提示 4-2

注意一般企业并购程序和上市公司并购程序的异同。

2）我国的要约并购程序

我国法律对要约并购的规定较严，要约并购的程序主要有：

（1）聘请投资银行作为财务顾问。并购方通常会选择一家大的券商作为顾问，以解决要约并购过程中可能出现的各种复杂的问题。这一点和西方的企业并购一致。

（2）持股信息披露。我国证券法规定，在并购方持有目标公司已发行股份的 30% 之前，必须进行披露。

（3）全面要约并购与要约并购报告书。通过证券交易所的证券交易，投资者拥有一个上市公司已发行股份的30%时，继续进行并购的，应当依法向该上市公司所有股东发出并购要约，但经国务院证券监督管理机构免除发出要约的除外。

（4）发出要约公告与竞争要约。中国证监会在收到要约并购报告书后15日内未提出异议的，并购方可以公告其并购要约文件。

（5）目标公司董事会公告。目标公司董事会应当为公司聘请独立财务顾问等专业机构，分析目标公司的财务状况，就并购要约条件是否公平合理、并购可能对公司产生的影响等事宜提出专业意见，并予以公告。

（6）作出承诺。并购方在发出要约并公告后，受要约人应当在要约的有效期限内作出同意并购要约的全部条件，向并购要约人卖出其所持有证券的意向表示，即承诺。

（7）履行合同。对上市公司并购的合同一旦成立，要约人与受要约人之间的权利、义务也同时确定。并购方负有按照要约规定的期限、价格支付股票价款的义务，而受要约人负有按期交付股票的义务。

（8）并购结束后善后、变更及公告。并购要约的期限届满，并购方持有的目标公司的股份数达到该公司已发行的股份总数的75%以上的，该上市公司的股票应当在证券交易所终止上市交易。并购要约的期限届满，并购方持有的目标公司的股份数达到该公司已发行的股份总数的90%以上的，其余仍持有目标公司股票的股东，有权向并购方以并购要约的同等条件出售其股票，并购方应当并购。并购行为完成后，目标公司不再具有公司法规定的条件的，应当依法变更其企业形式；目标公司被撤销的，其原有股票由并购方依法更换。《中华人民共和国证券法》第一百条规定，收购行为完成后，收购人应当在15日内将收购情况报告国务院证券监督管理机构和证券交易所，并予公告。

3）我国的协议并购程序

协议并购是指并购人通过与目标公司的股东协商，在征得目标公司管理层同意的基础上达成协议，并按协议所规定的并购条件、并购价格、并购期限以及其他规定事项的方式进行并购。一般来说，我国上市公司协议并购的程序如下：

（1）谈判签约。并购方的并购意向确定以后，与目标公司股东在并购价格、数量、期限上协商，若达成协议，应通知目标公司董事会，取得董事会的支持，确保并购协议的正常履行。涉及国家授权机构持有股份的转让，或者须经行政审批方可进行的股份转让，协议并购相关当事人应当在获得有关主管部门批准后，方可履行并购协议。

（2）报告。以协议并购方式进行上市公司并购的，并购方应当在达成并购协议的次日向中国证监会报送上市公司并购报告书，同时抄报上市公司所在地的中国证监会派出机构，抄送证券交易所，通知被并购公司，并对上市公司并购报告书摘要作出提示性公告。

（3）公告与履行。中国证监会在收到上市公司并购报告书后15日内未提出异议的，并购方可以公告上市公司并购报告书，履行并购协议。

（4）要约并购豁免。以协议并购方式进行上市公司并购，并购方所持有、控制一个上市公司的股份达到该公司已发行股份的 30% 时，继续增持股份或者增加控制的，应当以要约并购方式向该公司的所有股东发出并购其所持有的全部股份的要约。符合一定条件的，并购方可以向中国证监会申请豁免。

（5）并购完成。通过协议并购方式取得目标公司股票并将该公司撤销的，属于公司合并，被撤销公司的原有股票由并购方依法更换。收购行为完成后，收购人应当在 15 日内将收购情况报告国务院证券监督管理机构和证券交易所，并予公告。

小思考 4-6

为什么有些国家和地区排除对上市公司协议并购的合法性？

提示：因为协议并购在信息公开、机会均等、交易公正方面具有很大的局限性，政府证券主管部门很难对此实施全面有效的监管，不利于保护广大投资者的利益，因此协议并购在各国大都不被鼓励，甚至许多国家和地区的法律排除了上市公司协议并购的合法性。

》【学思践悟】

从"联创股份'高溢价并购'5 人因合同诈骗被判刑"案谈诚信建设

诚信是人类社会普遍的道德要求，是个人立身处世的基本规范，是社会存续发展的重要基石。党的二十大提出：要弘扬诚信文化，健全诚信建设长效机制。同时诚信作为社会主义核心价值观在个人层面的价值准则之一，是社会主义道德建设的重要内容，是构建社会主义和谐社会的重要纽带。在中国传统文化中，不仅形成了诚信的道德观念和行为准则，而且铸就了诚信的心理趋向和道德传统。小到个人，大到国家，事事都需要讲诚信。

在金融市场中，信息的不对称性可能造成交易双方所获信息的不对等，企业并购中更是如此。2022 年 11 月，山东省淄博市中级法院关于联创股份（300343.SZ）被合同诈骗案的一审刑事判决书，在资本市场上掀起轩然大波。根据判决书内容，五名被告在与联创股份达成并购交易的过程中，为支撑并购估值、完成业绩对赌，合谋虚增利润 5.1 亿元，五人合同诈骗罪成立，四人被判处 3 年至 15 年不等的有期徒刑，一名主犯被判处无期徒刑。

上海明伦律师事务所律师王智斌受访时表示："判决的影响还是比较深远的。这给市场也提了一个醒，上市公司收购的时候应当进行比较妥善的尽职调查。同时作为被收购对象也不能心存侥幸，财务造假一定会面临监管部门的处罚，如果严重的话还会涉及个人的刑事责任。这非常有力地震慑了这些潜在的、标的公司原股东的造假行为。"虚假的财务报告传达的是企业不真实的财务信息，如果靠造假来迎合一时之需，将是得不偿失，舍本求末。

诚实守信是我国传统道德大厦的根基，诚信铸成中华民族道德之魂。"所守者道义，所行者忠信，所惜者名节"。对个人来说，"诚实守信"既是一种道德品质和道德信念，也是一种道德责任，更是一种崇高的"人格力量"。诚信是大学生树立理想信念的基础，也是我们全面发展的前提。因此，在社会飞速发展的今天，我们都应明白诚实守信的重要性，树立"以诚实守信为荣、以见利忘义为耻"的荣辱观。

资料来源：佚名．联创股份"高溢价并购"5人因合同诈骗被判刑并购风险防范再引关注〔EB/OL〕．（2022-11-24）．https：//baijiahao.baidu.com/s？id=1750336717762307954&wfr=spider&for=pc.有删改。

本章要点

本章主要介绍了兼并与收购的概念、类型、动因，并购业务的基本流程，并购的主要形式，目标企业的估价与并购的支付方式，以及并购与反并购的基本原理及操作程序。其中，重点是并购业务的基本操作流程；难点是目标企业的估值与并购的支付方式。

问题讨论

1.讨论兼并与收购有哪些区别？
2.讨论并购的各种支付方式、各自的特点及适用性。
3.结合本章所学知识，查找一个当地企业并购的案例，分析其并购动因。
4.讨论并购中各种目标企业估值方法的适用性与优劣。

推荐阅读

1.《上市公司收购管理办法》，中国证券监督管理委员会，2020年3月20日。
2.《中华人民共和国公司法》，2023年12月29日。
3.《中华人民共和国反垄断法》，2022年6月24日。
4.俞铁成．并购：冷静交易之道〔M〕．北京：法律出版社，2023.
5.《我国上市公司重大资产重组管理办法》，中国证券监督管理委员会，2023年2月17日。

思考与练习

1.单项选择题
（1）由两个或两个以上的公司通过法定方式重组，重组后只有一个公司继续保留其合法地位的是（　　）。
A.兼并　　　　　B.联合　　　　　C.收购　　　　　D.吸收合并
（2）收购公司在几个主要的不相关产业内进行并购，逐渐形成几个核心，以扩大其生产规模的并购方式是（　　）。
A.横向并购　　　B.纵向并购　　　C.同源并购　　　D.混合并购
（3）"金银锡降落伞"计划是在（　　）中采取的反并购策略。

A."毒丸"计划　　　　　　　　　　　　B.优先股购股权计划

C.管理层补偿计划　　　　　　　　　　D.兑换毒债

2.多项选择题

（1）企业兼并与收购的动因通常有（　　　）。

A.经济动因　　　　　B.管理动因　　　　　C.战略动因　　　　　D.竞争动因

（2）并购发生后通常采取的反并购手段有（　　　）。

A.出售"皇冠上的明珠"　　　　　　　B.推行"焦土政策"

C.资本结构重组　　　　　　　　　　　D.公司分拆

（3）对并购企业的并购能力进行分析主要是分析其（　　　）。

A.资金运筹能力　　　　　　　　　　　B.经营管理能力

C.风险防范能力　　　　　　　　　　　D.资产管理能力

（4）企业并购后的整合主要有（　　　）。

A.资产并购　　　　　B.管理整合　　　　　C.组织整合　　　　　D.人力资源整合

（5）对目标公司价值评估模式主要有（　　　）。

A.贴现法　　　　　　B.市盈率法　　　　　C.资产基准法　　　　D.市场比较法

（6）非现金支付方式一般有（　　　）。

A.以股票换股票　　　　　　　　　　　B.以债权换股权

C.定向发行可转换债券　　　　　　　　D.定向发行认股权证

3.简答题

（1）兼并与收购的区别是什么？

（2）并购的动因有哪些？

（3）什么是反并购？反并购有哪些策略？

（4）并购的支付方式有哪些？

案例分析

中信证券助力华新水泥收购阿曼水泥上市公司

2023年3月13日，华新水泥股份有限公司（以下简称华新水泥，600801.SH/6655.HK）公告其全资子公司华新（香港）国际控股有限公司已与阿曼主权财富基金阿曼投资局子公司Investment Authority SPC签署协议，将收购后者持有的阿曼水泥行业上市公司Oman Cement Company（以下简称SAOG）59.58%股权，成为SAOG控股股东，交易对价约为1.931亿美元。另根据阿曼资本市场管理局《收购兼并条例》，该交易将触发向SAOG其他股东发出要约收购的义务，将使华新水泥在SAOG的最高持股比例为75%。本次交易由中信证券担任并购顾问。

华新水泥是国内水泥行业知名龙头企业，近年来通过实施全产业链一体化发展战略、环保转型发展战略、海外发展战略和高新建筑材料的业务拓展战略，不断巩固水泥业务优势、拓展全球布局、拓宽业务边界，逐步成为国内领先的全产业链一体化发展的全球化建材集团。在海外布局方面，华新水泥此前已在中亚、东南亚、非洲等地区的8个国家设立分子公司，本次并购交易是华新水泥强化海外发展的坚实一步，进一步完善了其全球产业布局。

本次交易流程为卖方组织的竞标收购。中信证券作为华新水泥买方并购顾问，深入参与交易方案设计、尽职调查及多轮商业谈判等关键流程，协助华新水泥在激烈的竞标中最终胜出，完成协议签署，以专业的服务能力和高效的执行力赢得了客户的高度认可与信任。

资料来源：佚名．中信证券助力华新水泥收购阿曼水泥上市公司 服务中国优秀企业出海并购〔EB/OL〕．（2023-03-16）．http：//www.cs.ecitic.com/newsite/news/202303/t20230317_1176164.html.有删改．

问题：

通过了解典型案例"中信证券助力华新水泥收购阿曼水泥上市公司"，分析证券公司在企业并购中作用。

分析提示：

第一，可以通过评估市场趋势、收集企业信息等手段，提供市场洞察和竞争分析，帮助企业了解市场情况和行业趋势，从而制定更明智的并购重组战略。

第二，可以帮助企业进行财务分析，排除风险隐患，并协助企业进行财务规划，从而确保并购重组的成功。在实际操作中，中信证券可以提供财务模拟和风险评估，为企业提供专业建议，帮助企业作出合理决策。

第三，可以协助企业进行交易谈判和合约评估，帮助企业寻找并购目标、展开谈判并策划交易，确保并购重组能够符合企业目标，并取得良好的商业效果。

第四，可以在后期提供支持，在并购完成后，帮助企业实现协同效应和整合效益，提高企业的运营效率和市场竞争力。

总之，证券公司在并购重组中扮演着重要的角色，为企业提供全方位的并购重组服务，协助企业实现业务增长、扩大市场份额，提高企业的竞争力和商业价值。

实践训练

本章主要讲述了兼并与收购的基本概念、动因和兼并策略及反兼并策略。为了让学生深入理解兼并与收购的基本含义，认识兼并与收购的情况，本章实践训练主要包括以下内容：

1.实训项目：了解外资企业兼并与收购中国企业的情况。

实训目的：掌握兼并与收购的含义。

实训步骤：

（1）在表4-1中写出各行业中外资企业兼并与收购中国企业的名称。

表 4-1   外资企业兼并与收购中国企业情况

行业	名称
造纸	
日化	
化妆品	
制药	
小五金	
百货	
超市	

（2）比较分析这些外资企业兼并与收购中国企业的原因并填写表 4-2。

表 4-2   外资企业兼并与收购中国企业的原因

行业	兼并与收购原因比较
造纸	
日化	
化妆品	
制药	
小五金	
百货	
超市	

2.实训项目：光大集团、青岛啤酒、海南航空、万科房地产、达能集团从不同角度反映了当前中国企业兼并重组的一些时代特点，调查这 5 家企业兼并重组的特点及兼并的动因。

实训目的：了解中国企业兼并重组的情况并予以评价。

实训步骤：

（1）在表 4-3 中写出 5 个企业兼并重组的特点。

表 4-3   企业兼并重组的特点

企业	兼并重组的特点
光大集团	
青岛啤酒	
海南航空	
万科房地产	
达能集团	

（2）在表 4-4 中写出 5 个企业兼并重组的动因分析及评价。

表 4-4   企业兼并重组的动因分析及评价

企业	兼并重组的动因分析及评价
光大集团	
青岛啤酒	
海南航空	
万科房地产	
达能集团	

3.实训项目：通过了解中国天楹收购 Urbaser 事件，分析我国兼并与收购不同行业的失败案例。

中国天楹 88.8 亿元收购全球环境保护及固废治理龙头企业 Urbaser 被誉为中国环保企业海外并购史上最大规模收购，然而收购完成仅仅两年多，中国天楹便要将其出售。中国天楹坦言，尽管 Urbaser 盈利情况良好，不存在任何减值迹象，但其商誉仍为资本市场以及投资者所顾虑。与境外其他欧洲环保龙头企业相同的是，Urbaser 低利息、高杠杆经营，其资产负债率接近 80%，致使中国天楹目前资产负债率达 75%，压缩了融资空间，影响了上市公司股权及债权融资，限制了公司创新战略的实施，于是公司于 2020 年 5 月将 Urbaser 转手。

实训目的：通过中国天楹收购 Urbaser 事件充分认识兼并与收购的风险性。

实训步骤：

（1）在表 4-5 中写出 5 个我国兼并与收购不同行业的失败案例。

表 4-5   我国兼并与收购不同行业的失败案例

行业	名称

（2）在表4-6中写出这5个案例失败的原因。

表4-6　　　　　　　　　　　　兼并与收购失败的原因

企业名称	兼并与收购失败的原因

（3）在表4-7中写出提高兼并与收购成功率的途径。

表4-7　　　　　　　　　　　　提高兼并与收购成功率的途径

企业名称	提高兼并与收购成功率的途径

第5章
风险投资业务

学习目标

知识目标：通过本章的学习，理解风险投资的内涵与特征；了解风险投资与一般金融投资的区别；熟悉风险投资业务的运作主体；掌握风险投资运作的基本阶段和运作过程；熟悉风险投资中的常见风险；掌握风险投资中风险管理的方式。

技能目标：通过本章的学习，具备进行风险投资业务操作的基本技能，能够根据实际拟订风险投资计划书，作出风险投资的融资选择，能够识别风险投资中的风险，并提出相应的风险管理办法。

知识结构图

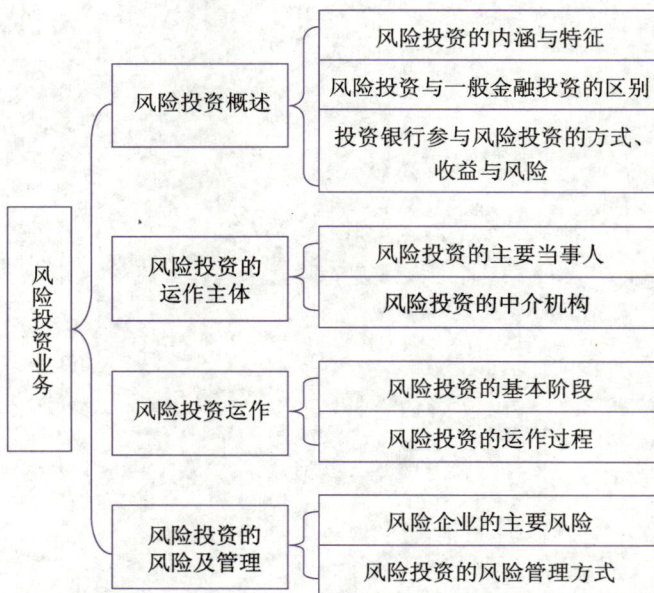

风险投资与苹果公司的成长

苹果公司是由史蒂夫·乔布斯、史蒂芬·沃兹涅克和罗·韦恩于 1976 年 4 月 1 日成立，成立后不久韦恩因个人原因选择退出。

苹果虽然现在如日中天，但是在成立初期的融资，却不是一帆风顺的。凯鹏华盈的两位创始人一开始直接拒绝和乔布斯见面，萨特山创投的比尔·德雷珀也瞧不起乔布斯，SBIC 公司的合伙人皮奇·约翰逊则怀疑苹果公司的个人电脑在家里到底有什么用途。一再的碰壁，让乔布斯在融资上绞尽脑汁。他甚至找到纽约市第一家零售电脑商店的老板斯坦·维特，并提议让维特以仅 1 万美元的价格收购苹果 10% 的股份，但遭到维特的断然拒绝。

1976 年初秋，马库拉拜访了还在车库中创业的苹果公司，很快他就发现了一些其他来访者不懂得欣赏的东西，于是决定全力投入苹果公司，担任公司董事长和销售主管、为公司撰写商业计划书，并且以自有资本 9.1 万美元投资苹果公司，占股 26%。除了马库拉的天使投资和亲自参与公司的运营管理外，随着文洛克创投、红杉资本和洛克陆续加入苹果公司的股东行列，他们也开始利用自己的资源来帮助苹果。

1980 年 12 月，苹果成功 IPO，这是当年规模最大的 IPO 案例。截至当年 12 月底，苹果的市值接近 18 亿美元，比福特汽车的市值更高。在 1979 年瓦伦丁在退出苹果公司时得到了 13 倍的回报，而在上市后，洛克所持苹果股权带来的回报已经飙升到 378 倍。

在美国风险投资的历史中，苹果公司较早地以自己的巨大成功预示了风险投资的不平常。其中，人们可以清楚地看到风险资本循环的全貌。首先通过缜密而敏锐的寻觅或遴选，找到理想的投资对象，然后进入循环的第一阶段：风险资本进入风险企业。通过帮助风险企业发展壮大，风险资本的最终目的是实现循环：退出风险企业。退出有转让、上市等方式，上市是退出的最高境界。苹果公司通过上市给投资人带来了丰厚的利润，是风险资本运作的完美典范。

资料来源：佚名. 46 年前的今天，苹果公司正式成立：创始人包括乔布斯、沃兹尼亚克、韦恩 [EB/OL].［2022-04-03］. https：//www.c114.com.cn/news/51/a1192555.html. 有删改。

在这一案例中，苹果公司成功引入风险投资，无疑为知识经济时代的高新技术企业发展提供了一个有益的启示。我们都期待在知识经济时代，中国的高新技术企业能够在风险投资的帮助下，获得更快的发展。而投资银行是风险投资的积极参与者，几乎涉及了风险投资领域的各个方面。本章主要介绍风险投资的内涵和特征，其主要运作主体和运作过程，以及融资和投资过程的风险管理等。

5.1　风险投资概述

5.1.1　风险投资的内涵与特征

1）风险投资的内涵

所谓风险投资，是指把资金投向蕴藏着较大失败几率的高新技术开发领域，以期获得高资本收益的一种商业投资行为。风险投资是在市场经济体制下支持科技成果转化的一种重要手段，其实质是通过投资一个高风险、高回报的项目群，将其中成功的项目进行出售或上市，实现所有者权益的变现，使投资者获得相对于其他投资方式而言较高的回报。

要充分理解风险投资的概念，还需要弄清楚两个问题：

（1）风险还是冒险？风险投资多指人们对较有意义的冒险创新活动或事业予以资本支持。这里的风险投资有一种主动的含义。与此相反，一般的风险是指人们在从事各项活动中所遇到的不可预测又不可避免的不确定性，它的含义里没有主动的成分。从某种意义上说，风险投资有些"明知山有虎，偏向虎山行"的意思。风险投资的这一层含义道出了风险投资家的个性与气质。但是这是基于经验、知识、信息和判断的冒险，与随心所欲、不负责任的冒险绝不相同。

（2）投资还是融资？风险投资在现实中是指融资与投资相结合的过程，而风险这一概念不仅体现在投资上，也体现在融资上。风险投资过程中最重要的是融资。风险投资是以融资为主的投资和融资的有机结合，融资中有投资，投资中有融资。没有一定的投资目标或投资方向很难融到资金，投资的过程往往伴随着第二轮或第三轮的融资。融资和投资构成了不可分割的有机整体。

☑ 小思考 5-1 --

投资银行参与风险投资的动机和目的是什么？

提示：（1）分享风险投资的高收益。

（2）通过参与风险投资，为投资银行进一步策划创业企业公开上市，取得创业企业公开发行股票的承销资格打下基础。

（3）为投资银行融资部门之外的部门提供业务机会。

2）风险投资的特征

作为一种权益资本，风险投资不同于一般意义上的投资，它本身具有非常鲜明的特征。

（1）高风险性。风险投资主要用于支持刚刚起步或尚未起步的高新技术企业或产品，一方面，其没有固定资产或资金作为贷款的抵押和担保，很难获得银行贷款；另一方面，其未来的经营、技术、发展和市场前景都存在很大的变数，无法通过发行股票、债券或其他金融工具等传统融资渠道获取资金。而风险投资的投资对象正是一般投资机构所害怕投资、不愿投资的高新技术领域。风险投资在技术、市场、决策、管理等方面都有较大的风险，即使在发达国家，高新技术企业的成功率也只有30%左右。

（2）高收益性。风险投资有着比其他投资工具高很多的预期回报率，一旦投资成功，会为投资者带来几倍甚至几百倍的收益。风险投资的收益不是来自风险企业本身的分红，而是来自风险企业成熟壮大以后的股权转让。风险投资是把资金投向蕴藏着失败风险的高新技术及其产品的研究开发领域，这些领域具有独特的高成长性和高获利能力，风险投资是旨在促进高新技术成果迅速商品化，以取得高收益的一种投资行为。

从图 5-1 中可以看出，在各种投资方式中，风险投资处于风险较高、预期回报率也较高的位置。

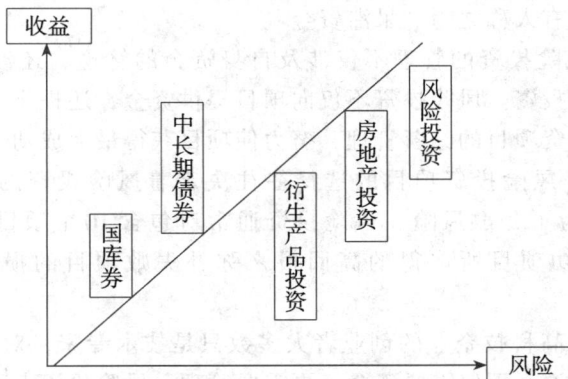

图5-1　不同投资工具的收益和风险组合

典型案例 5-1

高榕资本投资拼多多带来的巨额收益

拼多多是一家专注于 C2B 拼团的第三方社交电商平台。通过与朋友、家人、邻居等组成一个小组，用户可以以较低的价格购买高质量的商品。推出后不到一年，单日交易数量突破 1 000 万，付费用户数突破 2 000 万。2016 年 7 月，公司顺利完成 B+轮融资，融资金额高达 1.1 亿美元，融资机构仍由高榕资本主导。2016 年 9 月，由两家公司合并后拼多多估值高达 10 亿美元，用户超过 1 亿，月成交总额超过 10 亿元。高榕资本从一年前的 A 轮、B 轮到合并前 B+轮，总投资千万元，合并后的拼多多已让高榕资本获利至少 20 倍。拼多多 2018 年财报显示，拼多多市值超过 275 亿美元，按高榕资本持股 8.4% 计算，高榕在拼多多的股票价值超 23 亿美元。按高榕官方披露基金总额折合约 150 亿人民币，这意味着拼多多一个项目挣出了相当于高榕所有管理着的四只美元基金和四只人民币基金所有资金总和。截至 2019 年 9 月，拼多多的活跃用户已达到 5 亿人，相比一年之前翻了 5 倍。

问题：为什么要进行风险投资？

分析：风险投资的魅力在于企业股票上市后，有数十倍乃至上百倍的股票升值，并通过此渠道转让股票收回资金。风险资本通过上市，成功地实现了退出，并从这笔投资中获得惊人的巨额收益。这一切听起来似乎太像神话，但又异乎寻常的真实。这是风险投资者创造的奇迹。

资料来源：Practitioner 伊罗．风险投资人案例分析——张震［EB/OL］．［2021-08-26］. https://zhuanlan.zhihu.com/p/403655999.有删改。

（3）权益性。风险投资不是一种借贷资本，而是一种有别于普通股权投资的权益投资。风险投资者以股权方式投入受资公司，与创业者共担风险，其着眼点不在于投资对象当前的盈亏，而在于它们的发展前景和资产的增值，以便通过上市或出售达到投资并取得高额回报的目的。

（4）长期性。风险投资往往是在风险企业初创时就投入资金，一般需经3~8年才能通过退资取得收益，而且在此期间还要不断地对有成功希望的企业进行增资。由于其流动性较小，因此，有人称之为"呆滞资金"。

（5）专业性。风险投资的管理不仅涉及自身资金的管理，还涉及所投资项目的管理，所以是一种专业投资。风险投资不仅向项目提供资金，还提供知识、经验、社会关系资源等，并参与投资项目的经营管理，努力使项目获得最大成功。

（6）组合投资。风险投资项目的选择往往决定着风险投资的成败。由于风险投资的失败率较高，为了分散风险，风险投资通常对包含10个项目以上的项目群进行组合投资，利用成功项目所取得的高回报来弥补失败项目的损失，从而保证总体收益。

（7）专家投资。高科技企业的创业者大多数只是技术专家，对经营管理并不在行。对于这些创业企业来说，不但需要资金，更需要管理。风险投资者积极地参与风险企业的管理，用他们积累的学识帮助风险企业成长。据调查，有57%的高科技企业认为，如果没有风险投资，他们的企业早就不存在了，原因之一就是这些风险投资者为他们提供了增值的管理服务。

5.1.2　风险投资与一般金融投资的区别

除了高风险高收益投资和主动参与管理型投资这两个显著特点外，风险投资还有以下特点：

1）风险投资是私人权益投资的重要形式之一

养老基金、捐赠基金、保险公司和商业银行等机构投资者通常将2%~3%的资金投资于私人权益市场（主要是风险投资），在追求高收益的同时分散投资组合的风险。风险投资是一种权益资本投资，而非借贷投资。它所关注的是投资对象的发展前景和资产增值，而非当前的盈亏情况。

2）风险投资是一种中长期投资

风险投资一般需要3~8年的时间才能实现资本退出并获得收益。如果投资于风险企业的初创期，如种子期或启动期，则需要7~10年或更长的时间。并且，风险投资对应的高收益也是长期收益，据统计，风险投资1年期的投资回报率为22.3%，而15年期的投资回报率则高达26.8%。

3）风险投资一般采取组合投资方式

这里所说的组合投资可以是同一行业不同风险企业之间的组合，也可以是不同行业或不同区域风险企业的组合，还可以是处于不同发展阶段的风险企业的组合。通过组合投资，风险投资者可以利用成功企业所获得的高额回报弥补亏损并获得投资收益。此外，风险投资机构也通过联合投资，即几家风险投资机构共同投资一个风险投资项目的方式来分散投资风险。

表5-1从不同方面反映了风险投资与一般金融投资的区别。

表 5-1　　　　　　　　　　　　　　风险投资与一般金融投资的区别

对比项目	风险投资	一般金融投资
投资对象	新兴的、迅速发展的、具有巨大竞争潜力的企业，主要以中小企业为主	成熟的传统企业，主要以大中型企业为主
投资方式	通常采取股权式投资，所关注的是企业的发展前景	主要采取贷款方式，需要按时偿还本息，所关心的是安全性
投资审查	以技术实现的可能性为审查重点，对技术创新和市场前景的审查是关键	以财务分析和物质保证为审查重点，有无偿还能力是关键
投资管理	参与企业的经营管理和决策，投资管理严密，是合作开发关系	对企业的运营有参考咨询作用，一般不介入企业决策系统，是借贷关系
投资回报	风险共担，利润共享，企业若获得巨大发展，可转让股权收回投资	按贷款合同期限收回本息
投资风险	风险大，投资的大部分企业可能失败，一旦成功，收益足以弥补全部亏损	风险较小，到期如收不回本息，除追究经营者责任外，所欠本息也不能豁免
人员素质	懂技术、管理、金融和市场，能进行风险分析和控制，有较强的承受力	懂财务管理，不要求懂技术开发，可行性研究水平较低
市场重点	未来潜在市场，难以预测	现有成熟市场，易于预测

5.1.3　投资银行参与风险投资的方式、收益与风险

1）参与风险投资的方式

投资银行参与风险投资主要有以下两种方式：

（1）直接参与风险投资。投资银行自己发起建立风险投资基金，并成立专门的分支机构作为普通合伙人进行管理。

（2）只作为中介机构为风险投资提供金融服务。其主要业务有：帮助风险投资者进行风险投资基金的融资；协助创业者和风险投资者进行交易构造的设计和谈判；为风险企业提供 IPO 和并购等金融服务，以协助风险资本退出。

2）参与风险投资的收益

首先，投资银行参与风险投资可以获得高风险所对应的高收益。风险企业生产的产品一旦满足市场需求，往往能迅速带来高收益。

其次，参与风险投资还可以拓展投资银行业务，以期取得后续收益。投资银行一旦在风险企业中获得董事地位，就可以赢得更多后续的投资银行业务，如投资银行可以顺利地承揽到风险企业首次公开发行时的一级市场股票承销业务，还可以进行相应的二级市场业务，以及为上市后的风险企业提供做市等其他一系列金融服务。

最后，投资银行直接参与风险投资还有利于及时地掌握和了解高新技术的发展动态，使其有能力将最新的技术运用在其他业务领域。这不仅可以提高投资银行的研究报告质量，也可以巩固投资银行在机构客户中的地位，从而给投资银行带来稳定的收益。

3）参与风险投资的风险

投资银行参与风险投资的风险主要有以下几个方面：

（1）运营风险。尽管投资银行和风险投资机构都属于直接服务于金融的中介机构，但是投资银行的证券业务和风险投资的投资业务还是存在许多差别的。它们在所需资金的性质、专业知识、组织结构、项目评估、资本退出和风险控制等方面都存在着较大的差异，这也使得投资银行在参与风险投资时不可避免地要面临许多运营性风险。

（2）财务危机导致的风险。风险投资是一种权益性投资，一般都要经过 3 ~ 7 年的时间才能够获得收益进而实现资本退出。然而，投资银行的财务结构往往是高财务杠杆的，其资金绝大多数都是短期资金。如果投资银行直接参与风险投资，短期资金长期使用，往往容易引发财务危机，从而导致风险。

（3）保荐责任风险。风险企业成功上市后可实现风险资本退出，但如果投资银行所保荐的风险企业出现了严重问题，其保荐责任不可推卸，声誉难免要受到影响。

5.2　风险投资的运作主体

5.2.1　风险投资的主要当事人

1）资金供给者

由于各国国情不同，风险资本来源也各异，但总体上各国风险投资资金的来源主要有以下几种渠道：

（1）富有的家庭和个人。富有的家庭和个人有一定的资金实力到证券市场上投资，或自己直接开办企业。他们所能接受的投资回报期通常比其他类型的投资者所要求的长。

（2）机构投资者。机构投资者包括企业、保险公司、养老基金、退休基金等，为了减轻这些机构投资者对风险的顾虑，风险投资公司常采用利润分享、投资限制协议等方式以及有限合伙制组织形式控制风险。

（3）大公司投资。一些高科技大公司设有风险投资部门，或直接投资于与自身战略相关的风险企业。例如，英特尔公司这两年投资了 100 多家公司，投资额超过了 5 亿美元，投资的企业除了半导体产业外，还包括电脑、软件、通信设备等行业。

（4）私募证券基金。一些业绩良好并接近成熟的风险企业可以通过私募基金得到大量注资，而投资者则期望未来的高额回报。

（5）共同基金。某些投资于高新技术产业的共同基金被允许将不超过基金总额 1% ~ 2% 的少量资金投入变现性低的企业，尤其是即将上市的企业。

20 世纪 70 年代以前，美国风险投资的资金来源以富有的家庭和个人、金融机构为主；80 年代以后，风险投资的资金来源转向养老基金、大公司等机构投资者，养老基金、大公司、富有的家庭和个人成为美国当前风险投资资金的三大主要来源，其所占比例达到 80% 以上。

2）风险投资机构

风险投资机构是指运作管理风险投资基金的组织，它的主要职责是筹措资金、评估选择投资项目、参与被投资企业经营管理以及盈利后退出。下面以美国风险投资机构为例进行说明。

（1）有限合伙制风险投资机构。美国的风险企业通常采用有限合伙制，合伙方的主要来源为养老基金、大学和慈善机构等免税实体，采用合伙制保证了它们的免税地位。在这种有限合伙制风险投资机构中，合伙人分两类：有限合伙人和普通合伙人。投资者一般作为有限合伙人，风险投资者一般作为普通合伙人共同组成风险投资基金。投资者不直接参与基金的运作，只承担有限责任，而风险投资者则直接经营管理风险投资基金，并在风险投资中占有很小的份额，对基金负无限责任。

有限合伙人通常是富有的家庭和个人、养老基金、捐赠基金、银行持股公司、投资银行、其他非金融公司等。而普通合伙人通常是有科技知识、管理经验和金融专长的风险投资者，他们统管有限合伙企业的业务以及决策风险投资的成败，责任重大。

有限合伙的集资有两种形式：一是基金制，即大家将资金集中到一起，形成一个有限合伙基金；另一种是承诺制，即有限合伙人承诺将提供一定数量的资金，但起初并不注入全部资金，只提供必要的机构运营费，待有了合适的项目再按普通合伙人的要求提供必要的资金。与公司制相比，有限合伙制具有以下几个方面的优点：

①税收利益。有限合伙制形式中，企业的全部盈利和损失都分摊到各个合伙人，计征个人所得税，合伙机构自身不交税；而公司制中，公司的收益既要缴纳企业所得税，分配给股东和管理人员的盈利还要再缴纳个人所得税，税负较重。

②组织灵活性。合伙企业可以按合伙之初确立的经营范围和期限经营，到期后可清算解散，而公司不能轻易解散。

③风险收益承担机制。公司制的经理不得接受股票选择权或其他以经营业务为基础的报酬；而合伙制企业的管理者不受这一限制，可以得到高额报酬。

（2）公开上市的风险投资公司。这类风险投资机构一般由专业基金经营机构发起，在公开的资本市场向大众筹措资金，股东只承担有限责任，可通过董事会直接参与管理，并可参与选举风险基金经理。公开上市的风险投资公司与有限合伙制风险投资机构的运作基本相同的。

（3）合作风险投资公司。它是由较大的公司和包括投资银行在内的金融团体建立的独立或附属机构。投资银行在风险投资中主要充当资金运作者的角色。这些大公司的风险投资公司不全是为获得高额利润，还为了求得新技术、新市场或进行多种经营。

（4）小企业投资公司。它是政府直接向私人提供资金所建立的，旨在向技术密集型小企业进行风险投资的公司。它们也向有潜在利益的企业作长期投资，然而与独立风险投资公司不同的是，它们只提供债务资金，且主要参与高新技术企业的发展阶段。

（5）企业发展公司。企业发展公司是私人投资者拥有的，由州政府颁发许可证，由证监会监控的公共机构。有的企业发展公司提供风险投资，并得到小企业委员会的许可监控和资助，也有的像银行和其他金融机构一样提供贷款等融资服务。拥有企业发展公司的个体风险投资者通常提供管理服务。

　　3）风险企业

　　风险企业简称创业企业，是运用风险投资资金的企业，通常是一些具有发展潜力的、新兴的高新技术中小企业。

　　在美国，高新技术一般是指微电子、生物工程、新材料、核能以及航空与航天等方面的最新科学与技术。日本的高新技术标准更多地强调研究与开发支出以及科学家、工程师及技术专家所占的比重。

　　20世纪80年代后期，美国风险资金主要投向计算机软件、医疗卫生、电子数据通信、生物技术领域。进入21世纪，风险投资在各个行业的投资项目数量都有所增加，增加幅度较大的行业为计算机软件、生物技术、电信、医疗设备和仪器以及其他电子产品。一般风险资本投资于年轻公司，经营时间在10年以内的公司占全部公司的83%，其中5年以内的公司占全部公司的51%，超过了一半。

　　风险企业具有以下特点：

　　（1）风险企业一般属于高新技术领域。风险企业是先有科研人员的研究成果，然后再建立企业推广产品。因此，风险企业一般属于那些正在蓬勃发展的、新兴的高新技术领域。高新技术领域由于具有高增长潜力，能较快带来较高的投资回报，因而能吸引风险投资。

　　（2）风险企业一般是中小企业。首先，高新技术处于研究创新阶段，存在较大风险，只能进行小规模的投资及生产。而大企业由于惧怕风险，不愿接受尚未成熟的技术与设想来投资发展新产品，即使一些发明创造来自大企业，而当其成为风险企业时，也是以另一个独立的小企业的身份出现的。

　　其次，小企业生产及经营机制灵活，市场应变能力强，有了发明创造可以很快研制出新产品；而大企业在产品及经营管理上都已定型，应变能力差。

　　最后，科技含量高、市场前景好的小企业才能吸引风险投资，因为小企业成长为大企业时，风险资本就该退出了。

　　（3）风险企业中的投资者和技术人员是合作伙伴关系。投资者以投资获得股份，而技术人员则以其技术上的创新获得相应的股份。在创业阶段主要靠风险投资维持企业的生存，而当产品投入市场后，企业符合发行上市条件，其股票就可以上市从而扩大资金来源。

　　（4）高收益与高风险并存。风险企业所生产的产品，一旦与市场需求符合，往往能迅速带来高收益。同时，风险企业也可能由于产品不成熟等原因而失败，造成投资损失。

5.2.2　风险投资的中介机构

　　风险投资的健康发展离不开中介机构，中介机构是否健全是一国风险投资业是否发达的重要标志之一。根据服务对象的不同，风险投资中介机构大致可分为以下几类：

1) 风险企业代理人

风险企业代理人是指帮助风险企业从风险投资者那里筹集股权资本的代理人，他代表风险企业与潜在的投资者谈判。从事风险企业代理人业务的主要是投资银行。风险企业代理人的作用主要是：一是提供研究与评估服务，论证风险企业获得风险投资支持的可能性，收集该企业的各种信息供风险投资者选择；二是提供谈判服务，代表风险企业与风险投资者谈判，帮助创业企业获得较优条款。

2) 风险投资公司代理人

一般风险投资公司筹资时并不需要代理人，但对那些需要筹集大规模资金或没有资金筹集经验的风险投资公司以及那些专营传统领域或对机构投资者不熟悉的风险投资公司来说，就需要代理人的帮助。风险投资公司利用代理人开展筹集资金的活动，是为了把主要精力放在投资活动本身，从而避免陷入筹集资金的具体事务。但过度依靠代理人，容易引起潜在投资者的不信任，会使他们认为风险投资者能力不足。

3) 风险投资顾问公司

风险投资顾问公司是专门为风险投资者评估和推荐可参与的风险投资的机构，其主要客户是养老基金、捐赠基金和基金会等机构投资者。

顾问公司筛选和评估的主要内容包括：

（1）风险投资公司的审计报告和大量的补充信息，包括风险投资公司每一笔投资的现金流量，依次计算每笔投资的收益率并用来证实以前风险投资公司的总收益率。

（2）对风险投资公司管理者记录的审查。从每笔投资的领域和行业中收集信息，了解风险投资公司在每个风险企业中拥有的股份比例，风险投资公司在风险企业董事会中所占的席位以及该风险投资公司的投资特性，据此推断风险投资公司的管理者以前的记录是否属实，其成功靠的是能力还是运气。

（3）检查风险投资公司的组织机构和激励机制，其中包括过去创造了高回报率的普通合伙人是否还在风险投资公司中。

（4）顾问公司也向客户提供谈判服务。顾问公司可以根据目前的市场条件来评估出售条款，在决定是否对某风险投资公司进行投资时，顾问公司还应考虑将来对其他风险投资公司的投资机会。

4) 风险投资保险机构

许多国家都建立了风险投资保险机构，主要做法是：设立风险投资保险协会，要求所有注册的风险投资基金或风险投资公司都必须成为该协会会员，并按照经营毛利的一定比例交纳会费，以建立保险基金，用于风险投资基金、风险投资公司、风险企业财务困难或破产时的账务清偿。

风险投资保险机构的职责主要体现在：

（1）监督各风险投资经营机构的风险状态与经营状况，对各风险投资经营机构所提供的各种资料进行分析评估，以便及时发现问题。

（2）妥善地管理风险投资保险基金。

（3）对风险投资经营机构之间的兼并进行监督，以防止在兼并过程中发生损害投资者利益、危害风险投资市场稳定发展的行为。

（4）在风险投资经营机构发生严重亏损、有可能造成财务危机时，风险投资保险机构应根据具体情况采取相应的措施。

（5）给风险投资经营机构融资，以帮助其摆脱经营困难。而如果确认风险投资经营机构难以摆脱经营困难，无法向投资者承担起经济责任时，风险投资保险机构可通过法院宣布其破产。与此同时，风险投资保险机构负责该风险投资经营机构的债务清偿，并负责处理破产后的有关善后工作。

此外，中介机构还包括律师事务所和会计师事务所，负责在合同文件谈判过程中协调各方利益，了解风险企业的资本结构、财务状况等。

小思考 5-2

风险投资中介机构有哪些特点？

提示：（1）专业性。风险投资中介机构有明确的专业领域和业务重点，强调对目标行业的整体状况、发展前景、管理体制、技术水平、项目特点及金融运作的综合研究和全面评估，以保证其专业服务的权威性。

（2）全面性。风险投资中介机构注重为风险企业的全面发展提供长期性、阶段性、战略性的财务计划。同时，在风险企业建立现代管理制度、完善运行机制、制订商业计划、优化人才结构等诸多方面长期提供协助和参与监控。

（3）审慎性。风险投资中介机构在项目的金融包装和运作中注重"审慎、严密"的原则，充分保障各方的权益。

（4）独立性。风险投资中介机构坚持以策略性业务为主，保持媒介资金需求的纯正角色和独立地位，只与风险企业和风险投资公司建立服务供求的客户关系。

5.3　风险投资运作

5.3.1　风险投资的基本阶段

风险企业的发展可分为种子阶段、创建阶段、成长阶段以及成熟阶段共四个阶段。在不同阶段投资，投资人面临的风险及与之对应的投资报酬均不同。

1）种子阶段

在种子阶段，创业者只是有技术上的一个新创意，但并不能保证其在技术上和商业上的可行性。为将创意变为现实，创业者需制造出样机或样品，并对产品的市场营销情况和利润情况进行详细的调查和研究，形成报告以供投资者进行投资决策。

这个阶段的风险投资被称为种子资本，它主要来源于创业者自筹的资金、政府技术开发资金的资助及风险投资。对种子资本具有强烈需求的往往是一些高科技公司，它们在产品定型和得到市场认可之前，需要定期注入资金，以支持其研究和开发。对创意进行可行性分析之后，风险投资者将提供不超过总投资额10%的资金作为创业的启动资本。

本阶段的投资面临三大风险：

（1）高新技术的技术风险，即生产过程中可能会出现失败的风险。

（2）高新技术产品的市场风险。作为新兴事物的高新技术产品并不一定会被消费者接受，其中包含一定的风险性。

（3）高新技术企业的管理风险。创业者往往只是精于技术的开发、研究，而缺乏企业发展所必需的管理经验。

在风险投资过程的四个阶段中，种子阶段的不确定因素最多，所面临的风险也最大，因而这一阶段的收益率也最高。

2）创建阶段

创建阶段是指从形成产品到试销结束。这一阶段的资金需求量会显著增加，以支持企业的初创产品开发、原型测试和市场试销。同时，进入市场试销还要听取消费者的意见反馈。创建阶段的投资主体是风险投资公司。该阶段的技术风险被逐渐排除，市场风险和管理风险开始凸显。这是投资公司参与风险投资的关键阶段，其中的风险因素也较多，因此，风险投资的参与者需要参与风险企业的经营和决策。

3）成长阶段

在成长阶段，风险企业的生产线已基本建立，但缺少商标形象和销售网点。企业工作重点应转向提高产品质量、降低成本和开发新一代产品。该阶段的资金投入，一方面是用于扩大生产和销售，另一方面用于开拓市场，增加设备投资和生产、销售的流动资金。成长阶段的资金称为成长资本，主要来源于原有风险投资公司的增资以及企业前期运营所得收益，银行的稳健资金也会择机进入。在这一阶段，由于技术已经成熟，竞争者开始仿效，会失去一部分市场，从而加大了市场风险。同时，创业者多为技术出身，不善于管理企业和扩大销售，容易在技术先进和市场需求之间取舍不当，从而引致管理风险。

该阶段风险企业能够获得一个相对稳定和可预见的现金流，企业的管理层也具备良好的业绩记录，可以减少风险投资的成本，因而此阶段对风险投资公司而言具有很大的吸引力。但随着投资回报的下降，风险投资公司在参与决策的同时也要考虑退出风险企业。

4）成熟阶段

在这一阶段技术已基本成熟，产品进入大规模工业生产阶段，企业开始多元化经营，利润增加，风险减少。本阶段尚需要大量资金以扩展规模，但风险资本很少会再增加。因为企业的生产销售本身已能解决相当一部分的资金需求。同时，由于该阶段的技术成熟、市场稳定，企业可以通过银行贷款、发行债券或发行股票等方式得到资金。加之该阶段的技术风险、市场风险和管理风险已经基本排除，投资回报也会大幅度降低，从而失去对风险投资公司的吸引力。

成熟阶段是风险投资的退出阶段，风险投资公司会帮助风险企业公开上市，选择适当的时机退出，并兑现投资。

✓ **小思考 5-3** --

投资银行从事风险投资业务具有哪些优势？

提示：一是具有成功的投资基金设立和管理经验，能保证风险投资基金的良好运作；二是风险投资意识较强，对投资风险的防范能力高；三是拥有较强的研究力量。

5.3.2　风险投资的运作过程

风险投资公司每天会接到大量的创业者计划书，首先要评估计划书，然后与被选中的创业者会晤，对创业者的经营情况和投资项目进行详细考察，之后签订合同进行投资，最后是进行投资后的监管直至退出。

1) 初审

风险企业经营计划书的编制是由风险企业或申请人自己独立完成的，风险企业或申请人可以求助顾问机构协助编写经营计划书，但主题思想和具体要求必须由风险企业或申请人反复核实。申请一经递交，风险企业和申请人便开始了吸引风险投资的历程。

（1）风险企业经营计划书的内容。①摘要。摘要是全部计划的基本框架，它的基本功能是用来吸引投资者的注意力，所以摘要不宜过长，篇幅一般不超过两页，越短越好。风险投资者在看过摘要后便可以决定是否仔细研究计划书。

②公司（项目）状况及其发展。这部分包括公司的自然情况、公司的历史、公司的目标、产品或服务、用户或产品经销商、行业或市场、竞争情况、市场营销、劳动强度与雇员、供应情况、资产和资金、特许权和商标、研究与开发、诉讼与政府管制、利益冲突、保险与税务、公司类别与隶属关系、公共关系等。

③公司管理。这部分包括公司的组织形式和组织架构、董事和关键雇员、薪金、股权分配、认股计划、公司机密和外部支持（顾问、会计师、律师、银行）及其他。

④项目介绍。这部分包括项目起因、项目内容、销售对象、市场容量、原料供应、生产、竞争力、特许权、研究与开发、产品标准等。

⑤投资说明。这部分包括投资的必要条件、估价、投资类型、资本结构、担保、投资者的权利、公司报告、资金使用计划、投资者介入公司业务的程度等。

⑥项目风险。这部分包括经营限制、管理限制、资源限制、重要人员的限制、市场的不确定性、生产的不确定性等。

⑦投资报酬。这部分主要说明风险投资者如何收回投资并获得投资回报。

⑧财务计划。这部分包括财务条件假设、近几年经审计的财务报表、未来几年的财务预测以及经营成果的分配等。

⑨附录。这部分包括产品样本与说明书、销售报单、顾客清单、新闻报道与采访媒体、工业出版物的剪辑材料、专利证明、市场调研数据、以往的广告活动、实用的设施、仓库等的图片等。

（2）初审阶段的一般性标准。①投资规模。风险投资的总规模决定了它投资于每个项目的资金量。风险投资既不会把资金集中投入到个别的几个项目中，也不会把资金过于分散地投入到数量太多的项目中。一般来说，风险投资对单个项目的投资限制在总资金量的 10% 左右，也就是每个风险投资组合大约投资 10 个项目。

②发展阶段。风险投资要考虑被投资项目处于什么发展阶段，由于每个阶段的资金需求、运营管理和获利空间都不同，因而会对投资效果产生重大影响。风险投资机构对项目发展阶段的偏好，与其所处的地区、资金来源、自身经验和行业竞争程度有关。

③地理位置。风险企业地理位置的相对集中是风险投资机构投资组合的一个显著特征，这样有利于风险投资机构投资后参与风险企业的后期管理，但地理位置并不是风险投资的决定性因素。

④市场前景。风险投资者需要分析投资对象的市场竞争能力有多大，能达到多大的市场份额，要判断风险企业的产品或技术是否有同类竞争者及其竞争能力等。

2）磋商和面谈

（1）磋商。在大型风险投资公司中，相关的人员会定期聚在一起，对通过初审的项目计划书进行磋商，决定是否需要进行面谈或者回绝。

（2）面谈。风险投资者如果对风险企业提出的项目感兴趣，便会与其进行面谈，这是整个过程中最重要的会面。如果进行得不好，交易便告失败；如果面谈成功，风险投资者会希望进一步了解更多有关投资项目的信息。风险投资者会根据计划书中的内容提出问题，其中重点集中于管理、独特性、预测与投资报酬以及退出途径等几个方面，同时还可以面对面地考核创业者的素质。

3）尽职调查或专业评估

（1）尽职调查。假如初次会面较为成功，风险投资者会对企业的经营情况进行考察并尽可能多地对项目进行了解。这一程序通常包括：参观公司，对仪器设备和供销渠道进行估价，与潜在的客户接触，向技术专家咨询，并与管理队伍举行几轮会谈。

拓展阅读 5-1

尽职调查的
目的

（2）专业评估。通过审查程序对创业企业的技术、市场潜力和规模以及管理队伍进行详细评估，评估结果将决定是否投资、如何投资以及投资多少。此过程由风险投资者或外聘专家进行，评估小组通常包括会计师和律师等专业人士。

风险投资对项目的评估是理性与灵感的结合。其理性分析有市场分析、成本核算的方法以及经营计划的内容等，与一般企业基本相同；所不同的是，灵感在风险投资中占有一定比重，如对技术的把握和对人的评价等。

4）谈判并缔结协议

（1）交易谈判。交易谈判是协调风险投资者和创业者双方的不同需求，对交易结构进行的谈判。在谈判中，风险投资者主要考虑相对于投资风险要赚取合理的回报，对风险企业施加足够的影响，在任何情况下都要保证投资顺利撤出；而科技创业者更关心对风险企业的领导权和企业未来的发展前景。风险投资者与创业者谈判的主要内容包括：

①金融工具的种类、组合以及资本结构。金融工具的确定最为关键，一般考虑投资变现能力、投资保护和企业控制等因素。普通股多用于企业发展的成长期，债务用于扩张期或之后，由这二者组合产生的组合工有优先股和可转换债券，这些组合工具可用于

创建期和创建期之后的所有阶段。

②交易定价。定价主要是确定可接受的期望收益率，通常风险投资者对种子期和创建期企业要求50%以上的年收益率；对成长期要求30%～40%的年收益率；对扩张期则要求25%～30%的年收益率。

③确定企业控制权、对未来融资的要求、管理的介入和资金撤出方式的安排等内容。

（2）签订协议。双方讨价还价后签订最后的协议。一旦最后的协议签订完成，创业者就可以得到资金，以继续其经营计划。

5）参与管理与监管

（1）参与管理。风险投资机构完成投资后，还要参与被投资企业的管理，其目的是为投资者创造资本利得，解决可能出现的问题，提供及时的决策信息，使损失最小化和收益最大化。其基本做法是追踪企业的经营管理并提供专业建议，如帮助设计企业高级管理人员的收入结构、必要时撤换管理人、安排外部融资、制定公司长期发展战略等。

（2）监管。投资生效后，风险投资公司还要对风险企业进行监管。风险投资者拥有风险企业的股份，并在董事会中占有席位。多数风险投资者在董事会中扮演咨询者的角色，他们一般同时介入几家企业，并定期同企业相关部门接触，以了解企业的经营状况、财务状况等。为了加强对企业的控制，还常在合同中写明可以更换管理人员和接受合并、并购等条款。

6）退出阶段

风险投资公司经过前几个阶段后，最终是希望将营运状况良好、财务结构健全以及具有继续成长潜力的投资企业，出让给愿意接手的其他投资人，并因此得到高额的投资报酬。一般经过3～8年的运作，风险企业才会成长壮大起来，这时风险投资公司可将自己所占股份增值转让，使风险投资获得最大限度的回报。但如果风险企业的经营状况不如预期，风险投资公司为减少损失也要出售股权退出经营。

风险投资公司资金退出的方式和时机选择，取决于被投资企业本身的业绩和当时的宏观经济环境以及股票市场走势。风险投资主要有以下几种退出方式：

（1）公开上市。公开上市是风险投资退出的最佳渠道，投资者可得到相当好的回报。因为股票公开发行是金融市场对该公司业绩的一种承认，而且这种方式保持了公司的独立性，又获得了在证券市场上持续筹资的渠道。然而繁琐、严格的上市条件使得小企业在证券交易所上市非常困难，因此在一些国家专门设立了转让小企业股票的交易所（二板市场），如美国的大多数风险投资支持的上市企业首先在纳斯达克交易。

☑ **小思考 5-4** --

什么是二板市场？

提示：二板市场即创业板市场，是一个与主板市场相对的概念，它是指在主板市场之外设立的专为高成长性新兴企业提供融资渠道的证券交易市场。

（2）被兼并或收购。这是指风险投资单方面将所持有的企业股份转让出去，由其他企业或风险投资机构收购风险投资者在风险企业的股份。这时风险企业通常都拥有高水平的产品或创新技术，容易被大公司购买。这种方式能使风险投资者尽快收回现金或可流通证券，完全退出风险企业，因此对风险投资的退出有相当强的吸引力。

拓展阅读 5-2

聚焦"硬科技"，深耕"试验田"——科创板开市三年回眸

（3）风险企业回购。在风险企业走向成熟、企业内部运营状况良好的情况下，创业者希望直接控制企业，会向风险投资者回购股份，风险投资者则可借机套现。虽然获利通常不如上市，但时间短、费用少、操作简便，风险投资者不再承担企业以后发展中的风险。这种方式通常是事先签订强制性回购条款和确定股权价值的计算方法，比较适合那些投资额较小的创业项目。

典型案例 5-2

大族激光的风险资本退出

1998 年，学激光制导的高云峰创办了"大族激光"专门生产激光雕刻机。创业时高云峰把自己的房子、车子都算进了公司资产，注册资本只有 100 万元。在深圳上步工业区 200 平方米的办公室里，他和 20 多个员工想做中国激光雕刻机市场的主人。

当时，大族激光实业公司在经济上遇到了困难，找到了以担保为主要业务的"高新投"，但因为其净资产只有 100 万元。按规定，"高新投"无法对其提供担保，但在双方的接触中，"高新投"的决策者发现，这是个好项目，因为这个产品有扩张性的市场，且大族具有技术上的核心竞争力——拥有自主知识产权的软件。经过详细的调查和分析，"高新投"终于"动心"了。

如果 1998 年底"高新投"就投资 200 万元给高云峰，那么他可以占公司"高新投" 51% 的股权，但到 1999 年 4 月份正式投资的时候，为了占 51% 的股权，"高新投"必须投资 438.6 万元，4 个月的时间大族激光的市场价值增加了 200 多万元。最后经过慎重研究，"高新投"将资金投给了大族激光。这笔风险资本虽然数量不多，但恰如及时雨，对大族激光的发展起到了至关重要的作用。投资当年，大族激光就在产品开发、生产和销售等方面呈现出飞速发展的势头。到 2000 年，全年销售额突破了 6 000 万元人民币，2001 年销售收入更是突破了亿元大关。

鉴于大族激光已经进入成熟期，"高新投"决定退出，以便将变现的资金资助更多嗷嗷待哺的高新技术创业企业。然而，如何退出成为"高新投"决策者们面临的难题。IPO 在当时还遥遥无期，而且上市公司股票不能完全流通的规则也阻碍了股权变现；虽然可以考虑 MBO 或者转售，但没有可以参考的价格，变现收益难以保证。最终，"高新投"决策者决定在深圳市产权交易中心挂牌交易，让市场为大族激光定价。

2001 年 4 月 4 日，随着拍卖师的一声锤响，深圳"高新投"拥有的 46% 的大族激光股权，由大族激光创始人以 2 470 万元人民币的价格成功回购，投资回报近 6 倍。回购完成后，"高新投"仍保留了 5% 的股权。"高新投"退出后，仍然为大族激光提供了总计 4 000 多万的贷款担保。但这时的大族激光已经不再为资金发愁，不仅股东多了，融资渠道也越来越宽，诸如中小企业担保中心、银行等都纷纷为其担保或直接贷款。2001

年9月，大族激光成功实行了股份制改造，吸纳了红塔集团、华菱管线、招商局集团等机构投资者。2004年06月25日，大族激光成功在深圳证券交易所上市，成为深圳中小企业板开市以来首批上市的8家企业中的一员。

问题：风险投资机构应如何选择退出方式。

分析：退出方式决定风险资本增值的幅度即投资收益率的大小。上市的收益率最大，协议转让和管理层回购次之，破产清算一般导致风险资本受到损失，收益率最小。在国内并购重组风生水起的大背景下，因IPO关闸而退出不畅的风险投资机构开始转向并购市场寻找退出之路。风险投资机构通过并购实现退出的三大主要路径为：现金收购、股权转让、定向增发。

资料来源：佚名．风险投资经典案例解析［EB/OL］．［2021-01-21］．https://www.docin.com/p-2584341262.html有删改。

（4）清算和破产。一旦确认风险企业失去了发展的可能性或成长太慢，不能得到预期的高回报，甚至血本无归，风险投资者就要果断地宣布企业破产或解散，对公司资产进行清理，将能收回的资金用于其他项目。

美国风险投资的退出方式及占比分别为：公开上市占20%，兼并与收购占35%，风险企业回购占25%，破产清算占20%。

5.4　风险投资的风险及管理

5.4.1　风险企业的主要风险

不同阶段的公司有不同的风险，公司建立之初的风险最大，收益也最大。风险企业在经营过程中主要面临以下风险：

1）技术风险

由于风险企业在新技术能否成功、技术前景能否完善、产品能否成功生产、技术是否会被替代等方面都存在不确定性，由此给企业带来的风险称为技术风险。

（1）新技术成功的风险。风险企业在研制之前和研制过程中对于一项创新技术能否按预期的目标实现其预定功能是难以确定的，因此，需要面对技术上失败而使创新终止的风险。

（2）技术前景风险。新技术在诞生之初都是不完善的，开发者和进行技术创新的企业家也无法确定在现有条件下该技术能否很快完善起来，因此，风险企业需要面临技术前景不确定的风险。

（3）产品能否成功生产的风险。如果风险企业由于配套材料和生产工艺的限制而不能将开发出来的产品成功地生产出来并推向市场，创新活动还是会失败。

（4）技术进步风险。高新技术发展日新月异，风险企业的创新产品极易被更新技术的产品替代。如果更新的技术比预期提前出现，原有技术将面临提前被替代甚至被淘汰的风险。

2）管理风险

管理风险是指高新技术企业在创新过程中因管理不善而导致创新失败所带来的风

险。这类风险主要包括：

（1）观念落后风险。一些高新技术企业的高管人员尚未认识到专业化分工的优势和现代企业制度的优越性，只顾产品项目创新，而忽视管理创新、工艺创新，使企业创新战略单一，由于观念落后加大了创新风险。

（2）决策失误风险。高新技术具有投资大、产品更新换代快的特征，这些特征决定了高新技术项目的决策尤为重要，决策一旦失误，必然给风险企业造成惨重损失。

（3）内部组织结构不合理风险。高新技术具有收益大、见效快的特点，成长速度超乎寻常，可能会产生企业规模高速膨胀与组织结构相对落后的矛盾，最终导致企业经营失败。

3）市场风险

市场风险是指市场主体从事经济活动面临亏损的可能性和盈利的不确定性，主要表现为：

（1）市场接受能力风险。风险企业高新技术产品推出后，消费者可能对产品持怀疑态度，并作出错误的判断，因而对市场能否接受以及能接受多少难以作出准确估计。

（2）市场接受时间风险。风险企业高新技术产品的推出时间与经诱导产生有效需求的时间存在时滞，如果这一时滞过长将导致企业开发新产品的资金难以收回。

（3）竞争风险。风险企业推出的产品市场可能竞争非常激烈，如果形成供过于求的局面，风险企业的预期利润很难实现，甚至会面临亏损。

4）信息风险

在科技成果转化的项目选择、方向决策过程中需要收集大量的信息，如果信息不全面，会错误判断收益和风险，导致风险企业最终失败。

5）资金风险

资金风险主要是指因资金不能适时供应而导致创新失败的可能性。当高新技术企业发展到一定规模时，风险企业对资金的需求迅速增加。由于高新技术产品具有寿命周期短、市场变化快、获得资金支持的渠道少的特点，若高新技术产品在某一关键阶段因不能及时获得资金而失去时机，会被潜在的竞争对手超过导致风险企业经营失败。

此外，企业外部的社会环境、政治条件的变化及自然灾害也会给高新技术创新活动带来风险。

5.4.2　风险投资的风险管理方式

风险投资者每年要从众多的企业计划中选择若干家最有发展前景的企业进行风险投资，出于回避风险的需要，他们必须采取多种方式管理风险投资。

1）组合投资

风险投资公司在进行投资时往往按一定的比例将资金投向多个风险企业，这样，如果一家风险企业投资失败就可以从另一家风险企业的投资收益中得到补偿，从而达到分散和降低风险的目的。组合原则是以投资组合的经济效益来保证资金的回收，以盈补亏。

2）分段投资

高新技术企业从初创到成长的不同阶段具有不同的特点，其中的不确定因素较多，因此，需要确定适当比例，分期、分批投入资金，一旦发现失败将难以避免，就应尽早果断采取措施，中止继续投资，以避免后续资金风险。

　　3）分类管理

　　风险投资者可以把风险企业分为成功、一般、失败三类，对于成功企业加大投资，强化经营管理，促使它们尽快成熟，及早在股票市场上公开上市，使收益最大化；对一般企业应保持其稳定发展，促成企业间的收购、兼并活动；对于失败企业必须尽早提出警告，协助其改变经营方向，或者宣布破产，从而把风险降到最低。

　　4）风险投资主体多元化

　　风险投资主体多元化可以分散、降低单个风险投资者的风险。在美国，风险资金来源相当广泛，既有政府、财团法人的资金，也有来自大众游资、民间企业和海外的投资，还有养老保险基金的积极参与。

　　5）限制盲目投资

　　风险投资者要建立严格的投资标准和专家审核机制，防止盲目投资带来的风险。

》【学思践悟】

发挥风险投资对创新的"催化"作用

　　党的十九届五中全会提出，坚持创新在我国现代化建设全局中的核心地位，把科技自立自强作为国家发展的战略支撑，提出"十四五"时期创新能力显著提升，到2035年进入创新型国家前列的目标。全会和前不久召开的中央经济工作会议都强调要强化国家战略科技力量，发挥企业在科技创新中的主体作用，提升企业技术创新能力。风险投资是集融资与投资、资金与管理、金融与科技、高风险与高收益于一体的特殊权益投资，风险投资最基本特点是其投资标的主要为创新企业或成长期企业，其通过分享企业创新成长红利后退出获利，是创新的"催化剂"和推动高新技术发展的引擎，对创新型经济发展的重要作用已经得到广泛认可。我国实现创新驱动发展，离不开发达的风险投资支持。尤其是在逐步建设双循环新发展格局背景下，亟须发挥风险投资的催化作用，畅通技术、资本和企业（产业）的高水平循环。

　　创新是引领发展的第一动力。习近平总书记曾指出："在激烈的国际竞争中，唯创新者进，唯创新者强，唯创新者胜。"一个国家、一个民族如果缺乏创新，就要落后于人。作为新时代大学生，我们要意识到：我们作为全社会最富活力、最具创造性、最具开拓性的群体，代表着国家的前途和民族的未来，理所当然应该走在创新发展的前列。要以敢为人先的锐气，以辩证的思维方式，积极参与实践，不断增强创新思维能力，以实际行动助力民族复兴。

　　资料来源：上观．发挥风险投资对创新的"催化"作用，畅通科技、资本、产业高水平循环［EB/OL］．［2023-01-19］．https://export.shobserver.com/baijiahao/html/332010.html.shtml.有删改。

本章要点

　　本章主要介绍了风险投资的内涵与特征；风险投资与一般金融投资的区别；风险投资业务的运作主体；风险投资运作流程；风险投资中的风险类型及风险管理；风险投资

的退出机制等。其中，重点是风险投资的运作流程与风险投资的主要风险及风险管理，难点是风险投资的退出机制。

问题讨论

1.讨论风险投资与传统股权投资的区别。
2.讨论各种风险投资的退出渠道的优点与局限性。
3.讨论风险投资中风险与收益之间的关系。

推荐阅读

1.《首次公开发行股票并在创业板上市管理办法》，中国证券监督管理委员会，2018 年 6 月 6 日。
2.《中华人民共和国公司法》，2023 年 12 月 29 日。
3.《中华人民共和国证券投资基金法》，2015 年 4 月 24 日。
4.姚远.投资银行业务结构与风险关系研究 [M].北京：中国经济出版社，2013。
5.《上市公司证券发行注册管理办法》，中国证券监督管理委员会，2023 年 2 月 17 日。

思考与练习

1.单项选择题

（1）风险投资不同于一般意义上的投资，是一种（　　），它本身具有非常鲜明的特征。
A.权益资本　　　　B.投资资本　　　　C.流动资本　　　　D.冒险资本
（2）有限合伙是（　　）法律规定的一种合伙形式。
A.日本　　　　B.德国　　　　C.英美法系　　　　D.英国
（3）管理风险是指高新技术企业在创新过程中因管理不善而导致创新失败所带来的风险，这类风险不包括（　　）。
A.观念保守　　　　　　　　B.决策失误
C.企业内部组织结构不合理　　　　D.竞争激烈程度不确定

2.多项选择题

（1）风险企业具有（　　）特点。
A.属于高新技术领域
B.中小企业
C.投资者和技术人员是合作伙伴关系，而不是雇佣关系
D.高收益与高风险并存
（2）风险投资的退出方式有（　　）。

A.首次公开发行　　　B.被兼并收购　　　C.风险企业回购　　　D.清算和破产

（3）风险企业的主要风险包括（　　　）等。

A.技术风险　　　　　B.管理风险　　　　C.市场风险　　　　D.资金风险

3.简答题

（1）简述风险投资的含义及特征。

（2）风险企业有哪些主要风险？

（3）投资银行参与风险投资的动机和目的是什么？它是怎样参与风险投资的？

（4）风险投资是如何运作的？

（5）风险投资公司是如何进行风险管理的？

案例分析

阿里巴巴融资历史

第一轮融资

阿里巴巴刚刚成立不久，马云就见到了事业中第一个重要的人——蔡崇信。蔡崇信加入阿里巴巴任职 CFO，这位律师出身的投行高管很快就施展了他的才华，1999 年 12 月 1 日就获得了 A 轮 500 万美元的融资。这笔投资由高盛集团领头，其余投资机构有 Fidelity Capital（富达投资）、新加坡政府科技发展基金、银瑞达 Investor AB。蔡崇信的加入不仅给刚刚成立的阿里巴巴带来了巨额的资金，也带来了国际一流的制度，从一开始就搭建了一套国际化的资本架构。

第二轮融资

接下来马云遇到了他事业中第二个重要的人——孙正义。2000 年 12 月，孙正义被眼前这个极富激情的男人打动了，领投 2 000 万美元，并且在以后的 19 年里始终和马云站在一起，无论马云作出何种抉择，他都选择相信和支持。软银中国资本执行主管合伙人薛村禾称："当年我们放弃别的机会，集中精力投资马云这个团队。我们并不是神仙，一眼就能看到阿里巴巴的未来，也只能看到电子商务这个大方向，但为什么最后选择马云这个团队呢？了解他多一点的人就知道，他能把很多人聚在周围，团队非常厉害。风险投资很重要的是判断团队。"对阿里巴巴的投资也是软银史上最成功的投资，贡献了 80% 的投资收益。

这次投资有五家投资机构，领投的机构是软银中国资本，还有斯道资本（富达亚洲）、银瑞达 Investor AB（这家机构 A 轮就已经投资，这次选择跟投）、KPCB 凯鹏华盈中国、JAIC 日本亚洲投资。

第三轮融资

三年之后的 2004 年 2 月，阿里巴巴再次获得 C 轮融资，融资金额是 1.02 亿美元，领投的机构依然是软银中国资本（领投 8 000 万美元），还有斯道资本（富达亚洲）、KPCB 凯鹏华盈中国、GGV 纪源资本。

第四轮融资

2004 年 12 月，阿里巴巴再次获得投资，融资金额是 8 200 万美元，其中软银领投 6 000 万美元，其他投资机构有凯鹏华盈、纪源资本、富达亚洲。

第五轮融资

2005 年 8 月，阿里巴巴获得了 D 轮融资，马云也遇到了他事业中重要的第三个人——杨致远，这位雅虎的创始人、互联网的先驱，当时正好处于事业的巅峰，他的这次决定对雅虎影响深远。

这次雅虎带来了 10 亿美元的资金，雅虎也把雅虎中国作为嫁妆给了阿里巴巴，雅虎获得了阿里巴巴 40% 的股份，阿里巴巴用了这 10 亿美元的现金，为日后的战役准备了充足的弹药。如果没有这 10 亿美金，淘宝的免费战略就无法实施，也很难在未来的竞争中获胜。

第六轮融资

2007 年 11 月阿里巴巴终于迎来 IPO，其 B2B 部分在香港上市，融资 15 亿美元，合计 116 亿港元，创下港股融资历史纪录。这次发行价是 13.5 港元，5 年后的 2012 年 6 月宣布以每股 13.5 港元私有化。

第七轮融资

2010 年 3 月，红杉资本战略投资阿里巴巴，具体金额不详。

第八轮融资

2011 年 9 月，阿里巴巴获得 E 轮融资，融资金额 16 亿美元，投资机构主要有银湖资本、DST Global、Temasek 淡马锡、云锋基金。

第九轮融资

2012 年 8 月，阿里巴巴获得 Pre-IPO 轮融资，融资金额为 42.88 亿美元，投资机构有中投公司、中信资本、创业工场、Temasek 淡马锡。

第十轮融资

2014 年 9 月，阿里巴巴在美国上市，融资 250 亿美元，创下当时全球 IPO 募资纪录。

资料来源：笔落孙山. 阿里巴巴融资历史［EB/OL］.［2020-04-25］. https://www.jianshu.com/p/a26c09002d9b.有删改。

问题：该案例给你什么样的思考？

分析提示：软银不是阿里巴巴最初的风险投资商，却是坚持到最后的一个，从阿里巴巴集团的第三轮融资开始，早期的一些风险投资商陆续套现，只有软银一家风险投资商还在阿里巴巴的股份中占据主要地位。软银中国控股公司总裁及首席执行官薛村禾曾在媒体采访中提到，软银选择阿里巴巴的重要原因是马云及其团队的坚定信念，尤其是 18 位创业合伙人的精神。

实践训练

本章主要讲述了风险投资要经历的筹资、投资和退出阶段，以及风险企业在经营过程中面临的技术、管理、资金、信息和其他风险等内容。为了加深学生对该部分内容的理解，本章实践训练主要包括以下内容：

1.实训项目：比较我国与国外风险投资行业分布的异同。

实训目的：了解国内外风险投资的行业分布。

实训步骤：

（1）收集近5年美国风险投资的行业分布并填写表5-2。

表5-2　　　　　　　　　　近5年美国风险投资的行业分布

年份	合计	互联网	通信	计算机软件和服务	半导体/其他电子	医疗/保健	其他产品	生物技术	计算机硬件	消费相关产品	工业/能源

（2）收集近5年英国风险投资的行业分布并填写表5-3。

表5-3　　　　　　　　　　近5年英国风险投资的行业分布

年份	合计	互联网	通信	计算机软件和服务	半导体/其他电子	医疗/保健	其他产品	生物技术	计算机硬件	消费相关产品	工业/能源

（3）收集近5年德国风险投资的行业分布并填写表5-4。

表5-4　　　　　　　　　　近5年德国风险投资的行业分布

年份	合计	互联网	通信	计算机软件和服务	半导体/其他电子	医疗/保健	其他产品	生物技术	计算机硬件	消费相关产品	工业/能源

（4）收集近5年日本风险投资的行业分布并填写表5-5。

表5-5　　　　　　　　　　　近5年日本风险投资的行业分布

年份	合计	互联网	通信	计算机软件和服务	半导体/其他电子	医疗/保健	其他产品	生物技术	计算机硬件	消费相关产品	工业/能源

2.实训项目：收集风险投资在中国创业板市场的相关资料，并写出调查报告。

实训目的：认识风险投资在创业板市场中的作用。

实训步骤：

（1）收集5～10家风险投资在创业板市场上市公司的资料。

（2）根据资料写出调查报告。

3.实训项目：把握风险投资在不同时期的投资情况。

实训目的：了解风险投资资金的发展变化情况。

实训步骤：

（1）查找近10年风险投资资金募集情况的资料。

（2）总结风险投资资金发展变化的特点。

第6章
资产管理业务

学习目标

知识目标：通过本章的学习，了解投资银行资产管理业务的基本含义、特征和类型；掌握资产管理业务的基本程序；了解投资基金的概念、特征和类型；掌握投资银行基金业务的运作与管理。

技能目标：通过本章的学习，具备从事资产管理业务辅助工作的能力，具备熟练开展资产管理业务基础性工作的操作技能，能够识别不同类型基金的投资特点与风险状况，具备基金运作与管理操作的基本技能。

知识结构图

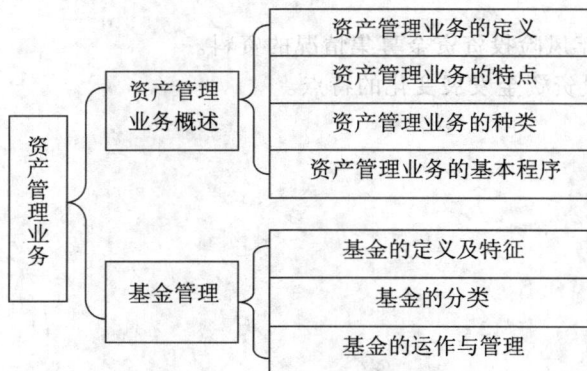

导入案例

中金公司资产管理业务介绍

中金公司资产管理部成立于 2002 年，参照国际行业标准与国内监管要求，构建了面向境内外市场统一的资产管理业务平台，致力于为境内外客户提供全方位优质服务，实现客户资产的长期稳步增值。

中金资产管理业务牌照齐全、产品丰富，拥有全国社保基金管理人、企业年金投资管理人、境内集合/定向资产管理（定向专户）、QDII 集合/定向资产管理、人民币境外合格机构投资者（RQFII）等多项业务资格，并在中国香港设立了独立的资产管理子公司，获得香港资产管理牌照。作为内地和香港地区的专业投资管理机构，资产管理部已建立了包括集合理财业务、定向专户业务、养老金业务（社保与企业年金）和跨境业务（QDII、RQFII、离岸）在内的四大业务线，产品线涵盖股票、债券、FOF、指数、对冲基金、衍生品、海外市场等全系列。

中金公司资产管理部主要服务于国内大型的机构、银行和企业，包括全国社会保障基金理事会、中国电信集团公司、中国工商银行、中国建设银行、中国农业银行等。为了抓住中国资产管理行业快速发展的机遇，资产管理部正积极开发新的客户群，例如保险公司、地方养老机构以及高净值个人。资产管理部专注于对客户需求的深刻理解，致力于与客户建立长期稳定的合作关系。

中金公司资产管理部通过"定向专户"的形式为单一客户量身定制境内、境外或跨境的资产管理业务，包括定制化的投资策略和产品方案、开设独立账户、配备专属投资团队、提供个性化客户服务等全方位金融服务。中金公司资产管理部的 QDII 专户业务，可以为客户提供全方位多样化的海外投资管理服务，包括海外新股认购（锚定或基石投资）、上市公司增持、上市公司市值管理、投资境外对冲基金、PE 基金等。

资料来源：宋帅龙. 中金公司资产管理业务介绍 [EB/OL]. [2018-07-12]. http：//stock.17ok. com/news/813/2018/0712/2647914.html.

这一案例中的中金公司是我国第一家典型意义上的投资银行，其资产管理业务牌照齐全、产品丰富。资产管理业务是投资银行的新兴业务。国外投资银行资产管理业务的收益占很大比重，并且有增加的趋势。那么，什么是资产管理业务？它有何特点与种类？该业务运作的基本程序是什么？投资银行是如何进行基金管理的？这些正是本章要介绍的内容。

6.1　资产管理业务概述

6.1.1　资产管理业务的定义

资产管理业务是指证券公司作为资产管理人，依照《证券公司客户资产管理业务管理办法》的规定与客户签订资产管理合同，根据资产管理合同约定的方式、条件、要求及限制，经营运作客户资产，为客户提供证券及其他金融产品的投资管理服务的行为。

资产管理业务是投资银行在传统业务基础上发展起来的。在较为成熟的证券市场中，投资者大都愿意委托专业人士管理自己的财产。投资者将自己的资金交给训练有素的专业人员进行管理，避免了因专业知识和投资经验不足而引起的风险，对整个证券市场有一定的稳定作用。目前，资产管理业务已经成为投资银行的一项核心业务，它以其庞大的市场规模以及带动相关业务发展的能力，受到投资银行的高度重视。

2012年，证监会对2004年施行的《证券公司客户资产管理业务试行办法》进行修订后，正式发布了《证券公司客户资产管理业务管理办法》（以下简称《管理办法》）、《证券公司集合资产管理业务实施细则》及《证券公司定向资产管理业务实施细则》，证监会在多个项目上松绑券商资产管理业务。

新发布的《管理办法》把券商集合理财计划由原来的事前行政审批改为事后由证券业协会备案管理，这一修改有利于证券公司根据客户需求及市场情况灵活设计产品，及时满足客户多样化、个性化的需求，将大大提高券商应对理财市场需求变化的能力。

《管理办法》还适度扩大了券商资产管理业务的投资范围。券商可根据客户认知能力、投资偏好及风险承受能力，对大集合、小集合和定向资产管理区别对待，将投资范围逐渐放宽，将有助于增强券商资产管理投资的灵活性，有望提高资产管理产品的收益率。

2013年6月28日，中国证监会再次修订并公布了《证券公司客户资产管理业务管理办法》和《证券公司集合资产管理业务实施细则》。本次修订是为了贯彻实施2013年6月1日公布的《中华人民共和国证券投资基金法》（以下简称《证券投资基金法》），修改其中与《证券投资基金法》冲突的条款，保持法规一致性。除此之外，其他条款未作修改。为落实《关于规范金融机构资产管理业务的指导意见》（简称《资管新规》），中国证监会于2018年10月发布《证券期货经营机构私募资产管理业务管理办法》（简称《资管办法》）、《证券期货经营机构私募资产管理计划运作管理规定》（简称《运作规定》，与《资管办法》合称"资管细则"），进一步完善证券期货经营机构私募资管业务的规则体系。2023年1月13日，中国证监会发布公告对《证券期货经营机构私募资产管理业务管理办法》和《证券期货经营机构私募资产管理计划运作管理规定》进行修订，修订后的资管细则于2023年3月1日起正式施行。

☑ 小思考 6-1 --

资产托管和资产管理的区别是什么？

提示：资产托管是指拥有资产所有权的企业、单位，通过签订契约合同的形式将资产有偿托管给专业的托管公司，由托管公司进行综合资产调剂，并最终实现资产保管的一种业务。

资产管理与资产托管的区别是资产管理是将资产交给管理人管理，而资产托管是将资产交给托管公司进行资产调剂。

6.1.2 资产管理业务的特点

1) 资产管理业务是一种委托代理关系

在资产管理业务中，投资银行与客户之间是委托代理关系，客户是资产的所有者，签订协议后，投资银行作为资产管理人，仅享有资产的经营权，只能在委托人的意愿与授权范围内行使资产管理的职能。在这种委托代理关系中，由于委托代理契约对资产使用目的和条件有约定，因而委托人和代理人的市场风险都能得到有效控制。

2）投资银行的受托资产具有多样性

投资银行接受客户委托管理的资产主要是金融资产。金融资产具有多样性，所以在投资银行管理的资产中，不仅有现金资产，还有股票、债券及其他有价证券。

3）资产管理服务体现个性化特征

由于资产管理业务中委托人委托的资产具有不同的性质，他们对投资银行管理资产的要求千差万别，因此在资产管理协议中赋予投资银行的权利也不尽相同，作为受托人的投资银行必须区别对待，对各个客户的资产分别设立账户，根据客户的不同要求提供个性化服务，这体现了鲜明的个性化特征。

4）资产管理业务监管存在困难

资产管理业务监管存在的困难表现在两个方面：一方面，相关法律、法规不够完善；另一方面，资产管理业务较自营业务更具隐蔽性，只要委托方与受托方不因利益纠纷而主张权利，取证将相当困难。

6.1.3　资产管理业务的种类

我国证券公司开展的客户资产管理业务主要有以下三种：

1）为单一客户办理定向资产管理业务

为单一客户办理定向资产管理业务是指证券公司与单一客户签订定向资产管理合同，通过该客户的账户为客户提供资产管理服务的一种业务。这种业务的特点是：第一，证券公司与客户必须是一对一的；第二，具体投资方向应在资产管理合同中约定；第三，必须在单一客户的专用证券账户中经营运作。

2）为多个客户办理集合资产管理业务

为多个客户办理集合资产管理业务是指证券公司通过设立集合资产管理计划，与客户签订集合资产管理合同，将客户资产交由具备基金托管业务资格的机构托管，通过专门账户为客户提供资产管理服务的一种业务。

集合资产管理业务的特点是：

（1）集合性，即证券公司与客户是一对多。

（2）客户资产必须进行托管。

（3）通过专门账户投资运作。

（4）较严格的信息披露。

3）为客户特定目的办理专项资产管理业务

为客户特定目的办理专项资产管理业务是指证券公司与客户签订专项资产管理合同，针对客户的特殊要求和基础资产的具体情况，设定特定投资目标，通过专门账户为客户提供资产管理服务。

证券公司应当充分了解并向客户披露基础资产所有人或融资主体的诚信合规状况、基础资产的权属情况、有无担保安排及具体情况、投资目标的风险收益特征等相关重大事项。

证券公司可以通过设立综合性的集合资产管理计划办理专项资产管理业务。

专项资产管理业务的特点是：

（1）综合性，即证券公司与客户可以是一对一，也可以是一对多。也就是说，既可以采取定向资产管理的方式，也可以采取集合资产管理的方式办理该项业务。

（2）特定性，即要设定特定的投资目标。

（3）通过专门账户经营运作。

6.1.4　资产管理业务的基本程序

1）申请阶段

在客户递交申请以及相关的文件资料后，投资银行要进行严格的审查，并结合有关的法律限制决定是否接受委托。委托人如果是个人，应具有完全的民事行为能力；委托人如果是机构，必须是合法设立并有效存续，对其所委托的资产具有合法所有权。委托资产一般还必须达到一定数额，一些按规定不得进入证券市场的资金不得用于资产委托管理。

2）签订协议

经过审查合格后，投资银行与客户签订资产委托管理协议。协议中对委托资金的数额、委托期限、收益分配等作出具体规定。

3）管理运作

通常，投资银行会通过建立专门的附属机构来管理投资者委托的资产。投资银行在资产管理过程中，应该做到专户管理、单独核算，不得挪用客户资金或骗取客户收益。同时，投资银行还应该遵守法律的有关规定，防范投资风险。

4）返还本金及收益

委托期满后，按照资产委托管理协议要求，在扣除受托人应得的管理费和报酬后，将本金和收益返还委托人。

6.2　基金管理

证券公司开展公募基金管理业务有三条路径：一是证券公司从参股基金公司撤回派驻人员，由母公司持有公司公募业务牌照，以独立一级部门形式开展公募业务；二是设立资产管理子公司，比照基金公司管理模式，在子公司下设立独立的公募业务部门，开展公募业务；三是控股基金管理公司，将母公司和基金公司的公募牌照合二为一，将现有资产管理大集合业务整合入基金管理公司。

投资基金管理业务是投资银行一项非常重要的资产管理业务，有必要在此进行专门阐述。

6.2.1　基金的定义及特征

1）基金的定义

基金有广义和狭义之分，广义基金分为专项基金和投资基金。

专项基金是指通过国民收入的分配和再分配形成的具有指定用途的资金，主要包括各类福利基金、发展基金、保险基金、养老基金、救济基金等。这些基金大致分为三类：一是社会福利基金，它主要由企业、职工和国家财政拨款三部分构成，用于保障职工的生活福利；二是保险基金，这类基金主要来源于投保人的保费，用于补偿自然灾害或意外事故造成的损失；三是慈善基金，其资金主要来源于社会捐助，用于科教文化和社会治安等方面。

投资基金是指通过发售基金份额，将众多投资者的资金集中起来，形成独立财产，由基金托管人托管，基金管理人管理，以投资组合的方法进行证券投资的一种利益共享、风险共担的集合投资方式。各个国家投资基金的形式都不尽相同，称谓也有差异。在美国，投资基金被称为"共同基金""互惠基金"；在英国及中国香港，通常称其为"单位信托基金"；在日本，称其为"证券投资信托基金"；我国内地一般将其称为"投资基金"。尽管称谓不一，形式不同，但其实质和特点都是一样的。

狭义的基金专指投资基金。本节所讲的基金是指投资基金。

2）基金的特征

（1）集合理财，专业管理

基金将众多投资者的资金集中起来，委托基金管理人进行共同投资，表现出一种集合理财的特点。通过汇集众多投资者的资金，积少成多，有利于发挥资金的规模优势，降低投资成本。基金由基金管理人进行投资管理和运作。基金管理人拥有大量的专业投资研究人员和强大的信息网络，能够更好地对证券市场进行全方位的动态跟踪与分析。将资金交给基金管理人管理，中小投资者也能享受到专业化的投资管理服务。

（2）组合投资，分散风险

为降低投资风险，我国《证券投资基金法》规定，基金必须以组合投资的方式进行投资运作，从而使"组合投资、分散风险"成为基金的一大特色。"组合投资、分散风险"的科学性已为现代投资学所证明，中小投资者由于资金量小，一般无法通过购买不同的股票分散投资风险。基金通常会购买几十种甚至上百种股票，中小投资者购买基金就相当于用很少的资金购买了一篮子股票，某些股票下跌造成的损失可以用其他股票上涨的盈利来弥补，因此，可以充分享受到"组合投资、分散风险"的好处。

（3）利益共享，风险共担

基金投资者是基金的所有者。基金投资者共担风险，共享收益。基金投资收益在扣除由基金承担的费用后的盈余全部归基金投资者所有，并依据各投资者所持有的基金份额比例进行分配。为基金提供服务的基金托管人、基金管理人只能按规定收取一定的托管费、管理费，并不参与基金收益的分配。

（4）严格监管，信息透明

为切实保护投资者的利益，增强投资者对基金投资的信心，中国证监会对基金业实行比较严格的监管，对各种有损投资者利益的行为进行严厉的打击，并强制基金进行较为充分的信息披露。在这种情况下，严格监管与信息透明也就成为基金的一个显著特点。

（5）独立托管，保障安全

基金管理人负责基金的投资操作，本身并不负责基金财产的保管。基金财产的保管由独立于基金管理人的基金托管人负责。这种相互制约、相互监督的制衡机制对投资者的利益提供了重要的保护。

6.2.2 基金的分类

1）按照运作方式划分

按照基金运作方式，基金可划分为封闭式基金和开放式基金。

封闭式基金是指基金份额总额在基金合同期限内固定不变，基金份额可以在依法设立的证券交易场所交易，但基金份额持有人到期前不得申请赎回的一种基金运作方式。

开放式基金是指基金份额总额不固定，基金份额可以在基金合同约定的时间和场所申购或者赎回的一种基金运作方式。

> **小实训 6-1**
>
> 选择开放式基金和封闭式基金各一只，查看信息披露数据，并分析两只基金披露的信息有何不同。

☑ **小思考 6-2** ---

封闭式基金与开放式基金主要有哪些区别？

提示：（1）期限不同。（2）规模限制不同。（3）交易场所不同。（4）价格形成方式不同。（5）流动性要求不同。（6）信息披露要求不同。

2）按照组织形式划分

按照组织形式，基金可划分为契约型基金和公司型基金。

契约型基金是根据基金投资者、基金管理人、基金托管人签署的基金合同而设立，基于一定的信托契约原理而组织起来的代理投资行为，是一种单位信托型投资基金。契约型基金参与各方的行为受到基金契约的约束。契约型基金根据信托契约建立和运作，随着契约期满，基金运营也宣告终止。英国、日本、新加坡以及中国台湾和中国香港等国家和地区的基金多是契约型基金。

公司型基金是依据公司法成立的、以营利为目的的股份有限公司形式的基金。这种基金通过发行股份的方式筹集资金，具有独立的法人资格，投资者通过购买基金公司的股票成为公司股东，按照公司章程规定享受权利、履行义务。公司型基金成立以后，一般由专业的基金管理公司进行管理，管理公司通过与基金投资公司签订管理契约，向其提供专业资料、技术和咨询服务，收取佣金。美国的基金一般为公司型基金。

☑ **小思考 6-3** ---

契约型基金与公司型基金的区别是什么？

提示：（1）资金性质不同。契约型基金的资金是信托财产；公司型基金的资金是公司法人的资本。

（2）投资者地位不同。契约型基金的投资者既是基金的委托人，又是基金的受益人；公司型基金的投资者购买基金公司的股票后成为该公司的股东。

（3）基金营运依据不同。契约型基金依靠合同营运基金，公司型基金依据公司章程营运基金。

（4）基金的筹资工具不同。契约型基金主要以受益凭证、基金单位为筹资工具；而公司型基金主要以股票为筹资工具。

3）按照基金的投资标的划分

按照投资对象的不同，基金可划分为股票基金、债券基金、货币市场基金和衍生证券投资基金等。

（1）股票基金

股票基金是指以上市股票为主要投资对象的证券投资基金。股票基金的投资目标侧重于追求资本利得和长期资本增值。股票基金是最重要的基金品种。在我国，根据《证券投资基金运作管理办法》的规定，60% 以上的基金资产投资于股票的为股票基金。

（2）债券基金

债券基金是指一种以债券为主要投资对象的证券投资基金。由于债券的年利率固定，因而这类基金的风险较低，适合稳健型投资者。债券基金的收益受市场利率的影响，当市场利率下调时，其收益会上升；反之，收益则下降。在我国，根据《证券投资基金运作管理办法》的规定，80% 以上的基金资产投资于债券的为债券基金。

（3）货币市场基金

货币市场基金是以货币市场工具为投资对象的一种基金，其投资对象期限在 1 年以内，包括银行短期存款、国库券、公司短期债券、银行承兑票据及商业票据等货币市场工具。在我国，根据《证券投资基金运作管理办法》的规定，仅投资于货币市场工具的为货币市场基金。货币市场基金的优点是资本安全性高、购买限额低、流动性强、收益较高、管理费用低，有些还不收取赎回费用。因此，货币市场基金通常被认为是低风险的投资工具。

（4）衍生证券投资基金

这是一种以衍生证券为投资对象的基金，包括期货基金、期权基金、认股权证基金等。这种基金的风险较大，因为衍生证券一般是高风险的投资品种。

☑ 小思考 6-4

若某基金资产的 50% 用于购买股票，50% 用于购买债券，该基金属于什么类型的基金？

提示：混合基金是指资金资产同时投资于股票、债券和货币市场等工具，但并没有明确的投资方向的基金。混合基金根据资产投资比例及其投资策略可分为偏股型基金（股票配置比例为 50% ~ 60%，债券比例为 20% ~ 40%）、偏债型基金（与偏股型基金正好相反，债券配置比例为 50% ~ 60%，股票比例为 20% ~ 40%）、平衡型基金（股票、债券比例比较平均，大致为 40% ~ 60%）和配置型基金（股债比例按市场状况进行调整）等。因此，该基金为混合基金中的平衡型基金。

4）按照其他标准划分

（1）成长型基金、收入型基金和平衡型基金

按照投资目标不同，基金可分为成长型基金、收入型基金和平衡型基金。成长型基金是指以追求资本增值为基本目标，较少考虑当期收入的基金；收入型基金是指以追求稳定的经常性收入为基本目标的基金；平衡型基金则是既注重资本增值又注重当期收入的基金。一般而言，成长型基金的风险大、收益高；收入型基金的风险小、收益也较低；平衡型基金的风险、收益则介于成长型基金与收入型基金之间。

（2）在岸基金和离岸基金

按照基金的资金来源和用途的不同，基金可分为在岸基金和离岸基金。在岸基金是指在本国募集资金并投资于本国证券市场的证券投资基金；离岸基金是指一国的证券基金组织在他国发行证券基金份额，并将募集的资金投资于本国或第三国证券市场的证券投资基金。

（3）伞形基金和基金中的基金

伞形基金是指多个基金共用一个基金合同，子基金独立运作，子基金之间可以进行相互转换的一种基金结构形式。基金中的基金是指以其他证券投资基金为投资对象的基金，其投资组合由其他基金组成。

（4）保本基金

保本基金是指在一定时期后，通常为3～5年，投资者会获得投资本金的一定百分比的回报，同时，视基金运作情况，投资者还会获取额外收益的基金。保本基金具有部分"封闭式基金"的特点，通常具有一定的封闭期，若投资者在封闭期内赎回份额将无法得到基金管理公司的保本承诺，所以保本基金也被称为"半封闭式基金"，是一种理想的避险品种。

典型案例 6-1

基金投资方式案例

富兰克林邓普顿基金集团曾经于1997年6月在泰国推出过一只邓普顿泰国基金，管理该基金的基金经理是被《纽约时报》尊称为"新兴市场教父"的马克·莫比尔斯博士。当时该基金的发行价为10美元。发行当日，一位看好泰国的客户开始了他为期两年定期定额投资计划，每个月固定投资1 000美元。

然而，就在这位客户买入邓普顿泰国基金的隔月，亚洲金融风暴就爆发了。这只基金的净值随着泰国股票一同下跌，起初10美元的面值在15个月后变为2.22美元，陡然减少了80%，后来净值有所提升，在客户为期两年的定期定额计划到期时，升到了6.13美元。从"择时"的角度讲，这位客户真是选了一个奇差无比的入场时机，不过倒不用急着去同情他，因为他为期两年的投资并未亏损，恰恰相反，回报率居然达到了41%。

一个简单的算术法可以解释这位客户"奇迹"般的回报率：每个月固定投资1 000美元，假设忽略手续费等费用因素，当基金面值10美元时，他获得的份额为100份，而当基金面值跌到2.22美元时，他获得的份额大约是450份。基金面值越低，购入份额越多，因而在买入的总份额中，低价份额的比例会大于高价份额，因此平均成本会摊薄。

在经过两年的持续投资后，他的平均成本仅为 4 美元，不仅低于起始投资的面值 10 美元，也低于投资结束时的面值 6.13 美元！

资料来源：佚名．5 个案例告诉你为什么一定要坚持定投！［EB/OL］．［2018-07-11］．https：//baijiahao.baidu.com/s?id=1605675877185604454.有删改。

问题：基金定投与一次性购买基金相比有哪些优势？

分析：与一次性购买基金相比，基金定投的优势表现为：一是平均投资成本。采用每月定期定额投资，可以降低因股市波动带来的系统性风险，长期来看，平均了投资成本。二是可以坚持长期投资。一次性办理相关手续，到期自动扣款申购，可以"强制"实现长期有规律的投资。三是平滑投资风险。基金定投依靠分批投资平滑风险，是震荡市场中理想的投资选择。四是低门槛、低费率，每月最低仅需投入 100 元。

6.2.3　基金的运作与管理

1) 基金的当事人

（1）基金投资者

基金投资者（又称基金持有人）是指持有基金份额或基金单位的自然人或法人，是资金的出资人、基金资产的所有者和基金投资回报的受益人。基金投资者是整个投资基金制度的基石，因此，维护投资者利益往往是各国投资基金立法的最高宗旨之一。

☑️ 小思考 6-5 --------------------------------

基金投资者具有哪些权利和义务？

提示：（1）基金投资者享有的权利：①出席或委派代表出席基金投资人大会。②取得基金收益。③监督基金经营情况，获得基金业务及财务状况方面的资料。④申购、赎回或转让基金单位。⑤取得基金清算后的剩余资产。⑥基金契约规定的其他权利。

（2）基金投资者应承担的义务：①遵守基金契约。②缴纳基金认购款项及规定的费用。③承担基金亏损或终止的有限责任。④不从事任何有损基金及其他基金投资人利益的活动。

（2）基金管理人

基金管理人是负责基金具体投资事宜以及日常管理的机构，一般由基金管理公司或者法律规定的可以从事基金管理业务的其他基金机构担任。各国法律对于基金管理人有不同的规定，大多数国家规定基金管理人必须符合以下条件：通过政府规定的主管当局的资格审核，资本规模不得低于规定数额，有合格的基金管理人才、完善的内部控制制度以及固定场所和必备设施等。

我国《证券投资基金法》规定，基金管理人由依法设立的公司或者合伙企业担任。公开募集基金的基金管理人，由基金管理公司或者经国务院证券监督管理机构按照规定核准的其他机构担任。

基金管理公司的主要职责包括：依照委托管理契约或者公司章程规定拟订可行的投资计划；自营或委托其他机构进行基金宣传和推销；编制基金财务会计报告，办理与基金有关的信息披露事项；指示基金托管人按照投资计划处置基金资产并监督托管人的行为（不能直接经手基金）；代表基金投资者行使基金所投资公司股东大会的表决权。

拓展阅读 6-1

设立管理公开募集基金的基金管理公司的条件

（3）基金托管人

　　　　　　基金托管人是与基金管理人订立托管契约，负责保管基金财产，执行基金管理人的划款或清算指令，监督基金管理人的投资运作以及复核、审查基金资产净值等业务的金融机构。基金托管人通常由信誉卓著的投资银行、商业银行或信托投资公司担任。我国《证券投资基金法》明确规定基金托管人由依法设立的商业银行或者其他金融机构担任。商业银行担任基金托管人的，由国务院证券监督管理机构和国务院银行业监督管理机构核准；其他金融机构担任基金托管人的，由国务院证券监督管理机构核准。

（4）其他重要的当事人

其他重要的当事人主要有基金承销机构、基金代理商、会计师和律师等。

基金管理公司和托管机构都承担基金发行、交易、赎回和分红派息等日常工作，但随着金融领域专业化分工的深化，这些工作一般委托基金承销机构来办理。基金承销机构几乎全部由投资银行来担任。基金代理商主要负责办理基金投资者的过户手续、基金单位登记以及红利发放等事项。会计师和律师主要负责提供专业、独立的会计和法律服务，并为基金管理人出具内部控制审计报告等。

2）基金的发起、设立和发行

（1）基金的发起

投资银行是最主要的发起人。对发起人的资格要求，各国法律都作出了一定的限制，即只有具备一定条件的个人或企业才能作为发起人申请设立基金。申请设立开放式基金时，必须在人才和技术设施上保证每周至少一次向投资者公布基金资产净值和申购、赎回价格。

基金发起人在筹划设立投资基金之前，通常就基金是否符合国家产业政策、基金运营是否可行等基本问题展开调查研究，在得出肯定结论后，便可着手设计基金的总体方案。总体方案经充分论证完善，成为基金设立与运作的指导性文件。

基金的设立必须由发起人向政府主管部门申请，并获得政府主管部门的批准。基金发起人提出申请时应递交相关的法律文件，包括设立基金的申请报告、发起人协议、基金契约或公司章程、基金管理协议、基金托管协议和基金招募说明书等。

申请报告的内容主要包括：基金名称、拟申请设立基金的必要性与可行性、基金类型、基金规模、存续期间、发行价格、发行对象、基金的交易或申购与赎回安排、拟委托的基金管理人和基金托管人等。发起人协议应包括拟设立基金的基本情况、发起人的权利和义务、发起人认购基金单位的数量、拟聘任的基金管理人和基金托管人、发起人对主要发起人的授权等内容。基金契约、公司章程是基金的说明性文件，是使投资者进行投资及其利益得到保护的法律依据。基金管理协议是规范基金公司和基金管理人双方权利与义务的契约。基金托管协议又称委托保管协议，是规范基金公司与基金托管人双方权利与义务的契约。基金招募说明书是经主管机关批准同意后，为基金公司公开发行基金券，向社会提供有关基金的详细资料的文件。

政府主管部门收到发起人上报的文件后，对基金发起人资格、基金管理人资格、基金托管人资格以及基金契约、托管协议、招募说明书和上报资料的完整性、准确性进行审核，如符合有关标准，则正式下文批准基金发起人公开发行基金。

（2）基金的设立

投资基金正式成立后，基金管理公司便正式承担基金管理的责任，使用募集资金进行投资运作，基金资产则交由基金托管公司保管。对基金管理公司的设立，不同国家和地区的法律规定不尽相同，但一般都要求基金管理公司的设立与运行必须符合投资基金法规，经政府证券主管部门审核批准。在我国，申请设立基金管理公司，必须经中国证监会审查批准，并按照中国证监会的要求提交有关文件。

（3）基金的发行

投资基金的发行是指在基金发行申请经主管机关批准同意后，将基金券（公司型基金）或基金受益凭证（契约型基金）向广大投资者推销的经济活动。基金发行是证券投资基金整个运作过程中的一个基本环节，也是基金市场的一个重要组成部分。

基金的发行方式分为公募和私募两种。在基金规模较小，基金的投资范围比较窄，发行总额在规定的范围内，且在特定的投资者认购的情况下，宜采用私募发行方式；而在发行总额较大，急需募集基金，或对所发行基金的受欢迎程度把握不准，并出于公开、公正原则考虑的情况下，宜采取公募发行方式。

基金的发行一般有中介机构的参与，由承销商将基金单位承销下来，再分销给零售商，由零售商分售给投资者；也可以不经过任何专门的销售机构，直接面向投资者销售，直接销售方式是最简单的发行方式。目前，基金的承销发行日益普遍，投资银行作为承销商在其中发挥了重要作用。

在规定的期限内募集到足额的资金后，投资基金就可以成立。《证券投资基金法》规定：基金募集期限届满，封闭式基金募集的基金份额总额达到准予注册规模的80%以上，开放式基金募集的基金份额总额超过准予注册的最低募集份额总额，并且基金份额持有人的人数符合国务院证券监督管理机构规定的，基金管理人应当自募集期限届满之日起10日内聘请法定验资机构验资，自收到验资报告之日起10日内，向国务院证券监督管理机构提交验资报告，办理基金备案手续，并予以公告。若基金不能成立，基金发起人必须承担基金募集费用，并将募集的资金连同活期存款利息返还给投资者。

3）基金的投资目标和投资政策

（1）基金的投资目标

基金的投资目标应表明该基金投资所具有的风险与收益状况，募集时必须在基金招募说明书中对投资目标加以明确，以供投资者选择。

目前，投资基金的投资目标大致分为三类：第一类是追求长期的资本增值，该类基金亦被称为成长型基金；第二类是追求当期的高收入，也称作收入型基金；第三类是兼顾长期资本增值和当期收入，也叫平衡型基金。投资目标不同，主要投资工具就不同，基金获取收益的方式也不同。收入型基金会有较高的当期收入，平衡型基金在得到利息和股利的同时也能够实现一定的资本利得,成长型基金注重长期的资本利得,对当期的股利和利息收入并不注重。

（2）基金的投资政策

基金的投资政策是指投资基金为指导其证券投资活动而制定和实施的原则性、方针性措施。其中最为重要的是对各类证券投资进行选择的原则和方针。基金投资管理是基金管理公司的核心业务,基金管理公司要保证基金运作的科学性和稳健性,就必须建立一个理性、有效的投资决策机构。这个决策机构被称为"投资决策委员会",属于基金管理公司的内设机构。投资决策委员会的职能是为基金投资拟定投资原则、投资方向、投资策略以及投资组合的整体目标和计划。

拓展阅读6-3

投资决策
委员会

基金的投资政策具有相应的基本特征:第一,保持证券组合的类型,这在一定程度上反映了基金投资所追求的目标;第二,注意证券分散化的程度,由该基金所持证券的种类数以及基金总值中不同类型证券的比重决定,各个基金分散化政策是不相同的;第三,把握证券组合质量的高低,注意基金充分投资的程度和投资目标的稳定性。

4）基金投资政策的制定和执行

（1）基金投资政策的制定

制定基金投资政策通常要经过以下几步:首先,公司研究发展部提出研究报告;其次,投资决策委员会审议和决定基金的总体投资计划;再次,基金投资部制定投资组合的具体方案;最后,风险控制委员会提出风险控制建议等。

（2）投资决策实施

基金管理公司在确定了投资决策后,就进入实施阶段。根据投资决策中规定的投资对象、投资结构和持仓比例等,在市场上选择合适的股票、债券和其他有价证券来构建投资组合,并根据市场实际情况的变化及时对投资组合进行调整。

投资组合管理是以实现投资组合整体风险-收益最优化为目标,选择纳入投资组合的证券种类并确定适当权重的活动。资产配置是投资组合管理决策制定步骤中最重要的环节。不同的资产配置具有不同的理论基础、行为特征和支付模式,适用于不同的市场环境和客户投资需求。从范围上看,资产配置可分为全球资产配置、股票债券资产配置和行业资产配置;从时间跨度和风格类别上看,资产配置可分为战略性资产配置、战术性资产配置和资产混合配置;从资产管理人的特征与投资者的性质来看,资产配置可分为买入并持有策略、恒定混合策略、投资组合保险策略和战术性资产配置策略。

（3）基金的投资限制

基金的投资决策和投资方案等都是由基金管理人作出的,为了保护基金持有人的利益,各国的基金监管部门对基金投资活动规定了很多限制,包括对基金的投资对象、投资数量以及基金的运作方法等。

对投资数量的限制,可以分散投资,降低风险。投资数量的限制包括两个方面:一是对投资某一种股票的数量限制,即规定基金投资于任何一家公司股票的股份总额不得超过该公司已发行股票股份总额的一定比例;二是对某一种股票的投资总额在基金资产净值中所占比例的限制,即规定基金对于某一种证券的投资额不得超过该基金资产净值的一定比例。

对投资方法的限制包括：禁止基金与基金关系人交易；限制同一基金管理人的多只基金之间的相互交易；禁止信用交易等。

5）基金收益来源及其分配

基金净收益是基金收益扣除按照国家有关规定可以在基金收益中扣除的费用后的余额。基金净收益是基金收益分配的基础。其中，费用包括基金管理费、基金托管费、基金交易费、基金运作费等。

在我国，基金收益分配遵循以下原则：

（1）关于封闭式基金的收益分配。根据有关法律规定，封闭式基金的收益分配，每年不得少于一次，封闭式基金年度收益分配比例不得低于基金年度已实现收益的90%。封闭式基金当年收益应先弥补上一年的亏损，如当年发生亏损则不进行收益分配。封闭式基金一般采用现金分红方式。

（2）关于开放式基金的收益分配。开放式基金的基金合同应当约定每年基金收益分配的最多次数和基金收益分配的最低比例。实践中，许多基金合同规定每年至少一次。开放式基金当年收益也应弥补上一年的亏损，如当年发生亏损则不进行收益分配。分红方式有现金分红和红利再投资转换为基金份额两种。

》【学思践悟】

中基协发布《道德规范指南》

2021年8月17日晚间，中国基金业协会发布了《公开募集证券投资基金管理人及从业人员职业操守和道德规范指南》（以下简称《道德规范指南》），这是首个针对基金公司及其从业人员的此类指南，引起行业关注。

据悉，此举是为深化"合规、诚信、专业、稳健"的基金行业文化理念，保护基金份额持有人的合法权益，规范公开募集证券投资基金管理人及其从业人员的职业行为。《道德规范指南》全文共五章，具体包括总则、基金行业职业道德规范、内部管理、自律管理和附则。业内人士表示，此前行业内出现过一些有违从业人员职业操守和道德规范的事件，发布《道德规范指南》可以规范从业人员职业行为，促进行业健康、稳健、持续发展。

基金业协会的起草说明显示，良好的企业文化和较高的职业道德水平是行业持续健康发展的根基。为打造素质过硬、作风优良的从业人员队伍，有必要结合行业特点形成内容完备、操作性强的自律规则，对基金从业人员职业行为进行规范和引导，增进认知认同，增强行动自觉，推动构建有特色的企业文化和行业文化，共同营造良性的行业发展生态环境。

大学生所处的年龄段正是世界观、人生观、价值观形成的重要时期，也是良好的道德品质、行为习惯和健全人格形成的重要时期，在这个时期形成的思想道德观念对他们一生的影响很大。大学生作为祖国未来的建设者，必须明确职业道德内涵、倡导践行职业道德，培育和践行社会主义核心价值观，弘扬民族精神和时代精神。

资料来源：方丽，陆慧婧. 基金圈重磅！刚刚，中基协放大招！又有重要文件发布，最全解读来了[EB/OL]. [2021-08-18]. https://finance.sina.com.cn/money/fund/jjyj/2021-08-18/doc-ikqciyzm2081355.shtml.有删改。

<h1 style="text-align: center">本章要点</h1>

本章主要介绍了投资银行资产管理业务的基本含义、特征、类型，资产管理业务的基本功能，资产管理业务的基本程序，投资基金的概念、特征、基本分类，投资银行基金的运作与管理。其中，重点是资产管理业务的基本程序和基金业务的运作与管理，难点是资产管理业务的运作。

<h1 style="text-align: center">问题讨论</h1>

1.查找资料讨论证券公司资产管理业务的经营风险。

2.讨论资产管理业务与基金业务的异同。

3.讨论基金投资者、基金管理者与基金托管者之间的关系。

<h1 style="text-align: center">推荐阅读</h1>

1.《中华人民共和国证券投资基金法》，2015年4月24日。

2.《资产管理机构开展公募证券投资基金管理业务暂行规定》，中国证券监督管理委员会，2013年2月18日。

3.《证券公司客户资产管理业务管理办法》，中国证券监督管理委员会，2013年6月26日。

4.《证券公司集合资产管理业务实施细则》，中国证券监督管理委员会，2013年6月26日。

5.《证券公司定向资产管理业务实施细则》，中国证券监督管理委员会，2012年10月18日。

6.《关于规范金融机构资产管理业务的指导意见》，人民银行、银保监会、证监会、外汇局，2020年7月31日修订。

7.《证券期货经营机构私募资产管理业务管理办法》，中国证券监督管理委员会，2023年1月12日修订。

<h1 style="text-align: center">思考与练习</h1>

1.单项选择题

（1）在我国台湾地区和日本，证券投资基金一般被称为（　　）。

A.共同基金　　　　　　　　　　B.单位信托基金

C.证券投资信托基金　　　　　　D.私募基金

（2）基金发起人就发起设立基金的权利与义务、募集方案等有关事项达成一致的协议是（　　　）。

A.基金契约　　　　　B.发起人协议　　　　C.基金托管协议　　　D.基金招募协议

（3）开放式基金的价格以（　　　）为计价基础。

A.单位基金资产净值　　　　　　　　B.单位基金资产的账面价值

C.单位基金资产的市场价值　　　　　D.单位基金资产的溢价

2.多项选择题

（1）我国证券投资基金三方当事人在基金运作过程中形成的三角关系是指（　　　）。

A.投资人委托管理人投资、委托托管人托管

B.托管人保管基金资产，执行投资指令，同时，监督管理人并接受管理人的监督

C.投资人委托托管人保管资产，托管人委托管理人投资

D.管理人接受委托进行投资管理，监督托管人并接受托管人的监督

（2）基金管理公司的主要业务有（　　　）。

A.发起设立基金　　　　　　　　　　B.基金管理业务

C.受托资产管理业务　　　　　　　　D.基金销售业务

3.简答题

（1）什么是资产管理业务？它有什么特征？

（2）资产管理业务是如何分类的？

（3）证券投资基金的特征有哪些？

（4）如何进行投资基金的运作和管理？

案例分析

西能科技公司诉国泰君安证券公司委托管理资产合同纠纷案
——资产管理人对投资行为尽到善良管理义务的不负赔偿责任

上诉人广西西能科技有限责任公司对与被上诉人国泰君安证券股份有限公司委托管理资产合同纠纷一案，不服上海市高级人民法院（2003）沪高民二（商）初字第 1 号民事判决，向最高人民法院提起上诉。

原审法院查明：2000 年 12 月 18 日，广西西能科技有限责任公司（以下简称西能公司）的前身广西创志科技有限责任公司（以下简称创志科技）作为甲方，与乙方国泰君安证券股份有限公司（以下简称国泰君安公司）签订了一份《国泰君安证券股份有限公司关于广西创志科技有限责任公司之资产管理委托协议书》（以下简称《资产管理委托协议书》）。2001 年 9 月 19 日，经工商行政管理部门批准，原"广西创志科技有限责任公司"名称变更为"广西西能科技有限责任公司"。2001 年 11 月 25 日，国泰君安公司与西能公司经协商达成《资产委托管理延期协议》（以下简称《延期协议》）。《延期协议》签订后，国泰君安公司依约向西能公司支付了前期收益人民币 600 万元。在原协议和《延期协议》履行期间，国泰君安公司未在约定期内向西能公司提供资产管理报告。《延期协议》约定的委托期限到期后，国泰君安公司未将证券账户内的股票变现，亦未

将账户资金余额支付给委托人。根据国泰君安公司提供的股票交易对账单并经原审法院核对，截至 2002 年 12 月 20 日，西能公司账户内的股票市值（按所购股票当日收盘价格计算）和资金余额总计为人民币 80 698 548.97 元，形成委托资金交易损失人民币 19 301 451.03 元。

西能公司于 2003 年 3 月 20 日向上海市高级人民法院提起诉讼，请求判决国泰君安公司返还委托管理资金本金 1 亿元和逾期付款滞纳金 360 万元、违约金 500 万元，并承担本案诉讼费用。

在原审诉讼过程中，国泰君安公司于 2003 年 5 月 13 日主动向西能公司归还人民币 5 000 万元。

西能公司不服上海市高级人民法院上述民事判决，向最高人民法院提起上诉。最高人民法院称：本案诉争双方系以证券市场投资为目标的委托资产管理合同关系。国泰君安公司作为一家经主管部门批准从事受托投资管理业务的综合类证券公司，具有受托投资管理业务的经营资质，其与西能公司之间签订的《资产管理委托协议书》和《延期协议》，系双方当事人真实意思表示，不违反法律、行政法规的禁止性规定，应认定合法有效。

根据本院查明的事实，国泰君安公司在原审举证期限届满前提出了延期举证的申请，原审法院亦同意其延期提交证据，国泰君安公司在延长期限内提交了股票对账单，未超过举证期限。西能公司在一审中已放弃对该股票对账单进行质证的权利，在二审庭审中对上述对账单的内容的真实性虽表示质疑，但其不能提供推翻国泰君安公司出具证据的证据，又放弃了对上述证据进行鉴定审计的诉讼权利，故，本院确认该股票对账单可以作为认定本案事实即《资产管理委托协议》终止时委托资产余额的证据。原审法院对本案证据的质证活动，符合证据规则，西能公司关于原审庭审质证违反证据规则的主张没有事实依据，本院不予采信。

资料来源：张海龙，祁俊会. 最高法院：资产管理人对投资行为尽到善良管理义务的不负赔偿责任 [EB/OL]. (2018-06-01). https://baijiahao.baidu.com/s?id=1602071176790893464. 有删改。

问题：你对该案例有什么看法？

分析提示：一审判决认定西能公司的委托资产损失是股市行情处于低迷环境下的正常风险损失，国泰君安公司在受托管理过程中不存在明显过错，并无不当。在股市证券买卖操作中，国泰君安公司基于商业判断而作出的正常投资行为，即使出现投资判断失误，但其只要尽到了合同约定的谨慎、勤勉的管理人义务，不存在明显过错，就不能以受托人当时的商业判断与市场后来的事实发展相悖为由，要求其承担赔偿责任。

实践训练

本章主要讲述了投资银行资产管理业务的基本含义，以及投资基金的运作与管理。为了让学生深入理解投资银行的资产管理业务，熟练掌握基本运作，本章实践训练主要包括以下内容：

1. 实训项目：收集市场上的开放式基金业绩资料并进行分析。

实训目的：分析基金公司业绩。

实训步骤：

（1）收集2015—2023年开放式基金业绩。

（2）分析导致这些基金公司盈亏的管理方面的原因。

2.实训项目：收集市场上的基金类型资料并进行分析。

实训目的：分析基金公司的品种。

实训步骤：

（1）收集开放式基金、封闭式基金的类型。

（2）分析不同类型的基金收益情况。

（3）给基金公司提出一些有益的建议。

第7章
财务顾问与投资咨询业务

学习目标

知识目标：通过本章的学习，了解财务顾问与投资咨询业务的基本内容；熟悉财务顾问与投资咨询业务的运作原理；掌握财务顾问和投资咨询业务的运作程序。

技能目标：通过本章的学习，具备开展财务顾问与投资咨询业务操作的基本技能，具备与投资银行财务顾问和投资咨询业务的客户沟通的能力，具备为企业、政府和个人提供合理的财务顾问和投资咨询的基本素质，能够根据实际案例进行具体的业务操作。

知识结构图

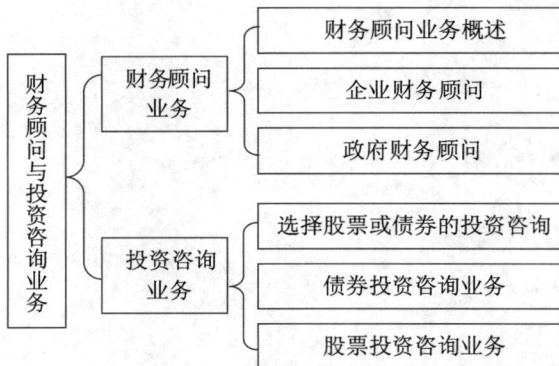

导入案例

中金首次以财务顾问亮相，"重整"方正成中国平安史上最大并购案

2021 年 7 月 7 日，方正证券发布权益变动报告书，其中透露出多项重磅内容，同时中金公司以重组财务顾问亮相，发布多项财务顾问核查意见。

中金公司在财务顾问核查意见中提到，平安人寿控股股东平安集团控股平安证券，平安证券与方正证券主营业务相似，故在本次重整投资完成后，平安证券与方正证券存在同业竞争关系。平安信托作为平安证券的直接控股股东，承诺将保障上市公司全体股东利益，通过合法合规的方式解决平安证券与上市公司的同业竞争问题。

报告书中还提到，平安人寿出资额为 370.5 亿~507.5 亿元，受让新方正集团 51.1%~70.0% 的股权，成为其控股股东并间接取得方正证券 28.7076% 的股份。2009 年，中国平安以总对价 291 亿元中国平安控股深发展，由此也成为了中国金融历史上最大的收购案例，而当下对方正的重组金额，将再刷新纪录。

据中金公司官网信息透露，中金公司全程深度服务本次投资，保障了交易的顺利执行，打造了债务重组和校企改革领域的又一里程碑式案例。

中金公司凭借在债务风险化解、国有企业混改、校办企业改革等前沿领域的丰富实践经验，充分结合法律法规和相关监管要求，协助中国平安制定切实可行的投资方案，并最终通过多轮遴选程序，顺利完成重整投资。本次交易是中金公司作为重组财务顾问贯彻落实中央要求服务推进校企改革、支持重大风险化解的重要实践，也是中金公司深化大湾区核心客户互信关系、落实"区域化"战略的又一经典案例。

资料来源：高云. 中金首次以财务顾问亮相，"重整"方正成中国平安史上最大并购案，首次披露权益报告透露四大关键点［EB/OL］. (2021-07-08). https://finance.sina.com.cn/roll/2021-07-08-doc-ikqciyzk4239778.shtml. 有删改。

这一案例中的中金公司作为中国第一家中外合资投资银行以重组财务顾问的身份"重整"方正，体现了投资银行的主要业务——财务顾问业务。并购重组财务顾问业务作为主要的财务顾问业务，被欧美国家誉为低风险、高收益的"金奶牛"，现已成为各国大力发展的重要创新业务。那么，投资银行如何开展财务顾问和投资咨询业务？这正是本章要介绍的内容。

7.1　财务顾问业务

7.1.1　财务顾问业务概述

财务顾问业务是指经中国证监会核准具有财务顾问业务资格的机构，为上市公司的并购重组、证券交易、投资活动等对上市公司资产、负债、收入、利润和股权结构产生重大影响的相关业务活动提供交易估值、方案设计、出具专业意见等专业服务。财务顾问机构应当是符合规定的证券公司、投资咨询公司、具有独立法人资格的财务顾问公司。近些年来，各类金融市场主体对专业化顾问和理财服务的需求在广度和深度两个方面不断发展，投资银行的人力资源和信息资源优势，使得财务顾问业务具有较大的发展

空间。

1）投资银行开展财务顾问业务的动因

（1）外在压力

①从投资银行的服务对象来看：近年来，企业专业化经营趋势在不断加强，投融资环境也在不断变化，企业越来越注重利用交易型战略来发展壮大自己，即主要通过兼并重组等形式寻求持续稳定的发展。而企业的资本运营是一项相当复杂的工作，企业本身不具备这方面的专业水平，需要由专业机构去完成目标企业的前期调查、财务评估、方案设计、协议执行、条件谈判以及相应配套的融资安排、重组规划等高度专业化的工作。可见，客户对投资银行提出了越来越高的要求。作为投资银行，如果还停留在为企业证券进行承销经纪等传统业务上，就不能满足企业对专业化、多样化服务的需要。

投资银行作为资本市场上最主要的中介机构，具备强大的金融信息收集能力和广泛的信息收集渠道，与其他金融机构相比，具有明显的信息优势，投资银行充当企业财务顾问，发挥了它的特长，降低了企业间的交易费用，也体现了专业化分工的行业发展趋势。

②从投资银行的同业竞争者来看：目前，金融市场上提供投资银行类业务的各类机构逐渐增多，如专业类投资咨询与财务顾问公司、商业银行、保险公司、信托投资公司以及其他一些金融机构等。在分业经营的环境下或金融管制较严厉的时代，投资银行业被视作一个垄断行业，但随着全球混业经营时代的到来，投资银行的这一优势逐渐丧失。证券市场从卖方市场到买方市场的转变，使投资银行面临巨大的挑战，投资银行的同业竞争将不断加剧。这些巨大的变化促使投资银行转变经营理念，变被动服务为主动服务，不断拓宽业务范围，提高服务质量，为客户提供个性化的服务，唯有如此，才能在激烈的竞争中脱颖而出。财务顾问业务是投资银行增强其竞争力不可缺少的重要手段。

（2）内在动力

投资银行作为财务顾问首先需要为客户提供各种最及时、最全面的资料，并在此基础上为企业出谋划策，充当好"参谋"或"战略设计师"的角色，这样才能很好地满足客户需要。投资银行能否成功开办财务顾问类业务，关键要看其是否具备优秀的专业人才，专业人才是投资银行取胜的重要条件。投资银行的专业人才，不仅具备良好的职业道德，遵守行为准则，而且具备财务顾问所必需的数量统计分析、经济学、财务分析、企业金融、证券分析、投资组合管理等方面的专业知识与技能。此外，他们还要具备丰富的社交经验和灵活应变的能力。这些人才为投资银行开展财务顾问业务奠定了坚实的基础。

正是由于这些精英人才的存在，投资银行可以在巩固传统业务的基础上，开展各种创新型业务，以增加利润来源，进而使传统业务利润占所有利润的比重逐渐下降，创新业务的比重不断上升。财务顾问业务作为中介类的业务种类，具有低成本、低风险、高收益的特点，无疑是投资银行较佳的选择。

在拥有丰富人力资源的基础上，投资银行不断求变，不断开拓创新，从而具备开展新的业务、不断前进的内在动力。

✓ **小思考 7-1** ···

选择财务顾问，是实力越强、规模越大越好吗？

提示：一般来说，实力强、规模大的财务顾问整体服务经验更丰富，实力更强，对实现上市目标更为有利。但是在实际中不能一概而论，根据业内人士意见，首先，投资银行一般都是项目团队服务，公司实力不代表项目团队实力；其次，在某些特定市场或金融服务的顶端，不论投资银行的规模大小，其所凭借的专业服务团队、中介机构几乎都是同一水平，服务质量差别并不大。因此，企业在选择财务顾问的时候，不必一味贪大，往往合作最好的是那种"门当户对"的投资银行和团队。因此，选择财务顾问，关键是看对方是否与企业有共同的信念，是否会店大欺客，是否更愿意为企业配置最专业、最好的团队，同时要看其条件、要求是否合理，服务态度是否良好。

···

2）投资银行开展财务顾问业务的意义

财务顾问业务是投资银行业务的精华，投资银行开展财务顾问业务具有重要意义，主要体现在以下几个方面：

（1）财务顾问业务能够提高投资银行的声誉

财务顾问业务是一项难度高、投入大的工作，涉及当地的产业结构、产品结构、城市规划、社会保障等诸多方面的问题。由于投资银行能够充分利用与资本市场相关的专业技能，帮助企业进行战略策划、谋求长远发展，财务顾问业务受到了企业的欢迎。

投资银行通过为客户提供高质量的财务顾问服务，可以发展与政府、企业、个人及社会各界的关系，逐步树立良好的专业形象，打造优良的品牌，从而带来巨大的无形收益，这些是投资银行开展财务顾问业务所获得的最大财富。

财务顾问业务不仅能够增加投资银行的直接收入，还能提升投资银行的信誉，而专业形象正是投资银行最宝贵的财产之一。在财务顾问业务中，投资银行既要协调企业重组各方的关系，又要设计具体方案。它是金融中介机构的一项长期投资，一旦策划方案被企业接受，这一业务所带来的间接的无形收益是巨大的。财务顾问业务尤其是并购重组业务是对投资银行品牌、综合实力的大检验，成功的重组案例可以大大提高投资银行的声誉，为以后参与重组业务及一级市场业务打下良好的基础。

（2）财务顾问业务能够大大增加投资银行利润

财务顾问业务是中介类业务，投资银行无须投入大量资金，而获得的利润却相当可观。因而，成功的财务顾问业务产生的经济效益是十分明显的。

投资银行承担财务顾问业务的目的，有时并不只是为了收取咨询费，而是通过担任公司财务顾问与公司经常接触，详细地获知该公司的业绩和经营动向以及有关项目融资、设备租赁等方面的问题，一旦企业需要，投资银行可以迅速介入，提供更多、更全面的服务，为取得后续业务开展打下基础。公司财务顾问业务的重要事宜要充分公开，或者至少让金融界知晓，才能吸引和稳定新客户。因而，财务顾问业务是开拓其他业务的重要桥梁。

（3）财务顾问业务能够造就技术与能力素质较高的专业人才

公司财务顾问业务是一种系统化、专业化的高级投资银行业务，开展此项业务能使个人的综合素质得到有效的提高，积累丰富的资产运作经验，培育财务顾问业务方面的专业人才。

财务顾问业务是培养投资银行人才的催化剂。从事财务顾问业务的投资银行人员不但在业务素质上，而且在精神意志以及性格上都会得到很好的锻炼。通过开展这项业务，他们的业务能力和个人价值将会得到充分的体现。

3）投资银行执行财务顾问职能的方式

投资银行执行财务顾问职能的方式多种多样，但概括起来主要有两种：

（1）直接式

直接式是指投资银行直接向重要客户派遣自己的股东担任非股东董事，由非股东董事充当财务顾问，为企业出谋划策。有的投资银行还进一步投入资本，由自己的股东直接参与企业的业务经营。

（2）间接式

间接式以"股东应专心经营自己的公司"为原则，禁止自己的股东兼任其他公司董事的职位，对于重要客户均以类似责任顾问的形式提供服务。投资银行多数采用间接式财务顾问方式。

4）投资银行开展财务顾问业务的范围

财务顾问业务的范围包括：为企业申请证券发行和上市提供改制改组、资产重组、前期辅导等方面的咨询服务；为上市公司重大投资、收购兼并、关联交易等业务提供咨询服务；为法人、自然人及其他组织收购上市公司及相关的资产重组、债务重组等提供咨询服务；为上市公司完善法人治理结构、设计经理层股票期权、职工持股计划、投资者关系管理等提供咨询服务；为上市公司再融资、资产重组、债务重组等资本运营提供融资策划、方案设计、推介路演等方面的咨询服务；为上市公司的债权人、债务人对上市公司进行债务重组、资产重组、股权重组等提供咨询服务以及中国证券监督管理委员会认定的其他业务形式。随着投资银行客户群体的不断成长，为客户提供财务顾问业务成为投资银行的必备功能之一。

5）投资银行开展财务顾问业务的收费方式

财务顾问业务有两种收费方式：

（1）独立收费方式

独立收费方式，即投资银行接受客户委托，为客户提供各类独立的顾问服务，顾问费用由双方商定，也可由投资银行根据该项目所耗费的时间和人力自行确定。

（2）非独立收费方式

投资银行提供的顾问服务包括在其他业务当中，如证券承销、企业并购和风险管理等。在这种情况下，顾问报酬也就列入其他业务收费当中计算。

值得注意的是，上述两种方式的区别仅在于顾问项目是否单独计费，而顾问业务的标的往往不是完全独立的，它总是或多或少地与其他业务相关联。过去，人们认为财务顾问业务不是投资银行主要的、稳定的收入来源，提供财务顾问服务的主要功能在于加强与客户的关系。但目前发展方向是财务顾问业务逐步单独收费，而且收入在投资银行整体收入中所占的比重正呈现上升趋势。

7.1.2　企业财务顾问

投资银行的企业财务顾问业务的内容包括很多方面，既有以财务顾问咨询服务为主而处于中介地位的，也有在其他业务开展过程中附带财务顾问服务的。

1）证券发行、交易财务顾问

发行证券的公司通过二级市场以现金买回已发行的证券，或者发行新证券交换已发行的证券，其目的主要是改善公司的财务指标，从而为再融资创造条件。投资银行的证券发行、交易财务顾问业务提供咨询服务的重点在于确定双方都能接受的条件。一般来说，新证券交换旧证券的条件是以旧证券的到期收益率为基础，参考偿债顺序以及最近的市场价格而确定的。其步骤为：

（1）拟定新发行证券的息票利率，利率水平必须接近市场行情，从而吸引投资者。

（2）计算旧证券的到期收益率。

（3）计算并确定新发行证券的面额，使得新旧证券的到期收益率恰好相等。

证券发行、交易财务顾问要做到既改善公司财务指标，又被原有投资者所接受，关键是确定适当的交换条件。只要条件适当，那么证券的发行和交易无论对投资者还是对发行公司而言都是有利的。

2）并购财务顾问

投资银行可以在企业的各项融资活动中充当财务顾问，但更多情况下是在企业并购和反并购等资产重组活动中充当财务顾问。

在公司并购活动中，并购公司和目标公司一般都要聘请投资银行等作为财务顾问。一家财务顾问既可以为并购公司服务，也可以为目标公司服务，但不能同时为并购公司和目标公司服务。

（1）财务顾问为并购公司提供的服务

①寻找目标公司。为并购公司寻找合适的目标公司，并从并购公司的战略和其他方面出发评估目标公司。

②提出并购建议。提出具体的并购建议，包括并购策略、并购价格与其他条件、并购时间表和相关的财务安排。

③商议并购条款。与目标公司的董事或大股东接洽，并商议并购条件。

④其他服务。帮助准备要约文件、股东通知和并购公告，确保准确无误。

（2）财务顾问为目标公司提供的服务

①预警服务。监视目标公司的股票价格，追踪潜在的并购公司，对可能的并购目标提出早期警告。

②制定反并购策略。制定有效的反并购策略，阻止敌意并购。

③评价服务。评价目标公司和它的组成业务，以便在谈判中争取较高的要价；给出要约价格是否合理的建议。

④利润预测。如有需要，帮助目标公司做利润预测。

⑤编制文件和公告。编制有关文件和公告，包括新闻公告，说明董事会对并购建议的初步反应和他们对股东的建议。

在并购重组活动中，投资银行作为财务顾问所得到的酬金主要有以下几种类型：一是事先规定的酬金；二是酬金是交易价格的固定的百分比；三是如果交易价格超过某一水平，在一定的百分比基础上再加上一笔鼓励酬金。采用第三种结构的投资银行将对第一个100万美元收取较低的费用，而后逐步增加鼓励酬金，即收取所谓的"累进比例佣金"。实际操作中，投资银行并购业务中一般收取交易总价格的2%～3%作为财务顾问费用。

3）合资财务顾问

在企业合资业务中充当代理人和财务顾问角色的投资银行，可以代表国外当事人在国内寻找投资者，也可以受国内当事人的委托寻找外国投资者。投资银行的任务不仅是把二者联系在一起，还要协助商议合资条款和条件。在合资企业建立的过程中，财务顾问职能主要体现在：

（1）市场调查与寻找合伙人。一方面，财务顾问在合资企业组建的前期要做好市场调查，对投资环境进行分析；另一方面，可根据实际情况同时与几个可能成为合作方的投资者进行接触，分析每个投资者的条件，权衡利弊，选择最佳合作对象，然后推荐给委托方。

（2）对合资项目的可行性进行研究，仔细评估，编制项目建议书和初步可行性研究报告。

（3）提供信誉资料，包括客户资信、技术资料、市场信息和法律资料。

（4）作为财务顾问参与谈判，商议合资的条款和条件，拟定合资经营企业协议、合同和章程。

（5）与政府接触，督促政府批准或给予合资企业以投资优惠特权，尤其是利息、税收方面的优惠。

4）资产重组财务顾问

企业资产重组是一项复杂的系统工程，就形式上说有并购、分拆重组、股份互换和对公有制企业的私有化等多种类型，如果把资产重组的形式与金融工具的创新联系在一起，重组模式还会不断翻新。目前，企业重组数量不仅继续保持上升趋势，而且单个重组案例的规模越来越大。随着资产交易规模和方式的不断增加，以及交易工具和手段的不断复杂化，资产重组的过程越来越离不开投资银行的参与。在企业资产重组活动中充当财务顾问成为投资银行的重要创收业务。

（1）投资银行开展资产重组财务顾问业务步骤

投资银行作为公司的财务顾问，可以通过以下步骤帮助公司进行资产重组：

①认真分析公司的财务状况，找出目前的危机所在，并提出解决方案。

②帮助公司重新制定发展战略和经营战略，内容应该比较保守，重在生存中求发展，而不能盲目期望高增长。

③协助公司安排股票或长期债券的私募，补充发展所需的经营资本。

④帮助公司分析经营计划，根据公司的客观实际，重新排列主次，剔除一些不太实际的部分，以便集中利用有限的资金和其他资源。

⑤深入细致地审查公司的业务分支机构，对于公司发展没有影响的或者有副作用的

机构应建议撤销。

⑥对于部分可以出售的分支机构，根据该分公司或子公司的现状确定适当的出售条件，寻找潜在的购买者并代表公司与其协商、谈判，安排出售过程。

⑦帮助企业同债权人分别进行协商，介绍公司当前的困难处境，提出由专家制订的公司债务重组计划，争取债权人的信任，以帮助公司渡过难关。

（2）财务顾问在重大资产重组中的作用与职能

根据相关法规的规定，在重大资产重组交易中的一些特定问题上，必须有财务顾问参与和发表意见。财务顾问包括一般财务顾问和独立财务顾问两种：一般财务顾问是指上市公司聘用的财务顾问，其作用是为上市公司的重大资产重组方案提供财务及相关环节可行性等专业意见，并协助上市公司完成整体方案的实施；独立财务顾问则不同，其必须在没有参与重大资产重组谈判、设计等环节，与公司没有任何利害冲突的前提下，对重大资产重组交易发表独立的财务顾问意见。

在重大资产重组交易中，独立财务顾问要承担以下职责：

①董事会需为公司聘请独立财务顾问，其出具的专业意见随同董事会决议一起公告，供广大股东和投资者参考。

②重大重组涉及关联交易的，独立财务顾问必须针对关联交易出具独立财务顾问意见，说明该关联交易是否损害非关联股东权益。

③为挽救上市公司财务危机而进行上市公司收购时，中国证券监督管理委员会规定必须参照重大资产重组的模式上报文件，收购方也应聘请独立财务顾问针对财务危机出具专业意见。同时，在向中国证监会提交豁免要约的申请文件中提出切实可行的重组方案，上市公司应聘请独立的财务顾问对该方案发表专业意见。

（3）独立财务顾问发表意见时须注意的问题

独立财务顾问必须站在客观、公正的立场上对重大资产重组交易是否符合上市公司和全体股东的利益发表意见。另外，独立财务顾问在对重大资产重组发表意见时还必须注意以下问题：

①对上市公司重大购买、出售、置换资产报送材料内容与格式逐一进行核查的说明。

②如该项购买、出售、置换资产行为需提供资产评估报告，独立财务顾问还应对所选取的评估方法的适当性、评估假设前提的合理性发表独立意见。

③对上市公司负债结构是否合理及本次重大资产重组交易是否为上市公司带来大量负债或者或有负债等发表意见。

④对重大资产重组交易实施后上市公司在人员、资产、业务、财务和机构方面的独立性发表意见。

⑤对重组方与上市公司的同业竞争问题及关联交易问题发表意见。

⑥对重组方是否存在侵害上市公司利益情况发表意见。

5）国有企业民营化财务顾问

对于业绩不良的国有企业，政府为了减轻财政负担，会考虑将这部分企业出售。政府在出售这些企业时，要避免某些行业被私人集团所控制，出于分散化的考虑，往往通过证券市场来进行。投资银行作为国有企业的财务顾问，在其出售过程中可以提供以下服务：

（1）国有企业出售后，公司的经营状况可能也会发生相应的变化。投资银行应充分考虑公司出售后的这些变化，分析预测私有化公司的经营前景，从而判断企业出售对投资者的吸引力。

（2）分析国有企业当前的经营状况并预测前景，结合国有企业未来的获利能力，估算并确定合理的出售价格。

（3）对国有企业出售的总价值和证券市场的现状进行分析，确定出售成功的可能性，并制定相应的推销办法。

（4）分析不同类型投资者对国有企业的兴趣，在此基础上，确定采用私募还是公募的发行方式。

（5）投资银行应制定相应的策略使股权分散化，例如在公募发行中，允许小股东享有优先购买权；在私募发行中，尽量使股东持股平均化。

> 小实训 7-1
> 　收集并分析投资银行为企业发展充当战略顾问的案例。

6）发展战略顾问

（1）为企业提供完善的法律顾问咨询，提交有关企业的发展方向和投资建议、资产重组方案，使企业利用资本市场迅速发展；帮助企业完善信息披露制度，熟悉资本市场的运作；为企业的经营管理决策、行业的信息交流、分配方案设计、企业形象包装、产业政策咨询、公共关系协调等方面提供服务；为企业建立信息档案，以保证业务的连续性，定期向企业通报国内外的行业发展趋势、产品市场信息，充分掌握企业的发展动态和业务需求。

（2）利用自身在宏观经济环境和行业分析方面的研究优势，帮助企业制定长期发展战略和具体实现方式，包括企业资本运营方式以及内部组织结构改进方案，并围绕企业并购活动开展有效的工作。

7.1.3　政府财务顾问

投资银行为了与政府建立长期的合作伙伴关系，以便在今后的业务拓展中得到政府的支持，往往还充当政府经济决策部门的财务顾问。

各级政府制定该地区的经济发展政策，如政府产业政策、区域经济政策的实施、经济体制和经济结构转型、国际借款以及各级政府的公共工程建设等政策的时候，需要一些经济机构充当地区经济发展的"经济顾问"或"智囊团"，投资银行在这方面担当重要角色。投资银行通过收集、整理和分析地区宏观经济指标资料，为政府提供宏观经济形势的分析以及预测，这些指标一般包括经济增长率、通货膨胀率、货币发行量、失业率、各大产业增长指标等。在此基础上，投资银行可以为政府提出适合本地区的宏观经济政策和经济发展战略的建议。投资银行还可以为政府的大型基础设施建设进行可行性分析和项目融资。例如，摩根士丹利为加拿大地方省政府提供水力发电项目的财务顾问服务，保证了这一项目的顺利完成。

在国际资本市场上，各国政府可进行各种筹资活动。在选择何种筹资渠道，采取何种金融工具，如何规避汇兑风险，国有资产的估价、出售和资产转换等问题上，投资银行对于政府决策均有重大影响，如日本多家投资银行在新日铁的私有化过程中提供基础的财务方案。

我国国有经济改革过程中非常需要投资银行发挥顾问作用。实际上，国内一些券商已在这方面先行一步，它们帮助地方政府制定经济发展战略，就区域经济和行业经济的整合提出决策方案。

投资银行在充当政府财务顾问角色时，不仅可以拓展自己的业务，而且可以更方便地获取当地的宏观经济资料和率先了解宏观经济政策，从而为开展其他业务创造良好条件。

7.2　投资咨询业务

根据《证券、期货投资咨询管理暂行办法》的规定，证券投资咨询业务是指从事证券投资咨询业务的机构及其咨询人员为证券投资人或者客户提供证券投资分析、预测或者建议等直接或者间接有偿咨询服务的活动。证券公司可以经营证券投资咨询业务。

1）证券投资咨询业务形式

2020 年 3 月 20 日，中国证监会公布了《关于修改部分证券期货规范性文件的决定》，对 2010 年 10 月 9 日中国证监会公布的《证券投资顾问业务暂行规定》和《发布证券研究报告暂行规定》进行修订，进一步确立了证券投资咨询的两种基本业务形式。

（1）证券投资顾问业务

按照《证券投资顾问业务暂行规定》，证券投资顾问业务是证券投资咨询业务的一种形式，是指证券公司、证券投资咨询机构接受客户委托，按照约定，向客户提供涉及证券及证券相关产品的投资建议服务，辅导客户作出投资决策，并间接获取经济利益的经营活动。投资建议服务内容包括投资的品种选择、投资组合以及理财规划建议等。

证券公司从事证券经纪业务，附带向客户提供证券及证券相关产品的投资建议服务，就该项服务没有与客户单独作出协议约定、单独收取证券投资顾问服务费用的，其投资建议服务行为参照《证券投资顾问业务暂行规定》有关要求执行。

（2）发布证券研究报告

按照《发布证券研究报告暂行规定》，发布证券研究报告是证券投资咨询业务的一种形式，是指证券公司、证券投资咨询机构对证券及证券相关产品的价值、市场走势或者相关影响因素进行分析，形成证券估值、投资评级等投资分析意见，制作证券研究报告，并向客户发布的行为。证券研究报告主要包括证券及证券相关产品的价值分析报告、行业研究报告、投资策略报告等。研究报告可以采用书面形式或者电子文件形式。

2) 证券投资顾问业务与发布证券研究报告的联系与区别

（1）联系

在服务流程上，证券研究报告一般是证券投资顾问服务的重要基础，证券投资顾问团队依据证券研究报告以及其他公开证券信息，整合形成有针对性的证券投资建议，再按照协议约定向客户提供。

（2）区别

①立场不同。证券投资顾问基于特定客户的立场，遵循忠实客户利益原则，向客户提供适当的证券投资建议；证券分析师基于独立、客观的立场，对证券及证券相关产品的价值进行研究分析，撰写研究报告。

②服务方式和内容不同。证券投资顾问在了解客户的基础上，依据合同约定，向特定客户提供适当的、有针对性的操作性投资建议，关注品种选择、组合管理建议以及买卖时机等；证券研究报告在操作上是向不特定的客户发布，提供证券估值等研究成果，关注证券定价，不关注买卖时机选择等具体的操作性投资建议。

③服务对象有所不同。证券投资顾问一般服务于普通投资者，强调针对客户类型、风险偏好等提供适当的服务；证券研究报告一般服务于基金、QFII 等能够理解研究报告和有效处理有关信息的专业投资者，强调公平对待证券研究报告接收人。

④市场影响有所不同。证券投资顾问服务与特定客户的证券投资及其利益密切相关，但通常不会显著影响证券价格；证券研究报告向多个机构客户同时发布，对证券价格可能产生较大影响。

3) 证券投资咨询的业务类型

证券投资咨询业务主要包括债券投资咨询业务和股票咨询业务两大类。证券投资咨询业务与投资银行的其他业务往往有交叉，具有附属性质。随着证券市场的发展，投资银行的证券投资咨询业务越来越重要，其在投资银行业务中的比重也不断上升。

典型案例 7-1

非法证券投资咨询案例

非法证券投资咨询是指未经中国证监会批准，有的机构或个人擅自通过互联网、微信、QQ 等方式为投资者或客户提供证券投资分析、预测或者建议等直接或者间接有偿咨询服务的活动或者销售荐股软件的活动。

案例：投资者赵某接到石某来电，石某称其是中金公司员工，通过上海证券交易所得知他的股票账户亏损，中金证券公司可以为其推荐股票，帮助赚钱。出于对中金公司声誉的信任，赵某向石某提供的账户汇入了 3 个月的会员费 6 000 元。此后，石某多次向赵某推荐股票。但是，赵某据此操作非但没有从其推荐的股票获得预期的收益，反而出现了亏损。感觉不妙的赵某致电中金公司后才知自己上当受骗。

资料来源：佚名. 非法证券投资咨和常见骗子骗术案例分析［EB/OL］.［2023-05-11］. https://finance.sina.com.cn/stock/stockzmt/2023-05-11/doc-imytmfyw7429922.shtml. 有删改。

问题：试分析以上非法证券投资咨询案例的作案手法及启示。

分析：不法分子为实施诈骗，直接假冒知名证券公司、基金公司、证券研究所名义，或采用与这些证券经营机构近似的名称，蒙骗不明真相的投资者。手法虽然简单，但投资者却屡屡中招。

启示：投资者对于声称提供专业证券服务的人员，一定要提高警惕，不要盲目轻信所谓的"专业机构"和"内幕消息"。接受投资咨询服务时一定要核实对方的资格，明确对方身份，选择合法机构和有执业资格的专业人员。可以向监管部门咨询或到相关机构营业场所问询，核实相关公司的营业执照及证券业务资质情况，核实相关人员的身份和资质，防止上当受骗。

7.2.1 选择股票或债券的投资咨询

投资银行通过深入细致的分析，帮助投资者作出对股票或债券进行投资的建议。

从总体上看，股票是一种高收益、高风险的证券，债券是一种收益固定、风险较小的证券。投资银行在帮助投资者选择这两种证券时，既要考虑收益，又要考虑风险。如果投资者十分看重收益并甘愿承受较大的风险，建议其选择股票投资；如果希望把收益的获取建立在稳定可靠的基础上，甚至只想实现保值目标，不愿冒太大风险，建议其选择债券投资。此外，也要考虑当时所处的政治环境因素。一般来说，在政治稳定、经济发展时期，股票收益增长较快，相对风险也较小，建议证券投资者投资股票；反之，在政治不稳定、经济衰退时期，债券投资收益率虽低但风险较小，建议证券投资者投资债券。

7.2.2 债券投资咨询业务

1）帮助客户选择债券类型

投资银行帮助客户进行债券投资时，应先对债券按期限长短、还本付息方式、收益率水平和可转换性等进行分类。不同类型的债券，投资者承担的风险和获得的收益也不同。投资银行可以根据各种债券的风险收益特点，以及客户的自身情况和偏好，选择合适的债券品种推荐给客户进行投资。

投资银行在帮助客户选择投资债券的类型时，没有统一的模式，而是根据收益和风险两方面的情况权衡决定的。例如，国债的安全性好、收入稳定、变现能力强，但没有资本溢价，并且无法抵御通货膨胀和利率变动的风险；公司债券收益率虽然较高，但安全性较低，变现能力不强；外国债券收益水平高低不一，而且存在较大的汇率风险及政治、经济风险。

此外，投资银行在推荐债券投资品种时还要参考有关机构的债券信用评级。

2）帮助客户进行债券的价格选择

在债券发行时，投资银行应根据不同的发行价格计算出相应的收益率水平，然后把分析的结果提供给投资者参考。债券的转让可以通过债券市场进行，也可以进行协议转让，但前者的流动性大大高于后者，其交易成本也较低。所以，投资银行不仅应计算出债券在当前价格下的收益率，而且要针对债券的质量、期限、流动性以及市场利率的走势，向投资者提出投资建议，供投资者进行综合判断。

3）帮助客户分析债券投资风险

投资银行首先要让投资者认识到债券有固定的收益且风险较小，但是不能因债券的固定回报而忽视其风险。债券的投资风险非常复杂，主要有政治风险、经济波动风险、通货膨胀风险、再投资风险、违约风险等。提供咨询服务的投资银行不仅要帮助投资者树立风险意识，而且要帮助投资者有效地规避风险。

投资银行提供投资咨询服务时，一般会向投资者提供各种债券的风险分析报告，进行债券信用评级，以帮助投资者作出正确的决策；指导客户分散投资，确定债券投资组合的比例，以分散风险；指导客户进行组合投资，对债券的期限、收益率、安全性和变现能力进行组合；指导客户对债券投资采取套利方法，利用市场基差来消除风险。

投资银行应尽力提高从业人员的素质，保证咨询服务的高质量和高水平。如果投资银行向投资者提供债券投资咨询建议出现严重失误，那么就会给投资者带来很大的损失，从而影响投资银行的信誉，甚至危及投资银行的生存。

7.2.3　股票投资咨询业务

1）帮助投资者分析股票市场行情

投资银行通常设立专门部门对股票市场行情进行动态跟踪和分析，向投资者提出投资建议。投资银行主要帮助客户进行基本面分析和技术面分析。基本面分析主要包括对政治因素、经济因素、产业因素、区域因素和公司因素的分析，形成对公司股票投资价值的基本判断。技术面分析是指运用各种技术分析理论和手段对股市走势进行分析，并提出具体的操作意见。

由于客户的类型和实际情况千差万别，投资银行的分析要适合投资者的操作风格，做到有针对性。

2）帮助投资者树立正确的投资理念

投资银行应帮助投资者克服各种不良心态，如急于求成、贪得无厌、"羊群效应"等。具有这种心态的投资者通常容易被市场投资气氛感染，发出错误的操作指令，频繁的短线操作增大了造成损失的可能性。投资银行可以帮助投资者在充分分析基本因素和技术因素的基础上，获得经济发展和公司成长所带来的巨大利益，避免过于频繁的操作带来的巨额交易成本。

投资银行通过这种咨询服务可以带来良好的市场形象和其他无形资产，从而稳定和扩大客户群，有利于在一级市场的发展。

3）指导投资者形成正确的投资方法

投资银行在咨询服务中应根据自己的专业分析和判断，帮助客户形成正确的投资方法，使客户在风险一定的情况下尽可能获得更多的收益，主要投资方法有：

（1）顺势投资操作法

顺势投资操作法是投资银行建议证券投资者顺着股价的趋势进行股票买卖的操作策略。

股市的行情变化有一定的规律性，行情的上涨或下跌趋势一旦形成，就会强劲地持续一段时间。如果投资者逆这种趋势买卖股票，必然会导致损失。因此，顺应股市变化的趋势进行操作是一种明智的选择。当股市呈挺升趋势时，进行买入操作；当股市呈下跌趋势时，则卖出股票，静观行情发展，伺机而动。

采用这种方法必须确定的前提是，尽可能早地发现趋势的变动迹象，而不是在一种趋势已快到尽头时再操作，否则，不仅难以获利，还可能蒙受巨大的损失。因此，顺势操作方法要注意两点：一是必须真正看清行情大趋势。无论股市处于上升趋势中还是下跌趋势中，价格都可能出现与大势相反的暂时性的反向表现，如果为其迷惑，看错了股市变动趋势，就变成了事实上的逆势操作。二是必须把握时机，即要注意观察趋势的反转，及时操作，如果市场趋势开始转向上升时应及时购入，市场趋势将要转向下落时及时抛出。

投资银行一般建议小额投资者采用顺势投资操作法，因为小额证券投资者本身谈不上操纵行情，可以跟随股市走势操作。

（2）拨档子操作法

拨档子操作法是投资银行建议投资者用来降低投资成本的操作策略，是指投资者在股价较高时，卖出所持股票，等价位下降以后，再予以补回的投资方法。投资者采取拨档子策略，旨在降低自身的投资成本，保持实力，并及时赚取买卖价差。做拨档的投资者虽然要实施卖出，但并非真正对股市前景持悲观态度，也不是为了获利了结，只是希望趁价位较高时，先行卖出，在价位较低时再买回，这样就可以先赚一笔差价，并降低所持股票的成本。

拨档子一般可以分为两种：一种为行情上涨一段后卖出，回降后补进的"挺升行进间拨档"；一种为行情跌落时，趁价位仍高时卖出，待跌落后再予买回的"滑降间拨档"。"挺升行进间拨档"多为主力大户在推动行情上涨之时，见价位已涨升不少，或遇到沉重的上升阻力干脆自行卖出，迫使股价短暂冷却，以化解涨升阻力，一旦股价小幅回落，再行大批补回，以使行情再度猛升。"滑降间拨档"是指投资者在高价套牢或做多头者自知实力弱于卖方，在股价下跌或尚未跌低以前，先行将所持股票卖出，待价位跌落后，再予以补回，从而降低投资成本，达到转败为胜的目的。

通常拨档时在卖出与买回之间所花的时间不会太长，短的可能只有两三天，长时也不过一两个月。拨档可以反复操作，如果成功，则投资增值会相当明显。

投资银行一般建议大户采用拨档子操作方法，不建议一般投资者采用该方法。因为一般投资者在行情再度急剧回升时，如果没有及时补进，就达不到高卖低买的目的。

（3）保本投资操作法

保本投资操作法是避免投资者血本耗尽的一种投资方法。一般是在经济不景气、股价趋势难以确认时，投资银行帮助投资者利用此法，避免投资者的本金遭受损失。

这里所指的"本"，并不是投资者用于购买股票的总金额，而是指投资者认为在最坏的情况下，不愿意被损失的那部分金额，即处于停止损失点的基本金额。由于不同的投资者对风险的承受力不同，所以，有的投资者其投资资金中"本"的比重会大些，而有的投资者的"本"所占的比重会小些。

采用此法最重要的不在于买进的时机选择，而在于卖出的时机选择，因此，获利卖出点和停止损失点的制定是采用保本投资操作法的关键。

　　获利卖出点是投资者获得一定数额投资收益时，毅然将所持的一部分股票卖出的那个时点。这时卖出的不是所有的股票，而是卖出所要保"本"的那部分。

　　例如，某投资者以每股50元的价格买进100股某种股票，投资总额为5 000元（50×100），如果该投资者心目中的"本"为总投资的50%，那么，该投资者要保本的金额为2 500元（50%×5 000），即在行情上升时，当价格上升到使其所持有的股票的总值达到投资总额加上其所要保的"本"时，即达到获利卖出点，获利卖出点为7 500元（5 000+2 500），75元/股（7 500÷100），也就是说，当股价上涨到每股75元时就达到了获利卖出点。这时，投资者可卖出2 500元保"本"，即可卖出原持有股的1/3。保本之后的持股数量为66.67股（100-100÷3），股价总值为5 000元（7 500-2 500）。保本后，持股数量虽然减少了，但其持股价值与其最初投资总金额一样。实际上，投资者所收回的"本"2 500元，可看作投资利润。

　　投资者第一次保本之后，所持有股票的市价总值，由于与最初的投资金额相同，这时投资者可以再定其所要保的第二次"本"，其比例可按第一次保本的比例来确定，也可另定不同的比例。一般说来，第二次保本比例可定低一些，等到价格上升到获利卖出点时，再卖出一部分，行情如果持续上涨，可继续卖出获利，以此类推，可作多次获利卖出。

　　此外，投资银行还要建议投资者制定停止损失点防范过分亏损。停止损失点是指行情下跌到只剩下股票投资人心目中的"本"时，即予卖出以保住其最起码的"本"的那一点。假定某一投资者制定的"本"是其投资金额的80%，那么当股价下跌20%时，就是投资者采取"停止损失"措施的时候了。在前例中，假设股价不是上升而是下降了，当股价下降到25元（（5 000-2 500）÷100）时，就是停止损失点。这时将所持股票全部卖出，正好保住要保的"本"，即2 500元（100×25）。

　　投资银行在股市行情走势怪异的情况下会建议投资者采用保本投资操作法，因为此时没有办法准确预测行情的涨落及转折。

　　（4）以静制动操作法

　　以静制动操作法是指在股市处于换手和轮作阶段，行情走势出现东升西跳、此起彼落时，投资银行一般会建议投资者不被某些强势上涨的股票吸引，而是选择涨幅较小，或者未调整价位的股票买进持有，并静待时机脱手变现的方法。

　　证券投资者一般愿意追涨，或跟主力进出。但在股市处于轮作阶段时往往吃亏，因为追涨的做法可能买到上涨的股票，而这些股票可能就要停止上涨或要回落了，而没有持有的股票却又开始回升，使投资者既蒙受损失，又失去较好的投资时机。采取以静制动操作，买进涨幅较小或者尚未调整价位的股票则具有获取较大收益的潜在可能性。因为在股市轮作阶段，尚未调整价位的股票一般是平时交易较少，大户尚未注意到的股票，或是价位长期偏低，尚未被人们普遍认识其增长潜力的股票，一旦股市主力发现其股价偏低并予大量购进，其股价将会出现一个强劲的涨升。

　　投资银行一般建议投资者在股市的换手和轮作阶段采取以静制动的投资策略，要善于发现股价平静且有发展潜力的股票，并具有良好的心理素质。

（5）摊平操作法

摊平操作法是指投资银行建议投资者上档加码和下档摊平的投资操作方法。所谓上档加码就是买进股票后，股价上升了，再加码买进一定数量的股票，以使持股数量增加，扩大获利比率。所谓下档摊平，即在股价下跌过程中，分批买进，股价愈低，买进数量愈多，达到降低投资成本的目的。摊平操作法的示例见表7-1。

表7-1　　　　　　　　　　　　摊平操作法示例1

股价（元）	买入股数	金额（元）
10	1 000	10 000
9	2 000	18 000
8	3 000	24 000
7	4 000	28 000
6	5 000	30 000
5	6 000	30 000
4	7 000	28 000
合计	28 000	168 000

如果股价跌至4元之后再开始回升，也可计算利润情况，见表7-2。

表7-2　　　　　　　　　　　　摊平操作法示例2

股价（元）	股数	市值（元）	成本（元）	利润/亏损（元）
5	28 000	140 000	168 000	−28 000
6	28 000	168 000	168 000	0
7	28 000	196 000	168 000	28 000
8	28 000	224 000	168 000	56 000
9	28 000	252 000	168 000	84 000
10	28 000	280 000	168 000	112 000

下档摊平的操作方式分为3种：

①逐次平均买进摊平法，即将资金分为3部分，每一次都以1/3的资金买进，而不论股价行情的变化。这样做的目的是降低风险。

②加倍买进摊平法，一般有二段式和三段式两种。二段式是将总投资资金分成3份，第一次买进1/3；如行情再下跌，则利用另外的2/3买进。三段式是将总资金分成7份，第一次买进1/7；如行情下跌，则第二次买进2/7；如行情再下跌，则第三次买进4/7。

③加倍卖出摊平法。它是将资金分成3份，第一次买进1/3的资金；如发现股市逆

转，行情已下跌，则第二次卖出2/3的资金，即多卖出一倍的股票，这样可尽快摊平，增加获利机会。

采用摊平操作法，投资银行一般要求投资者灵活运用，既重视过去的操作经验，又不死板、教条，才能获得较满意的投资收益。

》【学思践悟】

证监会撤销两家机构证券投资咨询服务业务许可案例的启示

没有规矩，不成方圆。要建设高度文明、高度民主的社会主义国家，实现中华民族的伟大复兴，就必须在全社会形成"以遵纪守法为荣、以违法乱纪为耻"的社会主义道德观念，让遵纪守法成为我们的荣誉。

证监会官网2022年3月25日发布消息表示，证监会依法撤销上海证华证券投资咨询顾问有限公司（原名上海新兰德证券投资咨询顾问有限公司，下称"上海证华"）和上海森洋投资咨询有限公司（下称"上海森洋"）的证券投资咨询服务业务许可。

证监会按照"零容忍"工作方针，持续加强对证券投资咨询机构的监管执法，切实维护资本市场平稳健康发展。取消两家机构业务许可，是监管部门从严打击咨询领域违法行为，进一步提高违法成本的重要举措。

证监会指出，两家机构的违法事实包括：提供、传播虚假或者误导投资者的信息；向投资人承诺收益等。上述两家机构的违法行为严重扰乱市场秩序，社会影响特别恶劣，相关人员已构成诈骗罪，依法承担刑事责任。根据当事人违法行为的事实、性质、情节与社会危害程度，证监会决定撤销上述两家机构证券服务业务许可。此外，证监会还对上海证华处以30万元罚款。

证监会将坚决贯彻落实中办、国办印发的《关于依法从严打击证券违法活动的意见》，坚持"零容忍"工作方针，立足防范化解金融风险和保护投资者合法权益，严厉打击证券投资咨询机构各类违法违规行为，维护市场公开公平公正的秩序，着力构建行政、刑事、民事的全方位立体式追责体系，塑造良好市场生态。

服务是咨询机构争揽客户的前沿阵地，更是体现社会主义核心价值观的平台，谁的服务好，谁的服务质量高，谁就可以在竞争中争取主动，就可以在竞争中站稳脚跟。咨询机构应当遵守法律法规的规定，遵循客观、公正和诚实信用的原则，恪尽职守，勤勉尽责，切实保护投资者合法权益。同样，作为一名大学生，我们在日常生活中也应认真践行社会主义核心价值观，自觉遵守法律法规，做到诚实守信，自觉承担对自己、对他人、对社会的道德责任，担负起时代赋予的崇高使命。

资料来源：石秀珍. 证监会撤销上海证华、上海森洋两家机构证券投资咨询服务业务许可［EB/OL］.［2022-03-26］. https：//finance.sina.com.cn/roll/2022-03-26/doc-imcwipii0650323.shtml.有删改。

本章要点

本章主要介绍了投资银行财务顾问与投资咨询业务的基本内容，财务顾问与投资咨询业务的运作原理，财务顾问和投资咨询业务的运作程序，重点是财务顾问与投资咨询业务的运作原理，难点是投资咨询业务的运作程序。

问题讨论

1.讨论我国投资银行开展财务顾问业务的必要性。
2.分析投资银行投资咨询业务和其他业务的关系。

推荐阅读

1.《证券投资顾问业务暂行规定》，中国证券监督管理委员会，2020年3月20日。
2.《发布证券研究报告暂行规定》，中国证券监督管理委员会，2020年3月20日。
3.《证券投资咨询机构执业规范（试行）》，中国证券业协会，2019年6月3日。
4.《发布证券研究报告执业规范》，中国证券业协会，2020年5月21日。

思考与练习

1.单项选择题

（1）（　　　）是指投资银行直接向重要客户派遣自己的股东担任非股东董事，非股东董事充当财务顾问，为企业出谋划策。

A.直接式　　　　　　B.间接式　　　　　　C.公开式　　　　　　D.不公开式

（2）（　　　）财务顾问业务是专业管理人接受资产所有人委托，代为经营和管理资产，实现委托资产收益优化的行为。

A.企业　　　　　　B.委托　　　　　　C.政府　　　　　　D.其他

2.多项选择题

（1）财务顾问业务的收费方式有（　　　）。

A.独立收费方式　　　　　　　　B.非独立收费方式

C.直接收费　　　　　　　　　　D.不收费

（2）投资银行的企业财务顾问业务有（　　　）及发展战略顾问等。

A.证券发行、交易财务顾问　　　　B.并购财务顾问

C.资产重组财务顾问　　　　　　　D.国有企业民营化财务顾问

（3）证券投资咨询的业务形式主要有（　　　）。

A.证券投资顾问业务　　　　　　　B.介绍经纪人业务

C.发布证券研究报告　　　　　　　D.资产管理业务

3.简答题

（1）投资银行开展财务顾问业务的动因源于哪些方面？
（2）投资银行开展财务顾问业务有何意义？
（3）投资银行的企业财务顾问业务包括哪些内容？

（4）简述投资银行的政府财务顾问业务。

（5）简述投资银行的投资顾问业务和发布研究报告的区别和联系。

（6）简述投资银行的投资咨询业务的两种形式。

案例分析

南京证券发挥专业优势 全力服务实体经济发展

2022年以来，南京证券充分发挥专业优势，主动做好政府财务顾问、企业融资助手，前三季度帮助徐州市企业融资合计超100亿元，在南京金融业助推引领性国家创新型城市建设劳动竞赛中获得多项表彰。

一是助力国有平台公司等实现债权融资。帮助河西集团、滨江投资、栖霞科技等一批企业发行公司债、美元债、短期融资券、中期票据等满足企业发展资金需求。二是服务"专精特新"等企业实现股权融资。独立保荐南京麦澜德医疗科创板IPO，联席主承销南京腾亚精工创业板IPO，服务南京地区鸿基节能、恒道医药、智慧交通等企业挂牌新三板或定向增发。三是直接投资新兴产业企业助力发展。通过子公司巨石创投公司向徐州市医疗健康、新材料、先进制造、新一代信息技术等新兴产业企业进行直接投资，助力企业技术创新和产业链自主可控发展。四是积极参与资本市场培育工作。协助市发改委、地方金融监管局举办"南京市资本市场助力军工企业发展活动"，积极参加建邺区、江宁区、六合区等地组织的资本市场培训活动，提升当地企业利用资本市场的意识和能力。

南京证券坚持服务实体经济的宗旨，积极发挥在固定收益业务方面的专业优势，在债券发行及销售时间窗口选择、市场走势研判、发行信息沟通等方面，助力有关地方政府部门做好地方政府债券发行工作，积极为地方经济发展引入"金融活水"。南京证券已成功加入22家省市地方债承销团，并积极参与地方债投标，在中标量方面位于市场前列。

资料来源：佚名. 南京证券发挥专业优势 全力服务实体经济发展［EB/OL］.［2022-10-31］. http://gzw.xz.gov.cn/xwzx/001005/20221031/fdb16fc7-6f88-4565-8610-e2a1a8e3b4c7.html.有删改。

问题：

（1）基层政府为什么要请投资银行做财务顾问，而不自给自足，比如说通过政府的政策研究室以及国资经营管理公司等力量？

（2）开展政府财务顾问业务对证券公司的影响是什么？

分析提示：

（1）第一，除了投资银行具有很好的渠道优势之外，对于地方政府而言，由于各类资产的资质参差不齐，如何评估、如何分类、如何包装，采用什么样的方式和途径，这些按地方政府人员的政策、经济理论知识以及信息面来看，都是欠缺的。很多地方官员都是从事政策性工作，不熟悉此类业务。第二，以前各地的企业分布零散，竞争很不规范，又没有规模优势，如果能有效整合重组显现"规模效应"，进则可以方便引入国际资本和先进的管理经验，或者上市融资，退则可以卖个好价钱。但按以前的经验来看，政府自己操刀很容易造成"拉郎配"，投资银行介入可以更好地协调当中的利益。第三，从区域发展战略规划来看，各地的投资项目一哄而上、重复建设的现象相当普遍。而对于从高点起步，体现区域经济的差异优势，投行机构在此更具备经验和优势。

（2）第一，财务顾问业务是我国投资银行的一项创新业务，可以扩大投行利润来源。从美林、摩根士丹利、高盛等巨头近年来的收入结构看，包括战略咨询、并购重组、房地产开发咨询等在内的财务顾问咨询服务收入占了投资银行业务总收入的半壁江山，与证券发行收入相当，而以投资银行见长的高盛的咨询收入则超过了证券发行的收入。第二，建立投资银行与政府的长期友好的合作关系，为投资银行其他业务的开展铺路搭桥。在几乎所有的政府财务顾问协议中，都会有这样一个条款："对于当地的企业上市、重组并购以及其他财务顾问项目，当地政府将优先推荐财务顾问单位为中介机构。"第三，提高投资银行的信誉度和知名度。投资银行通过为政府提供一整套的专业化服务，获得政府的认可，进而树立客观公正、敬业诚信的机构职业形象，形成自己独特的品牌形象。

实践训练

本章主要讲授了财务顾问与投资咨询业务的基本内容、运作原理、运作程序。为了让学生加深对该部分内容的了解，本章实践训练主要包括以下内容：

1.实训项目：了解国内外投资银行财务顾问业务的开展情况。

实训目的：认识国内投资银行财务顾问业务的开展现状。

实训步骤：

（1）查找国内外大型投资银行开展财务顾问业务的资料。

（2）分析各家投资银行提供了哪些财务顾问服务。

（3）比较分析我国投资银行与国际著名投资银行开展财务顾问业务的差距。

（4）提出我国投资银行开展财务顾问业务的建议。

2.实训项目：了解国内外投资银行投资咨询业务的开展情况。

实训目的：认识国内投资银行投资咨询业务与国外投资银行的差距。

实训步骤：

（1）到附近的投资银行网点，了解我国投资银行开展投资咨询业务的现状。

（2）查找国外著名投资银行投资咨询业务的资料。

（3）比较分析我国投资银行与著名投资银行开展投资咨询业务的差距。

（4）提出我国开展投资咨询业务的建议。

3.实训项目：撰写投资咨询报告。

实训目的：掌握投资咨询报告的撰写技巧。

实训步骤：

（1）打开交易软件，选择一只自己熟悉的股票。

（2）查找该股票的各项基本资料，运用基本分析法对该股票价值进行分析。

（3）运用 K 线分析、形态分析等技术分析法分析该股票买卖时机。

（4）综合前述分析内容，撰写该股票的投资报告。

4.实训项目：分析证券投资咨询案例。

实训目的：加深对非法证券投资咨询的理解。

实训资料：

李某在浏览网页时，看到一个财经类博客，该博客发布了"重大借壳机会，潜在暴力黑马"等40多篇股评、荐股文章。在对这些文章的评论中，一些匿名人士回复说："绝对高手""好厉害，我佩服死了""继续跟你做"等。李某通过博客中提供的QQ号码与博主取得了联系，缴纳3 600元咨询年费后成为会员，但换来的却是几只连续下跌的股票，李某追悔莫及。

问题：

（1）该案例中的李某遇到了什么问题？

（2）提出防范的对策。

第8章
资产证券化业务

学习目标

知识目标：通过本章的学习，学生应该了解资产证券化的基本含义、特征与类型，熟悉资产证券化的相关主体，掌握资产证券化的运作流程，熟悉资产证券化在我国的发展实践。

技能目标：通过本章的学习，学生应该具备开展资产证券化业务操作的基本技能，能够合理设计资产证券化的产品，能够胜任投资银行相关岗位的工作。

知识结构图

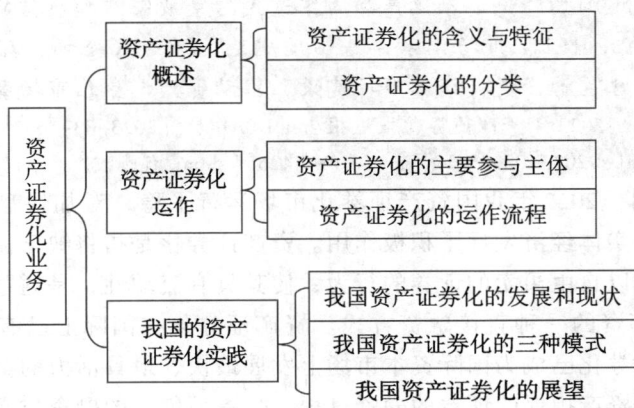

导入案例

我国资产证券化发展现状

中央结算公司中债研发中心 2023 年 1 月 20 日发布的《2022 年资产证券化发展报告》显示：2022 年，我国共发行资产证券化产品 19 772.7 亿元，同比下降 36%；年末市场存量为 52 378.99 亿元，同比下降 12%

目前，国内资产证券化业务主要分为四种模式：证券公司及基金管理公司子公司资产支持专项计划，即企业资产证券化业务（简称"企业 ABS"）；信贷资产证券化业务（简称"信贷 ABS"）；保险资产证券化业务；银行间市场交易商协会监管的资产支持票据业务（简称"ABN"）。

其中，企业 ABS 发行 11 519.13 亿元，同比下降 27%，占发行总量的 58%；年末存量为 20 325.97 亿元，同比下降 16%，占市场存量的 39%。信贷 ABS 全年发行 3 567.34 亿元，同比下降 60%，占发行总量的 18%；年末存量为 24 272.66 亿元，同比下降 7%，占市场存量的 46%。ABN 发行 4 686.23 亿元，同比下降 28%，占发行总量的 24%；年末存量为 7 780.36 亿元，同比下降 15%，占市场存量的 15%。

报告显示，市场运行平稳，发行利率震荡下行，流动性同比下降。租赁资产支持证券发行规模领跑，绿色资产支持证券稳步发展，基础资产类型不断丰富。政策推动租赁住房投资信托基金（REITs）市场快速发展，对加快盘活存量资产、支持绿色发展、服务实体经济发挥了积极作用。

报告指出，建议加强资产证券化产品的穿透式信息披露，加快信贷资产支持证券市场发展，建立多层次 REITs 市场体系，从制度规范、穿透式登记、环境效益披露、标准认定等角度推进绿色资产支持证券市场建设，推动资产证券化市场高质量发展。

资料来源：刘爽. 2022 年资产证券化发展报告 [EB/OL]. [2023-03-16]. https://finance.sina.com.cn/money/bond/market/2023-03-17/doc-imymcvnx7442654.shtml. 有删改。

这一案例表明，2022 年我国资产证券化市场运行平稳，对加快盘活存量资产、支持绿色发展、服务实体经济发挥了积极作用。资产证券化是指将缺乏流动性的资产转换为在金融市场上可以自由买卖的证券的行为，使其具有流动性，是通过在资本市场和货币市场发行证券筹资的一种直接融资方式。资产证券化在国际上已有几十年的发展历史。目前，资产证券化已成为国际资本市场上发展最快、最具活力的金融创新之一。资产证券化是创立由资产担保的证券的融资过程，是一项创新的融资技术。投资银行在资产证券化中扮演着多重角色，体现了其发现价值、创造价值的能力。

8.1 资产证券化概述

8.1.1 资产证券化的含义与特征

随着金融创新的发展，金融产品的外延不断扩展。在金融工程的支持和推动下，新的金融工具层出不穷，资产证券化就是金融创新的结果。从本质上讲，资产证券化是一种金融工具。

1) 资产证券化的含义

资产证券化是投资者与借款者通过金融市场得以部分或全部匹配的一个过程或工具。这一含义包括两个层次的概念：其一是融资证券化。这是指资金需求者在货币市场和资本市场上通过发行证券直接从资金供给者那里获得资金的融资方式，如发行股票、债券、商业票据等。这种证券化被称为"一级证券化"或"初级证券化"，也被称为企业证券化。其二是资产支持证券化。这是指以一定的存量资产为支持，通过一定的结构安排，对缺乏流动性但能够产生可预见的未来现金流的资产的风险与收益要素进行分离和重组，通过发行证券的方式把这些资产转换成在金融市场上流通的证券的过程。这种存量资产证券化被称为二级证券化。本章所讲的资产证券化就属于二级证券化。

尽管融资证券化（企业证券化）和资产证券化都表现为直接融资，但从投资者的角度来看，它们是完全不同的。企业证券化是根据发行证券企业的价值判断证券的价值；资产证券化是根据证券化基础资产的价值来判断证券的价值，并不评估资产所有人的价值。

资产证券化并不适用于所有的资产。具体而言，可证券化资产的特点是：能在未来产生可预测的、稳定的现金流；有持续一定时期的低违约率、低损失率的历史记录；金融资产的债务人有广泛的地域和人口分布；本息的偿付分摊于整个资产的持续期间；原所有者已持有该资产一段时间，有良好的信用记录；金融资产抵押物有较高的变现价值或它对于债务人的效用较高；金融资产具有标准化、高质量的合同条款。

一般而言，我们可以把资产证券化的定义表述为：资产证券化是指将缺乏流动性但可以产生稳定的、可预见的未来现金流的资产，按照某种共同特征分类，形成资产组合，并以这些资产组合为担保发行可在二级市场上交易的固定收益证券，据以融通资金的技术和过程。

2) 资产证券化的特征

资产证券化是一种有效融合了间接融资方式和直接融资方式的创新金融工具，它有着区别于传统融资方式的特征。

（1）资产证券化是一种结构融资方式

资产证券化融资的核心是构建严谨、有效的交易结构。这种交易结构把资产的偿付能力与原始权益人的资信能力分割开来，以保证即使原始权益人破产也与资产证券化无关。同时，这一结构能使发起人利用金融担保公司的信用级别来提升资产支持证券的发行条件并充分享受政府的税收优惠。

（2）资产证券化是一种表外融资方式

利用资产证券化技术进行融资不会增加发行人的负债，是一种不显示在资产负债表上的融资方式。通过资产证券化，将资产负债表中的资产剥离改组后，构造成为市场化的投资工具，发行人资产负债表的资产和负债同时发生变化，即资产存量减少。由于资产证券化是在资本没有发生变化的情况下进行的，所以它可以提高发行人的资本充足率，降低发行人的资产负债率。同时，由于发行人获得了一笔资产销售收入，因而发行人有能力扩大资产规模，能够以原有的名义资本运作更大规模的资产，获得更大的收益。

（3）资产证券化是一种无追索的融资方式

资产证券化是融资者将其资产出售给中介机构，由中介机构进行包装、重组，以发行证券的方式进一步出售给投资者的过程。在这个过程中，当融资者售出其资产之后就与资产没有任何联系，所有的与售出资产相关的权利与义务都转移到中介机构，这就是资产证券化中"资产真实出售"的原则。显然，如果支持证券化的资产是真实出售的，那么融资者今后的经营业绩将不再影响售出的资产，即使融资者破产也一样。

（4）资产证券化是一种收入导向型融资方式

传统的融资方式是依赖资金需求者本身的资信能力来融资的。投资者在决定是否进行投资或提供贷款时，主要判断依据是资金需求方的资产、负债、利润和现金流状况，而较少关注公司某些特定资产的质量。而资产证券化融资主要依赖于支持证券化资产的质量和现金流状况，投资者可以完全撇开发行公司的经营业绩来决定是否进行投资。在具体操作中，它将一些项目的资产作为支持，以资产的未来收入能力作为保证，发行证券。

（5）资产证券化是一种低成本的融资方式

资产证券化利用成熟的交易结构和信用增级手段改善了证券的发行条件，可以使发行利率降低；同时，它不需要其他权益的支持，财务费用较低。因此，虽然其支出费用种类较多，但由于其融资交易额较大，所以费用比率相对较低。

✓ 小思考 8-1

资产证券化有哪些作用？

提示：（1）信用等级较低的金融机构发行存款和债务凭证的成本高昂，如果能够通过证券化将一部分资产出售，可降低融资成本。

（2）证券化能够使金融机构减少甚至消除其信用的过分集中现象，同时继续发展特殊种类的组合证券。

（3）证券化使得金融机构能够更充分地利用现有的能力，实现规模经济。

（4）证券化能够将非流动资产转换成可流通证券，使其资产负债表更具有流动性，能够改善其资金来源。

（5）证券出售后，被证券化的资产就从原始权益人的资产负债表中消失，可以提高资本比率。

（6）资产证券化还具有明确的金融创新意义。资产证券化具有转移信用风险、提高流动性和信用创造等创新意义。

8.1.2　资产证券化的分类

资产证券化作为一种新型的融资工具，经过几十年的发展，产生了很多种类。按照不同的标准，资产证券化可以划分为不同的类型。

1）住房抵押贷款证券化与资产担保证券化

根据基础资产的不同，资产证券化可分为住房抵押贷款证券化（MBS）和资产担保证券化（ABS）。

（1）住房抵押贷款证券化

住房抵押贷款证券化是最早的资产证券化品种。其基本结构是把贷出的住房抵押贷款中符合一定条件的贷款集中起来，形成一个抵押贷款的集合体，将贷款集合体定期发生的本金及利息的现金流入发行证券，并由政府机构或有政府背景的金融机构对该证券进行担保。

住房抵押贷款证券化可以把银行等金融机构持有的流动性较低的长期住房抵押贷款转化为流动性较高的证券，极大地改善了这些机构的资产流动性。而且，如果选择的是表外融资形式，就不会增加这些机构的负债率，还可以释放资本金。此外，由于住房抵押贷款支撑的证券化的基础资产是违约率较低的抵押贷款，因此现金流量比较稳定且易于预测。

实施住房抵押贷款证券化必须具备一定的市场条件：首先，要有相当规模的住房抵押贷款市场，大量的购房者以所购住房作为抵押向贷款机构申请贷款，使贷款余额迅速增加，这是初级抵押贷款市场存在的基础。由于抵押贷款年限较长，贷款人总是希望将这些缺乏流动性的资产在二级市场顺利出售，这需要有良好的信誉，这种信誉有相当一部分来自政府的担保。其次，要有多品种的抵押贷款，如不同期限、不同偿还方式、不同利率、不同担保机构的抵押贷款。

（2）资产担保证券化

资产担保证券化是指除住房抵押贷款证券化以外的证券化的统称。它实际上是MBS 技术在其他资产上的推广和应用。与住房抵押贷款证券化不同，资产担保证券化的资产没有从政府那里得到担保，而是通过统计手法测算出风险后，再由信用级别高的银行提供部分担保，或进行优先/滞后部分安排，对滞后部分的风险进行控制，优先部分取得高信用评级后卖给一般投资者。从广义上来讲，住房抵押贷款证券化属于资产担保证券化的一种，但是由于住房抵押贷款证券化出现最早，规模最大，因此将其单独予以说明，但从本质上来看，二者没有重大区别。

目前比较成熟的资产担保证券化主要有：汽车贷款证券化、信用卡证券化、贸易应收账款证券化。此外，它还包括：基础设施收费证券化、设备租赁费证券化、学生贷款证券化、门票收入证券化、俱乐部会费收入证券化；各种有固定收入的贷款，如航空机票收入、收费公路或桥梁和其他公用设施收入等的证券化；各种商业贷款，如商业房地产贷款、各类工商企业贷款、汽车贷款等的证券化。随着资产证券化技术的不断发展，证券化的范围也在不断扩大。

2）过手型证券化与转付型证券化

根据对现金流的处理方式和证券偿付结构的不同，资产证券化可以划分为过手型证券化和转付型证券化。

（1）过手型证券化

过手型证券化是以组合资产池为支撑发行的权益类证券，它代表了具有相似的到期日、相似的利率和特点的组合资产的直接所有权。基础资产池中的典型资产是住宅抵押贷款和消费者的应收款（如汽车贷款和信用卡应收款），这些资产从贷款发起人的资产负债表中剥离，出售给一个信托机构。随着贷款的出售，发起人把资产的各项权利，如资产所有权、利息以及收取所有到期款的权利，都转让给信托机构，然后该信托机构向投资者发行所有权凭证，即过手证券。证券持有者将按比例获得资产池所产生的所有现金流减去相关费用支出（如服务费、担保费和过手费等）后的余额。这些现金流包括由借款人按计划支付的月利息、按计划摊还的本金和提前偿还的本金，投资者要承担相关的风险。过手证券基本上不对资产所产生的现金流进行特别处理，而是在扣除了有关"过手"费用后，将剩余的现金流直接"过手"给投资者，因此，过手证券所获得的现金流完全取决于基础资产所产生的现金流状况。

（2）转付型证券化

转付证券是根据投资者的偏好，对证券化资产产生的现金流进行重新安排而发行的证券。它与过手证券的最大区别在于：前者根据投资者对风险、收益和期限等的不同偏好对基础资产组合产生的现金流进行重新安排和分配，使本金与利息的偿付机制发生了变化；而后者则没有进行这种处理。

目前，广泛使用的转付型证券化产品有担保抵押债券（CMO）、仅付本金债券（PO）、仅付利息债券（IO）等。它们的重要特征就是采用了分档技术，所谓分档是指根据投资者对期限、风险和收益的不同偏好，将债券设计成不同的档次，每档债券的特征各不相同，从而满足不同投资者的偏好。转付债券也被用于非抵押资产证券化，如汽车贷款证券化、信用卡贷款证券化、无担保的消费者信贷证券化等。在私募中，转付债券也被用于寿险投保人贷款的证券化。

3）单一借款人型证券化与多借款人型证券化

根据基础资产卖方数量的多寡，资产证券化可以分为单一借款人型证券化与多借款人型证券化。值得注意的是，这里的借款人是指基础资产的卖方，即证券化的融资方，也就是原始权益人，而不是指抵押贷款借款人（即原始债务人）。单一借款人和多借款人的指称是一种习惯用法，更确切的说法应该是单一卖方和多卖方。

4）单宗销售证券化与多宗销售证券化

根据基础资产销售结构的不同，资产证券化可以分为单宗销售证券化和多宗销售证券化两种类型。

在单宗销售证券化交易中，卖方一次性将基础资产出售给买方；而在多宗销售证券化交易中，随着原始债务人对债务本息的不断偿付，基础资产池的未清偿余额不断下降，资产规模不断缩小。这种情况下，买方可通过备用协议、可再投资的信托结构、主信托结构等向卖方进行基础资产的循环购买，以不断填充资产池，使资产池的未清偿余额保持在一个合理的水平上。

5）单层销售证券化与双层销售证券化

根据发起人与特别目的机构（SPV）的关系以及由此引起的资产销售的次数，资产证券化结构可以划分为单层销售证券化与双层销售证券化。

单层销售结构由基础资产的卖方向与其有合并会计报表关系的子公司SPV转移资产，而不论这种资产转移是一次完成还是循环进行的。由于这种资产销售结构是在母、子公司的层面上进行的，因此被称为单层销售结构。按照严格的会计标准需要将被转移资产从母公司的资产负债表中剔除，这就要求将已销售给子公司SPV的资产再次转移给与母公司无合并关系的第三方SPV，这种由子公司SPV向无关的、独立第三方SPV销售的结构被称作双层销售结构。

6）发起型证券化与载体型证券化

在一项具体的资产证券化交易中，贷款发起人与交易发起人的角色可能重合也可能分离。当贷款发起人也是证券化交易的发起人时（即由原始权益人自己来构造交易结构、设立 SPV 并发行证券，完整地参与整个证券化过程），这种证券化交易结构就被称为发起型证券化。

如果贷款发起人只发起贷款，然后将这些资产销售给专门从事证券化交易的证券化载体，由后者架构证券化交易并发行证券，这种证券化交易结构就是载体型证券化。

7）基础证券化与衍生证券化

按照证券产生过程和层次的不同，资产证券化还可以划分为基础证券化与衍生证券化。以抵押贷款或应收款等基础资产为支撑发行的证券统称为基础证券化，衍生证券化则是指以这些基础证券组合为支撑所发行的证券。

衍生证券化反映了证券化交易的未来发展趋势，即根据不同投资者的需求，不断进行产品创新，设计出满足特定投资者的个性化产品。投资银行为了吸引那些对由发起人创立的 SPV 所发行的证券不感兴趣的投资者，创造出独立的 SPV，它的吸引力是成分相对单一的基础资产担保证券无法比拟的。

8.2　资产证券化运作

8.2.1　资产证券化的主要参与主体

在资产证券化的过程中涉及多个主体，一般来说，一个完整的资产证券化过程主要包括：发起人、服务人、发行人、投资银行、信用提高机构、信用评级机构、托管管理人、投资者、律师事务所、会计师事务所、资产评估机构等。其中，最基本的当事人为：发起人、发行人、投资者。典型的资产证券化过程可以用图8-1来表示。

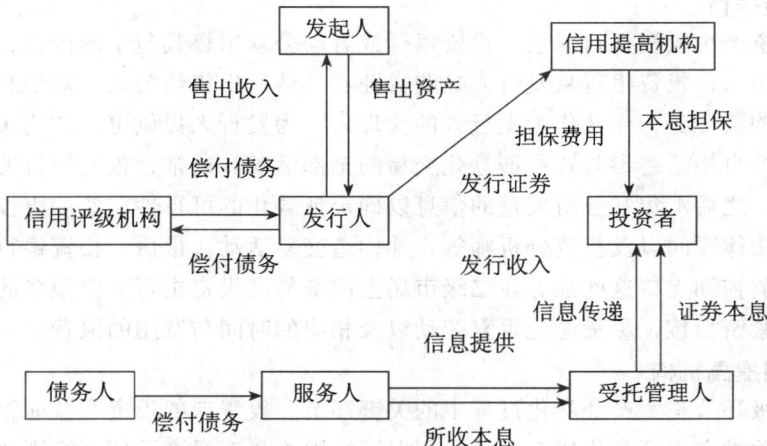

图8-1　典型的资产证券化操作流程

资产证券化是一个复杂的系统工程，它涉及很多方面的参与者。

1）发起人

发起人即原始权益人，它是把将要资产证券化的资产出售给中介机构而获得资金的一方。发起人的作用是确定证券化的资产，并真实地出售给中介机构。在实际操作过程中，凡是具有稳定的预期现金流收入的公司或组织均可作为资产证券化的发起人。

2）服务人

在资产证券化的有效期内，投资者要委托服务人来管理和维护证券化资产，向原始权益人收取到期的本金和利息，以及追收过期的应收账款，并转交给中介机构。服务人一般由资产支持证券的发起人或发起人的子公司担任。

3）发行人

发行人可以是中介机构。发行人从许多发起人处购买证券化资产，然后将这些资产组成一个资产池，再以这些资产池中的资产为支持发行证券。在资产证券化过程中，发行人有一个特殊的名称——特别目的机构（Special Purpose Vehicle，SPV）。SPV的原始概念来自中国墙（China Wall）的风险隔离设计，它的设计主要为了达到"破产隔离"的目的。

SPV的业务范围被严格限定，所以一般是不会破产的高信用等级实体。SPV在资产证券化过程中具有特殊的地位，是整个资产证券化业务的核心，各个参与者都将围绕它来展开工作。SPV是一个法律实体，组织形式有信托型、公司型和有限合伙型三种。

资产证券化运行机制中最核心的设计是其风险隔离机制，而风险隔离机制最具典型的设计是设立一个SPV。SPV是一个专门为实现资产证券化而设立的信用级别较高的机构，在资产证券化中扮演着重要角色。SPV的基本操作流程就是从资产原始权益人（即发起人）处购买证券化资产，以自身名义发行资产支持证券进行融资，再将所募集到的资金用于偿还购买发起人基础资产的价款。SPV不仅通过一系列专业手段降低了证券化的成本，解决了融资困难的问题，而且通过风险隔离降低了证券交易中的风险。

拓展阅读8-1

资产证券化
中的破产隔离

4）投资银行

证券化资产由投资银行承销。投资银行或者向公众出售其包销的证券，或者私募证券。作为包销人，投资银行从发行人处购买证券，然后出售给公众。对于私募证券，投资银行并不购买证券，而是作为发行人的代理人，为发行人提供更多的购买者。

投资银行自始至终参与资产证券化交易的全部活动。通常，投资银行要向发起人推销这个交易，之后汇集和分析大量的信息以确定证券化的可行性，然后再投入其他力量如会计师、法律顾问以及投资分析师等，并构造交易活动。最后，投资银行安排证券的初次发行，监控和支持这些证券在二级市场上的交易。投资银行需要很多的技巧使整个程序的管理紧密衔接，尽量避免重复劳动以及相应的时间与费用的浪费。

5）信用提高机构

信用增级环节是资产证券化过程中的关键环节。投资者的投资利益能否得到有效保护和实现，关键在于证券化所产生的信用保证。因为只有提高了信用级别才可以使资产支持证券在较低的利率水平下发行出去。一般而言，信用提高机构由发行人或第三方提供，资产支持证券的信用提高可以同时有许多种信用增级，国际上发行资产支持证券的信用级别一般都在 AAA 级。

6）信用评级机构

信用评级机构是一个独立单位，具体的评级程序和原则与对债券的评级相似。评级过程的主要依据为：第一，发行人违约的可能性；第二，发行人承担的法律条款和特性；第三，发生破产时，发行人承担责任的程度。

7）受托管理人

证券化过程中，受托管理人是服务人和投资者的中介，代表发行人的利益向发起人购买资产，同时向投资者发行证书。当债务人归还资产抵押的本金和利息时，服务人把收入存入发行人的账户，由受托管理人把收入转给投资者。受托管理人有责任对没有及时转给投资者的资金进行再投资。如果服务人取消或不能履行其职责，受托管理人应该并且能够取代服务人履行其职责。

8）投资者

投资者是指购买资产担保证券的机构和个人，如银行、保险公司、其他的投资基金公司以及零星的散户投资者。这些投资者具有丰富的经验，在研究了资产担保证券的风险特征后，从承销商手中购买资产证券，所支付的资金通过承销商等机构返还给原始权益人，并按约由受托管理人支付证券本金和利息。

8.2.2　资产证券化的运作流程

一般的资产证券化运作步骤主要包括：确定证券化资产、出售资产、购买资产、提高资产的信用与资产证券的评级等。

1）发起人确定将要证券化的资产

资产证券化的发起人（即资产的原始权益人）在分析自身融资需求的基础上，通过发起程序确定用来进行证券化的资产。尽管证券化是以资产所产生的现金流为基础的，但并不是所有能产生现金流的资产都可以证券化。一般来说，那些现金流不稳定、同质性低、信用较差且很难获得相关统计数据的资产一般不宜被直接证券化。

✓ 小思考 8-2 ···

一般来说，发起人会担任服务商，这种安排有何实践意义？

提示：发起人比较熟悉基础资产的情况，并与每个债务人都建立了联系。而且，发起人一般都有管理基础资产的专门技术和充足人力。当然，服务商也可以是独立于发起人的第三方，这时，发起人必须把与基础资产相关的全部文件移交给新服务商，以便新服务商掌握资产池的全部资料。

··

2）出售资产

发起人确定好自身将要证券化的资产之后，就要将此资产真实地出售给发行人。资产出售后，买方（发行人）拥有对标的资产的全部权利，而卖方（原始权益人）则相应地从买方得到资金，从而完成其融资需求。但在资产真实地卖给发行人后，通常由发起人（原始权益人）充当发行人的资产组合代理人，向债务人收回到期资产的本息，并交给发行人偿付资产证券的本息。

在资产出售时，最为关键的就是要保证证券化资产的真实出售。只有真实出售，才能达到"破产隔离"的目的。破产隔离使证券化的资产质量与发起人（原始权益人）自身的信用水平分离开来，投资者就不会再受到发起人（原始权益人）的信用风险影响。

3）购买资产，发行人完善交易结构

发行人应该是一个单一的目的实体，它不能开展除资产证券化外的业务，不能建立任何子公司。发行人要对它购买的资产进行分析、调查，进而组成一个结构合理的资产池，之后再基于这些资产发行债券。由于发行人购买的资产金额、期限、收益率各不相同，因此设计一个结构良好的资产池是一项很复杂的工作，但它也是极其重要的，直接影响到以此资产支持的证券的发行难易程度、价格及信用级别。

拓展阅读 8-2

服务大湾区优质企业 海通证券助力中广核租赁成功发行 ABS 产品

4）信用增级

为吸引投资者并降低融资成本，必须对资产证券化产品进行信用增级，以提高所发行证券的信用级别。信用增级可以使证券在信用质量、偿付的时间性与确定性等方面更好地满足投资者的需要，同时满足发行人在会计、监管和融资目标方面的需求。信用增级可以分为内部信用增级和外部信用增级两类，具体手段有很多种。内部信用增级的方式有划分优先/次级结构、建立利差账户、开立信用证、进行超额抵押等。外部信用增级主要通过金融担保来实现。

5）进行信用评级

在进行信用增级后，发行人要聘请评级机构对该资产支持的证券进行评级，而后将评级的结果向社会公告。信用评级机构通过审查各种合同和文件的合法性及有效性，给出评级结果。信用等级越高，表明证券的风险越低，从而降低发行证券筹集资金的成本。

6）发行证券并向发起人支付购买价格

信用评级之后，发起人要委托证券承销商销售该证券。当承销商售出该证券后将发行款项划归发行人，发行人再向承销商支付约定的发行费用，而后发行人再向发起人支付资产的购买价格，这样发起人就实现了融资目的。

7）对证券化资产进行管理

发起人指定一个资产管理公司或亲自对证券化资产进行管理，负责收取、记录由该资产产生的现金流，并将该现金流存入托管的账户。

8）还本付息

到了约定的期限，托管人将账户中的资金支付给投资者。如果该账户在付完本息后还有剩余，则按约定的方法在各个机构间进行分配。这样，资产证券化交易的全部过程也随即结束。

✓ 小思考 8-3 --

在资产证券化操作中破产隔离是核心。资产证券化的破产隔离有几个方面的含义？

提示：一是资产的出售必须是真实的；二是 SPV 本身是隔离的，即发起人破产时，发起人的债权人对已转移的基础资产没有追索权。

8.3　我国的资产证券化实践

8.3.1　我国资产证券化的发展和现状

1）第一阶段：资产证券化业务的试点阶段（2005—2008 年）

2005 年 3 月，中国人民银行、银监会等十部委组成信贷资产证券化试点工作协调小组，正式启动我国信贷资产证券化试点。2005 年 12 月，国家开发银行和中国建设银行分别发行了我国首批信贷资产支持证券和住房贷款支持证券，成为我国试点发行的首批信贷资产证券化产品。

2005 年 9 月，证监会推出中国联通 CDMA 网络租赁费收益计划，这是我国推出的首个企业资产证券化产品。2007 年 9 月，我国启动第二批信贷资产支持证券试点。2008年，我国出于宏观审慎和控制风险的考虑暂停了资产证券化试点。

2）第二阶段：资产证券化业务常态发展阶段（2011—2014 年）

2011 年 9 月，证监会重启对企业资产证券化的审批。2012 年 5 月，中国人民银行、中国银行业监督管理委员会、财政部发布《关于进一步扩大信贷资产证券化试点有关事项的通知》，标志着在经历了全球金融危机之后，我国资产证券化业务重新启动，进入第二轮试点阶段，试点额度为 500 亿元。

2012 年 8 月，中国银行间市场交易商协会发布《银行间债券市场非金融企业资产支持票据指引》，资产支持票据（ABN）正式诞生。至此，我国三种主要资产证券化产品类型（企业资产证券化、信贷资产证券化、资产支持票据）全部推出。

2013 年 3 月，证监会发布《证券公司资产证券化业务管理规定》，证券公司资产证券化业务由试点业务开始转为常规业务。2013 年 7 月，国务院办公厅发布《关于金融支持经济结构调整和转型升级的指导意见》，明确要逐步推进信贷资产证券化常规化发展，盘活资金支持小微企业发展和经济结构调整。2013 年 8 月，中国人民银行、银监会推动国家开发银行、中国工商银行等机构开启第三轮试点工作，试点额度达到 4 000 亿元，我国资产证券化市场正式进入常态化发展时期。

3）第三阶段：资产证券化业务快速发展阶段（2014 年至今）

2014 年年底，我国资产证券化业务监管发生了重要转折，完成了从过去的逐笔审批制向备案制的转变。通过完善制度、简化程序、加强信息披露和风险管理，促进市场良性快速发展。

信贷资产证券化方面实施备案制和注册制。2014 年 11 月 20 日，银监会发布《关于信贷资产证券化备案登记工作流程的通知》，宣布针对信贷资产证券化业务实施备案制；2015 年 1 月 4 日，银监会下发批文公布 27 家商业银行获得开展信贷资产证券化产品的业务资格，标志着信贷资产证券化业务备案制在实操层面落地；3 月 26 日，中国人民银行发布《关于信贷资产支持证券试行注册制的公告》，宣布已经取得监管部门相关业务资格、发行过信贷资产支持证券并且能够按照规定披露信息的受托机构和发起机构可以向央行申请注册，并在注册有效期内自主发行信贷 ABS。2022 年，信贷资产证券化登记平稳有序运行，各项机制建设全面扎实推进。银行业信贷资产登记流转中心 2022 年新增登记信贷资产证券化产品 166 只，规模为 3 845.5 亿元；从 2020 年年初至 2022 年年末，银行业金融机构累计新增登记信贷资产证券化产品 424 只，规模达 14 707.1 亿元（不含补登记产品），有效发挥了业务风险提示作用。

企业资产证券化方面实施备案制和负面清单管理。2014 年 12 月 24 日，中国证券投资基金协会发布《资产支持专项计划备案管理办法》，开始针对企业资产证券化实施备案制，同时配套《资产证券化业务风险控制指引》和《资产证券化业务基础资产负面清单指引》，大大拓宽了发行人及基础资产的可选范围，实现了企业资产证券化在 2015 年以来的高速发展。2022 年企业资产支持证券发行 11 519.13 亿元，同比下降 27%，占发行总量的 58%；年末存量为 20 325.97 亿元，同比下降 16%，占市场存量的 39%。

8.3.2　我国资产证券化的三种模式

我国资产证券化的三种模式为：信贷资产证券化、企业资产证券化、资产支持票据。

1）信贷资产证券化（信贷 ABS）

信贷资产证券化是指银行业金融机构作为发起机构，将信贷资产信托给受托机构，由受托机构以资产支持证券的形式向投资机构发行受益证券，以该财产所产生的现金支付资产支持证券收益的结构性融资活动。信贷资产证券化主要包括以下几个要素：

（1）基础资产：包括各类信贷资产。

（2）信用增级：分为内部增级（优先级、次级分层结构、超额利息收入、信用触发机制）、外部增级（保险、外部担保）以及风险自留。

（3）信贷资产出表：发起机构将信贷资产所有权上几乎所有（通常指 95% 或者以上的情形）的风险和报酬转移时，应当将信贷资产从发起机构的账上和资产负债表内转出；5% 的风险自留需计提 62.5% 的风险准备金。

（4）交易场所：在全国银行间债券市场上发行和交易。

2）企业资产证券化（企业 ABS）

企业资产证券化是指以特定基础资产或资产组合所产生的现金流为偿付支持，通过结构化方式进行信用增级，在此基础上发行资产支持证券的业务活动，证券公司通过设立特殊目的载体开展资产证券化业务。企业资产证券化主要包括以下几个要素：

（1）基础资产：包括企业应收款、信贷资产、信托受益权、基础设施收益权等财产权利和商业物业等不动产财产等。

（2）资产出表：以专项资产管理计划作为 SPV，可以出表也可以不出表，权益类不出表。

（3）信用增级：相对于信贷资产证券化，更需要外部信用增级。

（4）交易场所：包括交易所、证券业协会机构间报价与转让系统、柜台交易市场及证监会认可的其他交易场所。

3）资产支持票据（ABN）

资产支持票据是指非金融企业在银行间债券市场发行的、由基础资产所产生的现金流作为还款支持的、约定在一定期限内还本付息的债务融资工具。

国内三种资产证券化模式对比见表 8-1。

表 8-1　　　　　　　　　　　国内三种资产证券化模式对比

项目	信贷 ABS	企业 ABS	ABN
主管部门	央行、银保监会	证监会	交易商协会
发起人	银行业金融机构（商业银行、政策性银行、邮政储蓄银行、财务公司、信用社、汽车金融公司、金融资产管理公司等）	非金融企业（包含融资租赁资产类、公共事业收费权类等）	非金融企业
发行方式	公开发行或定向发行	公开发行或非公开发行	公开发行或非公开定向发行
投资者	银行、保险公司、证券投资基金、企业年金、全国社保基金等	合格投资者，且合计不超过 200 人	公开发行面向银行间市场所有投资人；定向发行面向特定机构投资者
基础资产	银行信贷资产（含不良信贷资产）	企业应收款、信贷资产、信托受益权、基础设施收益权等财产权利或商业物业等不动产财产或财产权利和财产的组合	符合法律法规的规定，权属明确，明确产生可预现现金流的财产、财产权利或财产和财产权利的组合。基础资产不得附带抵押、质押等担保负担或其他权利限制
SPV	特殊目的信托	证券公司专项资产管理计划	不强制要求
信用评级	需要双评级，并且鼓励探索采取多元化信用评级方式，支持对资产支持证券采用投资者付费模式进行信用评级	具有证券市场资信评级业务资格的资信评级机构，对专项计划受益凭证进行初始评级和跟踪评级	公开发行需要双评级，并且鼓励投资者付费等多元化的信用评级方式；定向发行则由发行人与定向投资人协商确定，并在《定向发行协议》中明确约定
交易场所	全国银行间债券市场	证券交易所、证券业协会机构间报价与转让系统、证券公司柜台市场	全国银行间债券市场
登记托管机构	中央国债登记结算有限责任公司	中国证券登记结算有限责任公司	上海清算所
审核方式	备案制+注册制	备案制	注册制

小实训 8-1

　　查找我国近年来资产证券化的案例，并对其进行简要分析。

8.3.3 我国资产证券化展望

　　我国资产证券化行业发展水平不断提高，经济效益逐步增加，在市场结构、金融体系和社会经济等方面都发挥了重要作用。首先，资产证券化行业在资产质量上不断提升，资产证券化实践更加科学合理，特别是该行业的监管机构加强了资产安全性监督检查的标准，从而确保投资者的利益。其次，各国家宏观政策对资产证券化产业的发展影响很大，政策的支持能提高整个行业的市场热度，促进资产证券化产业的发展。例如，房地产资产证券化有利于体制内和外资金融机构投入房地产业，从而推动房地产、金融和政策三方面的协同发展。此外，投资者对资产证券化产品的青睐也是资产证券化行业发展的终极动力。随着资产证券化产品的多样化，投资者们可以根据自己的投资需求，从众多的资产证券化产品中选择最合适的一种进行投资。此外，由于资产证券化产品结构简单、流动性好，投资者往往会更加倾向于将此类产品作为投资工具。

　　未来几年，资产证券化行业注定要取得辉煌的发展。一方面，随着金融科技的不断发展，资产证券化行业将可以借助互联网技术，在提高实体资产的投资价值、促进金融支持经济发展、消除信用风险等方面起到更大的作用。另一方面，随着国家推出的许多支持和利好政策，资产证券化行业影响力也将不断增强，各类基础设施和金融产品也将得到不断加强。

典型案例 8-1

中美资产证券化的比较与分析

　　资产证券化起源于美国，美国拥有目前最发达的资产证券化市场。自 1970 年美国房贷公司吉利美发行首只住房抵押贷款支持证券以来，美国资产证券化市场快速发展，在 2005 年巅峰时期发行规模占当年债券市场总发行量的 56%；2007 年达到存续规模巅峰，存续规模占比达到 39%。随着市场的快速发展，资产证券化产品基础资产的质量逐渐降低，产品结构日益复杂，市场风险持续累积，由此导致了 2008 年美国次贷危机的爆发。作为导火索的资产证券化产品也遭受沉重打击。发行量大幅萎缩。目前，美国资产证券化市场已逐步恢复，2020 年发行量接近 4.3 万亿美元，占当年美国债券市场总发行量的 35%，2020 年底存续规模接近 12.7 万亿美元，占美国债券市场存续规模的 25%，仍是美国债券市场的核心品种之一。

　　美国资产证券化产品主要分为住房抵押贷款支持证券（以下简称"MBS产品"）和资产支持证券（以下简称"ABS产品"）两类，以 MBS 产品为主。MBS 产品以房地产抵押贷款为基础资产，可以细分为以个人住房贷款为基础资产的 RMBS 产品和以商业地产贷款为基础资产的 CMBS 产品两类。

　　在次贷危机后，MBS 产品年发行量在 2 万亿美元左右，2020 年受房地产市场上行影响发行量大幅增加，达到 4 万亿美元，其中以 RMBS 产品为主，CMBS 产品发行量仅为约 600 亿美元，占比为 1.5%。ABS 产品以企业贷款、汽车贷款、信用卡消费贷款、助学贷款等为基础资产，2007 年发行规模达到顶峰的 8 000 亿美元左右，但次贷危机后发行量大幅下滑，2020 年发行量仅约 2 500 亿美元。

国内资产证券化市场起步于 2005 年。2005 年 2 月，国务院正式批准在国内开展信贷资产证券化试点；4 月，人民银行、银监会颁布《信贷资产证券化试点管理办法》，标志着资产证券化业务在我国正式拉开序幕。经历试点的暂停与重启后，国内资产证券化市场快速发展，目前已成为市场上的重要投资品种，2020 年发行产品超过 2 000 只，发行金额接近 3 万亿元，占债券总发行量的 5% 左右。

目前国内资产证券化产品可以分为信贷资产证券化产品（以下简称"信贷 ABS 产品"）、企业资产证券化产品（以下简称"企业 ABS 产品"）、资产支持票据（以下简称"ABN 产品"）和保险资产支持计划（以下简称"保险 ABS 产品"）四种类型，各类型的监管机构、发行载体、交易场所等有所差别。其中，前三者发展较为成熟，发行规模较大，是目前市场上的主流产品；保险资产支持计划发展较慢，目前发行数量仅几十单。

在发行方面，信贷 ABS 产品经历快速发展后规模已趋于稳定，近三年每年发行单数在 180 单左右，年发行规模在 8 000 亿元至 10 000 亿元；企业 ABS 产品发行量快速增长，2020 年发行 1 475 单共 15 742 亿元，发行单数、发行量同比分别增长 43% 和 42%；ABN 产品发行量基数较低，近几年年均增幅接近翻倍。

在存量方面，受近几年产品发行量快速增长影响，资产证券化产品存量由 2016 年年底的 1.1 万亿元增长到 2021 年 6 月底的约 4.8 万亿元，占债券市场的比例由 1.7% 增长至 4.0%。其中，企业 ABS 产品、信贷 ABS 产品、ABN 产品存量规模占比分别为 50%、34%、16%。

问题：发达国家的资产证券化对我国资产证券化的发展有何启示？

分析：中国资产证券化市场主要包括三类：央行和银保监会监管并在银行间债券市场流通转让的信贷资产证券化；证监会监管并在上交所、深交所和机构间私募产品报价系统流通转让的企业资产证券化；交易商协会监管并在银行间债券市场流通转让的 ABN。中国资产证券化市场自 2012 年以来发展迅速。虽然中国资产证券化起步较晚，但在发展过程中，资产证券化的基础资产创新却更加丰富。融资租赁、收费收益权、应收账款、保理融资、汽车抵押贷款、CMBS、类 REITs 等基础资产层出不穷，2018 年上半年发展迅速的保理供应链模式的证券化产品也为国际上资产证券化提供了创新经验。在发展过程中，监管机构和市场参与者都坚持以开放的心态借鉴国际经验，同时结合本国国情进行本土化创新。

资料来源：吴泽昊，张莉. 中美保险资金资产证券化产品投资对比分析与建议 [J]. 债券，2021（12）：84-92。

❯❯【学思践悟】

诚信——大公国际案例启示

在一般意义上，"诚"即诚实诚恳，主要指主体真诚的内在道德品质；"信"即信用信任，主要指主体"内诚"的外化。"诚"更多地指"内诚于心"，"信"则侧重于"外信于人"。"诚"与"信"组合，就形成了一个内外兼备，具有丰富内涵的词汇，其基本含义是指诚实无欺，讲求信用。千百年来，诚信被中华民族视为自身的行为规范和道德修养，形成了其独具特色并具有丰富内涵的诚信观。这样的诚信观在当今的市场经济和构建社会主义核心价值体系中具有极其重要的作用。

2021年7月9日，北京证监局对大公国际资信评估有限公司（下称大公国际）采取责令改正监管措施，要求其于6个月内完成整改并按月提交书面整改报告。

北京证监局披露的文件显示，大公国际存在以下违规事实：部分项目评级模型定性指标调整依据不充分；部分项目评级模型定性指标缺乏调整标准；个别项目评级模型定性指标调整理由依据不匹配；个别项目未对影响受评主体偿债能力的重要因素进行必要分析；个别项目复评过程中，根据非复评申请理由调增模型定性指标得分且调增依据不充分，直接影响评级模型结果上升一个子集；个别项目未按规定开展现场考察与访谈，评级业务档案缺失。

这也是大公国际2021年第二次收到监管机构的处罚。此前根据中国人民银行营业管理部2021年6月的公告，大公国际被罚款1 460.50万元，主要原因是未按照法定程序开展评级业务、违反独立性要求和违反评级作业的一致性原则等。值得注意的是，在中国人民银行营业管理部的此次处罚中，被处罚人还包括大公国际的评级总监和董事会秘书。

在监管要求日趋严格、市场机制不断完善的背景之下，中国人民银行营业管理部于2021年年1月11日对另一家评级机构东方金诚也开出了594.5万元的罚单，主要原因是未按照法定评级程序及业务规则开展信用评级业务、违反独立性要求和违反评级作业的一致性原则。

2021年3月，央行会同国家发改委等部门联合起草《关于促进债券市场信用评级行业高质量健康发展的通知（征求意见稿）》，明确提出：信用评级机构应当构建以违约率为核心的评级质量验证机制，制定实施方案，逐步将高评级主体比例降低至合理范围内，形成具有明确区分度的评级标准体系。

从哲学的意义上说，"诚信"既是一种世界观，又是一种社会价值观和道德观，无论对于社会抑或个人，都具有重要的意义和作用。诚信，关系着一个人的生活、学习、工作……，一个人如果失去了诚信，将在社会上没有立足之地，一个公司没有诚信，就会倒闭。"学会计、学金融，不能被人看作赚钱的工具或机器，应该有人文情怀、有血有肉、有担当，讲信用"。

资料来源：佚名.因多项违规，大公国际被北京证监局采取责令改正监管措施［EB/OL］.［2021-07-09］.https://www.163.com/dy/article/GEG4UHNH0514R9P4.html.有删改。

本章要点

本章主要介绍了投资银行的资产证券化业务的基本含义、特征与类型，资产证券化业务的相关主体，资产证券化业务的运作流程，资产证券化业务在我国的发展实践。其中，重点是资产证券化业务的相关主体与运作流程，难点是资产证券化业务在我国的发展实践。

问题讨论

1.讨论说明我国三种资产证券化模式的不同。
2.讨论资产证券化业务与投资银行传统业务的区别与联系。
3.讨论资产证券化运作中内部增级与外部增级的优劣。

推荐阅读

1.沈炳熙．资产证券化：中国的实践［M］．北京：北京大学出版社，2012.
2.《证券公司资产证券化业务管理规定》，中国证券监督管理委员会，2013年3月。
3.《银行间债券市场非金融企业资产支持票据指引》，中国人民银行，2012年7月。
4.《关于进一步扩大信贷资产证券化试点有关事项的通知》，中国人民银行，2012年5月。

思考与练习

1.单项选择题

（1）（　　）是专门为资产证券化设立的一个特殊实体，它是资产证券化运作的关键性主体。

A.特殊目的机构　　　　B.发起人　　　　　　C.服务人　　　　　　D.投资银行

（2）当银行的住房抵押贷款实行证券化后，资产的收益转移给了证券的投资者，而风险也同时转移给了证券的投资者。这属于资产证券化的（　　）环节。

A.基础资产的现金流分析　　　　　　B.资产重组

C.风险隔离　　　　　　　　　　　　D.信用增级

（3）真实出售的目的是实现证券化资产与原始权益人之间的（　　）。

A.优化配置　　　B.套期保值　　　C.破产隔离　　　D.利润最大化

2.多项选择题

（1）根据基础资产的不同类型，资产证券化可分为（　　）。

A.过手型证券化　　　　　　　　　　B.表内证券化

C.住房抵押贷款证券化　　　　　　　　D.资产担保证券化

（2）资产证券化的风险主要包括（　　　）。

A.信用风险　　　　B.证券化风险　　　　C.法律风险　　　　D.提前支付风险

（3）信用增级包括（　　　）。

A.内部信用增级　　　　　　　　　　B.外部信用增级

C.建立利差账户　　　　　　　　　　D.超额抵押

（4）资产可被证券化的基本前提有（　　　）。

A.具有明显的信用特征　　　　　　　B.可预测的现金流

C.拖欠率和违约率低　　　　　　　　D.完全分期偿还

（5）在美国投资银行资产证券化的运作实践中，主要操作品种有（　　　）。

A.住宅抵押贷款证券化　　　　　　　B.汽车贷款证券化

C.信用卡贷款证券化　　　　　　　　D.应收账款的证券化

3.简答题

（1）简述资产证券化的特征。

（2）简述资产证券化的主要步骤。

（3）资产证券化有哪些风险？

（4）简述我国开展资产证券化的现实意义。

案例分析

个人住房抵押贷款资产证券化产品的市场运行状况与展望

个人住房抵押贷款资产证券化产品（以下简称为"RMBS"），是一种以发起机构（商业银行或住房公积金管理中心）将个人住房抵押贷款作为基础资产，信托给受托机构，并由受托机构发行的证券，其本息的偿付主要来源于基础资产所产生的现金流。目前，国内市场上个人住房抵押贷款主要包括个人住房商业性贷款、个人住房公积金贷款及个人住房组合贷款。RMBS产品按发起机构不同可分为商业银行RMBS和住房公积金RMBS。

从资产证券化产品的市场发行情况看，截至2022年6月末，RMBS产品的整体发行规模依然保持第一，占比近三成。

住房公积金RMBS方面，由于2016年下半年以来国内房地产政策调整，住房公积金RMBS的发行近年来一直处于暂停状态。截至2022年6月末，住房公积金RMBS共计发行并存续6单，涉及规模406.77亿元。

商业银行RMBS方面，随着近年来房地产市场调控政策趋严，商品房（住宅）交易量持续保持低位，银行个人住房抵押贷款的新增投放放缓，RMBS的发行亦随之放缓。2019—2021年及2022年上半年，RMBS发行量分别为4 991.49亿元、4 243.85亿元、4 992.999亿元和245.41亿元。2020年第四季度商业银行RMBS共发行31单，发行规模合计2 443.03亿元，占全年发行总额的57.57%。2021年RMBS发行态势强劲，发行金额与2019年持平。2022年上半年，RMBS仅发行3单，规模合计245.41亿元。2022年受房地产风险暴露、国内疫情反复经济下行及断供潮的影响，个人住房贷款需求明显下降，

2022 年上半年 RMBS 发行量仅有百亿元的水平。

截至 2022 年 6 月末，市场上存续 288 单 RMBS 产品，共涉及 34 家发起机构，总发行规模达 23 767.39 亿元。34 家发起机构中商业银行有 31 家，且以大型国有商业银行为主，涉及的 RMBS 共计 178 单。中国建设银行股份有限公司、中国工商银行股份有限公司和中国银行股份有限公司发起的 RMBS 分别占 RMBS 总发行规模的 35.16%、26.85% 和 9.42%。

从 RMBS 基础资产的信用表现看，近年来经济增速开始放缓，居民的可支配收入增速也将进一步放缓，居民杠杆率走高，叠加 2020 年新冠肺炎疫情的影响，房贷的偿付压力有所上升，RMBS 基础资产的信用表现出现小幅下滑。然而，RMBS 具有基础资产分散性高、账龄长，初始抵押率低和放贷标准严格的特点，逾期情况依然保持着较低的水平。

资料来源：佚名. 2022 年上半年个人住房抵押贷款资产证券化产品的市场运行状况与展望［EB/OL］.（2022-10-09）. https：//www.163.com/dy/article/HJ8MQS600519QIKK.html.有改动。

问题：

（1）住房抵押贷款资产证券化产品（RMBS）是否具备资产证券化的基本特征？

（2）将存量的住房抵押贷款资产释放之后，银行是否还会继续将资金进行房贷业务？

（3）在证券化过程中，有哪些信用增级措施和风险控制手段？在哪些方面还不够成功或不够规范？

分析提示：住房贷款不良率显著低于汽车贷款、信用卡应收账款等个人贷款的不良率，并且近年来都低于 1% 且有下降趋势，这表明我国具有大量的优质住房按揭贷款基础，适宜证券化。从房贷业务的需求端来看，房贷利率一降再降，消费者还贷压力相对减小，所以会有庞大的消费者群体选择从银行申请住房贷款。房贷业务作为银行信贷业务的重要组成部分，不会被轻易放弃。证券化过程中需要采用多种信用增级手段，控制风险、确保安全、稳定发展。

实践训练

资产证券化是 20 世纪 70 年代以来美国金融市场上最重要的创新之一，目前，已正式开展资产证券化的国家有英国、德国、法国、意大利、西班牙、瑞典等。与西方国家相比，我国金融资产证券化程度很低。为了提高商业银行的竞争能力，增强银行资产的流动性，减少金融市场风险，学习和借鉴西方先进的金融创新工具具有十分重要的意义。

实训项目：写出典型国家资产证券化的运作模式与特点，并进行运作模式比较。

实训目的：认知资产证券化。

实训步骤：

（1）写出典型国家资产证券化的运作模式与特点（见表 8-2）。

表 8-2　　　　　　　　　　　　　典型国家资产证券化的运作模式与特点

国家	运作模式	特点
美国		
英国		
澳大利亚		
法国		
意大利		

（2）比较典型国家资产证券化的运作模式。

（3）比较我国居民住房抵押贷款资产证券化与典型国家资产证券化的区别。

第9章

金融衍生品业务

学习目标

知识目标：通过本章的学习，理解金融衍生品的含义、特点与类型；掌握金融衍生品交易的方式；熟悉期货、期权、互换等基本的金融衍生品交易；了解投资银行对金融衍生品的运用；掌握金融衍生品的风险及其相应的风险管理。

技能目标：通过本章的学习，具备开展期货、期权、互换等金融衍生品交易操作的基本技能，能够正确识别金融衍生品交易中的各种风险，并能采用合理的方法进行金融衍生品交易风险管理。

知识结构图

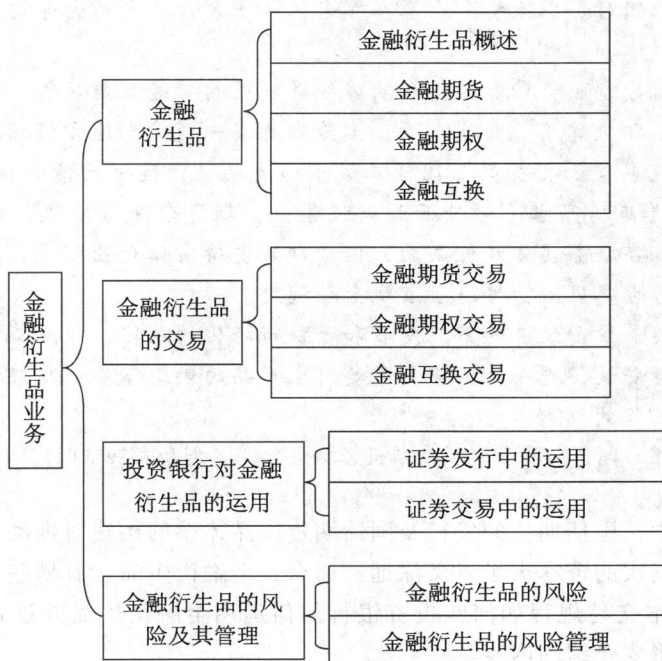

导入案例

国债期货十周年

2023 年 9 月 6 日，中国金融期货交易所（以下简称"中金所"）国债期货迎来上市十周年。回望过去十年，在各方协作努力下，国债期货发展取得了丰硕成果——产品体系不断完善、创新举措稳步推进、各项功能有效发挥，国债期货一路推动利率市场化改革、服务实体经济发展，成为中国金融和经济稳定的重要压舱石。

2013 年 9 月 6 日，首个国债期货品种——5 年期国债期货在中金所正式挂牌。5 年期国债期货的上市展示了里程碑意义，中国国债期货市场建设由此实现平稳起步。此后，10 年期国债期货、2 年期国债期货分别在 2015 年 3 月、2018 年 8 月上市。2023 年 4 月 30 年期国债期货也成功上市，标志着覆盖国债收益率曲线关键节点的国债期货产品体系基本构建完成。

相关数据显示，2023 年上半年，国债期货日均成交 17.19 万手、日均持仓 36.86 万手，成交持仓比为 0.47。其中，日均成交和日均持仓量分别是 2013 年的 39.74 倍、98.64 倍，成交持仓比则较 2013 年的 1.16 更为健康。从全球来看，中国国债期货去年日均持仓排名第 7 位，同比增长 44.39%，增速位居前列。除了市场规模稳步增长，国债期现货价格紧密联动，市场交割平稳安全。

机构化是国债期货市场的重要特征之一，专业机构的广泛参与推动着市场不断成熟，也让国债期货的各项功能发挥持续增强。根据中金所数据，2022 年，国债期货机构成交、持仓占比分别为 75.47%、91.39%，是我国机构化程度最高的期货品种之一。其中，证券公司、资管机构等是市场参与的主力。近年来，中长期资金参与国债期货程度明显提升，商业银行、保险资金、基本养老保险基金、年金基金等均已参与国债期货交易。

十年来，国债期货服务债券市场和实体经济发展的功能日益显著，为助力资本市场高质量发展发挥了积极作用。具体来看，国债期货促进国债、地方债顺利发行，服务经济社会发展。在交易层面，提高了国债二级市场流动性，健全国债收益率曲线。此外，国债期货促进债券市场高水平对外开放，服务中长期资金保值增值、提升财富管理水平。更重要的是，在服务实体经济层面，国债期货支持实体企业融资，助力实体经济发展，同时防范化解金融风险，促进了宏观金融稳定。

展望未来，随着中国经济的不断发展和金融市场化的深化，以改革创新精神推动国债期货市场高质量发展，进一步丰富利率类衍生产品的供给储备，积极推进国债期货对外开放是下一步工作的重点。

资料来源：沈宁. 国债期货十周年：厚积薄发亮点纷呈 创新发展空间广阔［N］. 证券时报，2023-09-06（A05）.

在这一案例中，国债期货的发行及国债期货产品体系的构建对推动我国期货市场发展、完善我国多层次的资本市场意义深远。那么，金融衍生品还有哪些？它们分别具有什么特征？其基本交易规程如何？投资银行如何运用金融衍生品并进行有效的风险管理？这些是本章将要介绍的内容。

9.1　金融衍生品

9.1.1　金融衍生品概述

所谓衍生品是指从原生事物中派生出来的事物，如豆浆就可以称为大豆的衍生品。金融衍生品是指从传统的金融业务中派生出来的交易形态。

1) 金融衍生工具的类型

随着金融创新的发展，金融衍生品经过衍生再衍生、组合再组合的螺旋式发展，现在种类已经十分丰富。

（1）按基础资产不同划分

按基础资产不同，金融衍生品可分为金融类衍生品和商品类衍生品。金融类衍生品包括利率（债券）、股票、货币等基础资产的衍生品。商品类衍生品包括农产品、有色金属、贵金属、能源、畜产品等基础商品的衍生品。

（2）按衍生品自身交易方法不同划分

按衍生品交易方法的不同，金融衍生品可分为远期合约、期货、期权、互换。其中，远期合约是其他三种工具的始祖，其他衍生品可被认为是远期合约的延伸或变形。远期合约是在指定的未来时刻以确定的价格交割某物的协议。

期货是一种标准化的远期合约，期货合约的交割日和交割物的数量都是由期货交易所事先固定的，期货交易只能在交易所进行，并实行保证金制度。

期权是一份选择权的合约，在此合约中，立权人授给期权的买方在规定的时间内以事先确定的价格从卖方购买或卖给卖方一定商品的权利而不是义务。

互换是一种由交易双方签订的在未来某一时期相互交换某种资产的合约。互换中较常见的是利率互换合约和货币互换合约。互换合约中规定的交换货币是同种货币的，则为利率互换；交换货币是不同种货币的，则为货币互换。

（3）按交易地点不同划分

按金融衍生品交易地点的不同，金融衍生品可分为场内交易衍生品和场外交易衍生品。

场内交易衍生品，是指在有组织的交易所内进行集中交易的衍生品，其合约往往是标准化的（包括合约的实际价格、截止日期、数量等）。由于交易双方都是直接与交易所发生联系与结算，因此其买卖合约往往能得到严格执行，信用风险较小，且相对场外交易衍生品而言，流动性较强。在场内交易的产品主要有金融期货与金融期权。

场外交易衍生品，是指在交易所外交易的衍生品，它是众多的金融机构、经纪人和顾客之间通过个别磋商而进行的无形的、组织松散的交易，主要通过电信设备的联系来完成。其交易对象包括未在证券交易所上市的股票、债券，以及不在期货、期权交易所规定数量、日期和品种范围内的金融资产，如远期合约、互换、金融期权、利率封顶（或保底）期权、互换期权等。

（4）按金融衍生品形式的不同划分

按金融衍生品形式的不同，金融衍生品可分为普通型衍生品和结构性或复合型衍生品。普通型衍生品即远期合约、期货、期权和互换，其结构与定价方式已基本标准化和市场化；结构性或复合型衍生品是将各种普通衍生品组合在一起，有时也与存贷款业务联系在一起，形成一种特制的产品或方案。这种产品或方案是专门为满足客户的某种特殊需要而设计的，是投资银行根据其对市场走势的判断以及运用数学模型推算而创造出来的。其内部结构一般被视为一种"知识产权"而不会向外界透露。因此，其价格与风险都难以从外部加以判断。

2）金融衍生品的特征

从本质上看，金融衍生品是一系列远期合约的组合。金融衍生品一旦出现，就呈现出不同于基础商品的特点，具体可归纳为：

（1）金融衍生品交易是在现时对基础工具未来可能产生的结果进行交易，交易结果要在未来时刻才能确定盈亏。

（2）金融衍生品交易的对象并不是基础工具，而是对这些基础工具在未来某种条件下处置的权利和义务，这些权利和义务以契约形式存在，构成所谓的产品。

（3）金融衍生品是对未来的交易，按照权责发生制的财务会计规则，在交易结果发生之前，交易双方的资产负债表并不反映这类交易的情况，因此，潜在的盈亏无法在财务报表中体现。

（4）金融衍生品是一种现金运作的替代物，如果有足够的现金，任何衍生品的经济功能都可以通过运用现金交易来实现。

（5）从理论上讲，金融衍生品可以有无数种具体形式，可以把具有不同现金流量特征的工具组合成新的工具，但不管组合多么复杂，基本构成元素还是远期、期货、期权和互换。

（6）由于金融衍生品交易不涉及本金，从套期保值者的角度看，降低了信用风险。

（7）金融衍生品交易可以用较少的成本获取现货市场上需较多资金才能完成的结果，因此具有高杠杆性。

（8）金融衍生品独立于现实资本运动之外，却能给持有者带来收益，是一种收益获取权的凭证，本身没有价值，具有虚拟性。

3）金融衍生品的功能

对于金融衍生品的投资者而言，金融衍生品的功能主要有以下几个方面：

（1）规避风险

金融衍生品市场的首要功能是规避风险，这是金融衍生品市场赖以存在和发展的基础，而防范风险的主要手段是套期保值。

（2）投机

与降低风险、进行套期保值相对应的交易就是投机，套期保值和投机涉及交易的双方，如果交易只有规避风险的一方，而没有风险偏好的一方，金融衍生品交易是无法完成的。衍生产品为风险偏好者提供了一个高风险、高收益的机会。投机者通过承担风险获取利润，只要在公开透明的条件下进行，投机就是有利于提高市场效率的。

（3）价格发现

金融衍生品市场集中了各方面的参加者，带来了成千上万种关于衍生品基础资产的供求信息和市场预期，通过交易所类似拍卖方式的公开竞价，形成了市场均衡价格。金融衍生品的价格形成有利于提高信息的透明度，金融衍生品市场与基础市场的高度相关性，提高了整个市场的效率。

（4）套利

金融衍生品市场存在大量具有内在联系的金融产品，在通常情况下，一种产品总可以通过其他产品分解组合得到。因此，相关产品的价格应该存在确定的数量关系，如果某种产品的价格偏离这种数量关系，就可以低价买进某种产品，高价卖出相关产品，从而获取利润。

小实训 9-1

举例说明并计算分析金融衍生品的投机和套利功能。

（5）构造组合

利用金融衍生品可以对一项特定的交易或风险暴露的特性进行重新构造，实现客户预期的结果。

小思考 9-1

现货交易中，交易双方可能遇到的经济风险有哪些？

提示：（1）一般性商业风险：如自然灾害等。（2）违约风险：到期不履行合约。（3）购买风险：买什么，买多少，怎样买。（4）交易风险：何时买入，何时卖出。（5）价格风险：市场价格的波动等。

9.1.2 金融期货

1）金融期货的基本概念和特征

（1）金融期货的基本概念

金融期货是交易所按照一定规则反复交易的标准化金融商品合约。这种合约在成交时双方对规定品种、数量的金融商品协定交易的价格，在一个约定的未来时间按协定的价格进行实际交割，承担着在若干日后买进或卖出该金融商品的义务和责任。

（2）金融期货的特征

金融期货具有以下明显的特征：

①交易的间接性。金融期货交易均在交易所进行，交易双方不直接接触，而是各自跟交易所清算部或专设的清算公司结算。清算公司充当了所有期货的买者和所有期货的卖者，因此交易双方无须担心对方违约。由于交易集中在交易所进行，这样就克服了远期交易的信息不对称和违约风险高的缺陷。

②具有提前平仓机制。金融期货合约的买者或卖者可在交割日之前采取对冲交易以结束其期货头寸（即平仓），从而无须进行最后的实物交割，克服了远期交易流动性差的问题。由于通过平仓结束期货头寸比实物交割省事又灵活，因此目前大多数期货交易

都是通过平仓结束头寸。据统计，最终进行实物交割的期货合约不到2%。

③标准化的交易。金融期货合约的规模、交割日期、交割地点等都是标准化的，唯一需要协商的就是价格，这就增加了期货合约的流动性。交易双方所要做的唯一工作就是选择适合自己的期货合约。同种金融工具的期货合约可以有不同的交割月份，但它是由交易所事先规定的，并在合约中事前载明，而不是由交易双方协商后载明。

2）金融期货的类型

根据金融期货合约标的物的差异，可将金融期货交易分为以下三种类型：

（1）利率期货

利率期货是指协议双方同意在约定的将来某个日期，按约定条件买卖一定数量的某种长短期信用工具的可转让的标准化协议。利率期货交易的对象有长期国库券、政府住宅抵押证券、中期国债、短期国债等。

（2）外汇期货

外汇期货是指协议双方同意在未来某一时期，根据约定价格买卖一定标准数量的某种外汇的可转让的标准化协议。外汇期货包括以下币种：日元、英镑、欧元、瑞士法郎、加拿大元、美元等。

拓展阅读9-1

金融期货与商品期货的区别

（3）股票价格指数期货

股票价格指数期货是指协议双方同意在将来某一时期按约定的价格买卖股票指数的可转让的标准化合约。最具代表性的股票价格指数有美国的道琼斯股票指数和标准普尔500种股票指数、英国的金融时报工业普通股票指数、我国香港的恒生指数、日本的日经指数等。

9.1.3　金融期权

期权又称选择权，是指其持有者能在规定的期限内按交易双方商定的价格购买或出售一定数量的某种特定商品的权利。期权交易就是对这种选择权的买卖。金融期权是指以金融商品或金融期货合约为标的物的期权交易形式。金融期权的种类有：

1）按期权买者的权利划分

按期权买者的权利划分，金融期权可分为看涨期权、看跌期权和双向期权。

（1）看涨期权

看涨期权是指期权的买方享有在规定的有效期限内按某一具体的敲定价格买进某一特定数量的相关商品期货合约的权利，但不同时负有必须买进的义务。期权的购买价格称为期权价格或期权费，它表示如果执行期权有利可图，买方为执行权利而付出的代价；卖方收到期权价格，来抵偿日后可能遭受的损失。

（2）看跌期权

看跌期权是指期权的买方享有在规定的有效期限内按某一具体的敲定价格卖出某一特定数量的相关商品期货合约的权利，但不同时负有必须卖出的义务。

（3）双向期权

双向期权是指期权的买方既享有在规定的有效期限内按某一具体的敲定价格买进某一特定数量的相关商品期货合约的权利，又享有在规定的有效期限内按同一敲定价格卖出某一特定数量的相关商品期货合约的权利。双向期权的期权费为看涨期权的期权费加看跌期权的期权费。

2）按照执行期限来划分

按照执行期限来划分，金融期权可分为美式期权和欧式期权。

（1）美式期权

美式期权是指期权买方在规定的有效期限内的任何交易日内均可以行使权利的期权，既可以在期权合约到期日这一天行使权利，也可以在期权到期日之前的任何一个交易日行使权利。美国国内交易的绝大多数期权都是美式期权。

（2）欧式期权

欧式期权是指在规定的合约到期日方可行使权利的期权。期权买方在期权合约到期日之前不能行使权利，过了期限，合约就自动作废。

3）按照标的物来划分

按照标的物来划分，金融期权可分为股票期权、股票指数期权、货币期权、利率期权和金融期货合约期权。

（1）股票期权

股票期权允许期权的买方在合同的有效期内以约定的价格购买或出售一定数量的股票。证券交易所内的股票期权有标准化的数量，一份合约是100股某种指定普通股。成为交易标的物的股票一般是上市公司股票，但一些场外交易活跃的大公司的股票也可以成为股票期权的标的物。

期权清算公司对上市的期权都设计了标准的执行价间隔，如在美国，对于价格在100美元以上的股票，期权执行价格以10美元为一个间隔；对于价格在30美元以上100美元以下的股票，执行价以5美元为一个间隔；对于价格在10美元以上30美元以下的股票，执行价间隔为2.5美元。

（2）股票指数期权

股票指数期权是指以股票指数为标的物，买方在支付了期权费后，即取得在合约有效期内或到期时以协议指数与市场实际指数进行盈亏结算的权利。股票指数期权是一种避险工具，没有可作为实物交割的具体股票，采取现金轧差的方式结算。

股票指数期权的交易标的为某种股票指数，每一份合约的金额为指数的100倍。例如，投资者买入一份标准普尔100看涨期权，执行指数为500，当指数上涨到550时，决定执行期权，即以50 000美元买入指数，而以当时指数的市场价值55 000美元卖出，差价5 000美元由交易所作为中介，从期权的卖方划拨给期权的买方。

（3）货币期权

货币期权又叫外币期权、外汇期权，是指买方在支付了期权费后即取得在合约有效期内或到期时以约定的汇率购买或出售一定数额的某种外汇资产的权利。货币期权合约主要以美元、欧元、日元、英镑、瑞士法郎、加拿大元及澳大利亚元等为标的物。

（4）利率期权

利率期权是指买方在支付了期权费后，即取得在合约有效期内或到期时以一定的利率（价格）买入或卖出一定面额的利率工具的权利。利率期权合约通常以政府短期、中期、长期债券，欧洲美元债券，大面额可转让存单等为标的物。

（5）金融期货合约期权

金融期货合约期权是指以金融期货合约为交易对象的选择权，它赋予其持有者在规定时间内以协议价格买卖特定金融期货合约的权利。如果期货期权是买权，则期权买方有权以执行价从卖方买入指定的期货合约，即买方有权获得指定期货合约的多头寸。如果买方执行买权，则卖方会相应得到该期货合约的空头寸。

9.1.4 金融互换

1）金融互换的基本概念

金融互换是指两个或两个以上的交易当事人按照约定的条件，在约定的时间内交付一系列款项的金融交易合约。金融互换是比较优势理论在金融领域的最生动应用，根据比较优势理论，只要满足以下两个条件，互换就可能发生：一是双方对对方的资产或负债均有需求；二是双方在两种资产或负债上存在比较优势。

2）金融互换的主要类型

（1）货币互换

货币互换是将一种货币的本金和固定利息与另一货币的本金和固定利息进行交换，其主要原因是双方在各自国家中的金融市场上具有比较优势。订立协议后，每年按照约定的利率和资本额进行利息支付互换，协议到期后，再按原约定汇率将原资本额换回。这样，货币互换就可以使交易双方降低融资成本。

（2）利率互换

利率互换是指双方同意在未来一定期限内根据同种货币的同样的名义本金交换现金流，其中一方的现金流根据浮动利率计算，而另一方的现金流则根据固定利率计算。互换的期限通常在2年以上，有时甚至超过15年。与货币互换的不同之处在于，利率互换是在同一种货币之间展开的，并且利率互换一般不进行本金互换，而只是互换以不同利率为基础的资本筹措所产生的一连串利息，并且即便是利息也无须全额交换，仅对双方利息的差额部分进行结算。

9.2 金融衍生品的交易

投资银行的金融衍生品交易主要包括金融期货交易、金融期权交易、金融互换交易以及其他金融衍生品交易。

9.2.1 金融期货交易

1）金融期货交易的参与者

在金融期货市场上，投资银行扮演多重角色：既可作为咨询机构，为投资者提供咨询服务；又可作为经纪公司，为投资者的期货交易提供经纪服务；也可作为投资者，开展金融期货的自营业务。金融期货交易所、经纪公司、清算所及投资者是金融期货交易最直接的参与者。

（1）金融期货交易所

金融期货交易所是专门进行各种标准化金融期货合约交易的场所，其性质是不以营利为目的，按照章程的规定实行自律管理。期货交易所是一种具有高度系统性和严密性、高度组织化和规范化的交易服务组织，自身不参与交易活动，不参与期货价格的形成，也不拥有合约标的金融商品，只是为客户提供一个进行交易的场所。

（2）期货经纪公司

期货经纪公司是指依法设立的以自己的名义代理客户的期货交易并收取一定手续费的中介组织。作为交易者与期货交易所之间的桥梁，期货经纪公司具有以下职能：根据客户指令代理买卖期货合约、办理结算和交割手续；对客户账户进行管理，控制客户的交易风险；为客户提供期货市场信息，进行期货交易咨询，充当客户的交易顾问。经纪公司一般都有结算部门、保证金部门、信息传递部门及现货交割部门等，为客户核对每宗交易，审核未平仓合约与结算所的记录是否一致，提供客户盈亏及资金情况，在客户与经纪人之间传递期货买卖单，负责未平仓期货合约的金融期货实物的交割和处理有关交收文件、贷款的往来等。

（3）期货结算机构

期货结算机构是期货市场的一个重要组成部分。期货结算机构对所有的期货市场上的交易者起到第三方的作用，即对每一个卖方会员而言，结算机构是买方；对每一个买方会员而言，结算机构是卖方。结算机构通过对每一笔交易收取交易保证金，作为代客户履约的资金保证，在制度上保证了结算机构作为期货交易最终履约担保人的地位。由于期货合约的买卖双方不必考虑交易对手的信用情况，因而使期货交易的速度和可靠性得到大大提高。期货结算机构的存在起到了计算期货交易盈亏、担保交易履约、控制市场风险的作用。

（4）投资者

投资者是指那些出于套期保值或投机考虑而买卖金融期货的个人或机构。多数投资者委托经纪公司代理买卖金融期货，并为此支付佣金。一些资金实力雄厚、交易额大的期货交易大户以及频繁买进、卖出的中小投机商则在交易大厅进行交易。当然，期货经纪公司也可以作为投资者自营金融期货。

拓展阅读 9-2

什么是沪深
300 指数期货

2）金融期货市场的交易制度

金融期货市场的规则主要有以下几个方面：

（1）期货合约规范化

金融期货交易合约具有法律约束力，因此必须规范化和标准化。通常必须具有的标准是：必须是双向合约，以此来保证流动性；必须简单明确，不得含糊其词；要规定交割时间、合约品种数量及单位、价格变动单位、价位涨跌幅度的限制、每日交易限量罚款及保证金数额等；必须使交易程序公开化，买卖双方不能私下增减内容，必须严格按照交易所的规章制度进行交易，但不排除单方面转卖。

（2）保证金制度

买卖双方必须向经纪公司交纳一定比例的保证金，主要作用是防止客户发生亏损时不予支付，并抑制投机过分增长。

保证金的数量因合约的性质、特定的交易价加浮动幅度以及客户的资信情况等而有所不同。在确定保证金时，交易所要考虑的因素是：第一，结算所对会员经纪公司每张合约的保证金收取标准。经纪公司征收的保证金是以合约的价格为基础的；一般情况下，交易所定的收费标准比结算所高。第二，不同金融证券期货合约价格变动幅度。价格变动幅度越大，风险也越大，因此收费越高。第三，期货合约的不同类型。客户在不同月份同时买卖同一商品，风险就小，保证金就比单买或单卖的客户低。第四，套期保值者的保证金比投机者低，因为套期保值者大多拥有实货。另外，资金雄厚的经纪公司对信誉好的、稳定的、长期的客户收取的保证金一般较低。

☑ 小思考 9-2 ....

对投资者而言，保证金比例为1%和保证金比例为10%，哪个较安全？

提示：10%较安全。

....

（3）逐日盯市制度

由于期货合约价格在每个交易日都有波动，投资者头寸的权益价值随之发生变化。盯市制度是在每一交易日结束时，交易所决定期货合约的结算价格，据此来调整投资者头寸的价值，并将所发生的收益或损失快速反映到投资者的权益账户中。权益账户中超出初始保证金的部分，投资者可以随意提取。如果投资者遭受损失，权益账户中的价值降低到初始保证金之下，即交易所允许的最低水平时，投资者必须立即追加保证金，使之恢复到初始保证金之上。如果投资者在24小时内不能按要求足额存入追加保证金，其经纪人将强行平仓，损失部分从其保证金中扣除。

（4）交割制度

每种金融期货合约都规定了交割月份、交割日期和交易终结日。交割月份指的是在一年的哪几个月进行交割。交割日期指到期合约进行现货交割的日期，在交易终结日到来之前，合约的持有者可以在期货市场上通过"平仓"来抵消手中合约赋予的权利和义务。一旦过了这天，交易所就没有这种合约的买卖。合约持有者只有等到交割日才能用现货进行交割。

3）金融期货的风险与收益特征

期货市场上的交易者如果买进期货合约，该投资者被称为多头；反之，如果卖出期货合约，则该投资者被称为空头。

对于多头而言，如果预期标的物的未来期货价格将上涨，应买入期货合约，如果价格上涨，就可以获得买卖价差，否则将遭受损失。例如，一个交易者在期货市场以1 000美元的价格买进一份资产A的期货合约，如果未来资产A的期货价格上涨到1 100美元，就可以卖掉这份合约以赚取100美元的利润；而一旦价格下跌到900美元，将遭受100美元的损失。

对于空头而言，如果预期未来期货标的资产的价格将下跌，应卖出期货合约以便在未来可以以较低的价格买进标的物的期货合约进行对冲，获得差价，但如果期货价格上涨，将遭受损失。例如，一个交易者在期货市场上以1 000美元的价格卖出一份资产A

的期货合约，如果未来标的物价格下跌到 900 美元，将获得 100 美元的收益，而如果价格上涨到 1 100 美元，将损失 100 美元。

9.2.2 金融期权交易

金融期权交易赋予期权购买者一种权利，而不是义务，从而保证其在交易活动中能实现风险有限而利润无限。

1) 期权与期货交易的区别

期权交易与期货交易都是在市场出现不利于交易者的情况时为其提供最大的价格保护，但二者之间也有一定的差别。

（1）期权交易是单向合同，期权的买方在支付一定的权价之后取得一种权利，但是，其可在交易确定后的任何时间放弃合同，即不履行这种权利。期货合约是双向合同，一旦多头或空头地位确立以后，交易双方便承担期货合同到期进行交割的义务；若不想交割，则必须在到期前对冲合约，结束其多头或空头地位。

（2）期权的权价是根据市场情况由买卖双方共同确定的，由买方支付给卖方，期权买方放弃权利的最大损失只是最初支付的权价。

（3）从风险上看，期权的买方风险仅限于事先决定的权价，而期货交易双方所面临的风险在事先是无法精确计算的。

2) 金融期权的风险与收益特征

期权的风险和收益因金融期权的不同类型而定。这里举例说明买入看涨期权、卖出看涨期权、买入看跌期权和卖出看跌期权。我们假设每一期权头寸均持有至到期日，不提前执行；同时，为简便起见，这里忽略交易成本。

（1）买入看涨期权

买入看涨期权创造的金融头寸称为多头看涨头寸。例如，资产 N 的 1 个月到期的看涨期权，执行价格为 1 000 美元，购买期权合约的费用为 30 美元，资产 N 的现货价格为 1 000 美元。投资者购买这项看涨期权并持有至到期日的收益或损失将取决于到期日资产 N 的现货价格，可能有如下几种结果：

① 如果在到期日资产 N 的现货价格低于或等于 1 000 美元，投资者将放弃期权合约。其损失为购买合约所支付的 30 美元的期权费用，不管资产 N 的价格跌得多么低，期权买方的最大损失只有 30 美元。

② 如果在到期日资产 N 的现货价格大于 1 000 美元但低于 1 030 美元，期权买方应履行期权合约。期权买方以 1 000 美元的执行价格购买资产 N，并在现货市场上以较高的价格卖出。假设在到期日资产 N 的价格为 1 020 美元，执行期权后，期权买方可实现 20 美元的收益，购买这个看涨期权的成本是 30 美元，所以这个头寸的损失是 10 美元。若不执行期权，投资者会损失 30 美元而不是 10 美元。

③ 如果在到期日资产 N 的现货价格等于 1 030 美元，投资者应执行期权。在本例中，投资者盈亏平衡，实现的 30 美元收益抵消了 30 美元的期权成本。

④ 如果在到期日资产 N 的现货价格高于 1 030 美元，投资者应执行期权并获得收益。例如，资产的价格是 1 130 美元，执行期权可盈利 130 美元，扣除 30 美元的期权成本，

投资者可获净利100美元。

（2）卖出看涨期权

看涨期权的卖方处于空头看涨期权的地位，看涨期权卖方的损益状况与看涨期权买方的损益状况正好相反。这就是说，在资产N的到期日价格保持一定的情况下，看涨期权卖方的收益等于看涨期权买方的损失。因而，空头看涨期权的最大收益就是期权费用，而最大损失是没有限制的，因为最大损失是到期日前或到期日时的最高价格减去期权费用，而这个价格可能无穷大。

（3）买入看跌期权

买入看跌期权创造的金融头寸称为空头看涨头寸。例如，资产N的1个月到期的看跌期权，执行价格是1 000美元，每份期权合约的购买费用是20美元，资产N的现货价格是1 000美元，该头寸在到期日的收益或损失取决于资产N的现货市场价格。其可能产生的结果如下：

①如果资产N的现货价格大于1 000美元，则看跌期权的买方不会执行期权合约，其最大损失为20美元的期权费用。如果在到期日资产N的价格等于1 000美元，期权也不会被执行。期权买方的损失等于20美元。

②当资产N的现货价格低于1 000美元高于980美元时，看跌期权的买方会形成损失，但执行期权使损失限制在20美元之内。例如，至到期日的现货价格是990美元，执行期权后，期权买方的损失是10美元，因为他可以在市场上以990美元买入资产N，然后以1 000美元卖给期权卖方，收益是10美元，减去20美元的期权费用，最后的损失是10美元。

③如果在到期日资产N的价格等于980美元，期权买方盈亏平衡，投资者可以以1 000美元的价格将资产N卖给期权卖方，用实现的20美元收益抵消期权费用。

④如果在到期日资产N的价格低于980美元，看跌期权的买方会获利。假设价格跌至800美元，收益是执行看跌期权的200美元收益减去20美元的期权费用，等于180美元。

（4）卖出看跌期权

卖出看跌期权创造的金融头寸称为空头看跌期权，其损益状态和多头看跌期权相反。这个头寸的最大利润是期权价格，如果现货资产的价格下降，在理论上最大损失可以非常大，如果价格一路下降到0，损失就是执行价格减去期权费用。

总之，如果现货资产的价格上涨，买入看涨期权和卖出看跌期权就会获利；如果现货资产的价格下跌，卖出看涨期权和买入看跌期权就会获利。

3）期权的价格

期权的价格，又称权价，是期权买方为了取得期权所赋予的权利，而支付给期权卖方的一笔期权费用。

（1）期权价格的构成要素

在一般情况下，期权的价格由内在价值和时间价值两部分组成。

内在价值是指在期权合同马上就要到期时，期权所具有的价值或可获得的总利润。买方期权的内在价值是资产现价与结算价之差。如果结算价高于或等于现价，就没有内在价值，或者说，其内在价值为 0。对于卖方期权，期权内在价值等于现价低于结算价的部分。在卖方期权中，若结算价高于或等于现价，其内在价值就为 0。

时间价值又称时间升水，是期权价格超过它的内在价值的部分。期权的购买者期望在到期日前，有关资产的市场价格有一定增加，并愿为此付出超过内在价值的升水。例如，有一个买方期权的价格为 9 美元，结算价格为 100 美元，其市场价格为 105 美元，这个期权的时间溢价就是 4 美元。

（2）影响期权价格的各种因素

影响期权价格的主要因素有以下几个方面：

①基础资产的现价。当基础资产价格变化时，期权价格相应发生变化。对于买方期权，资产价格上升时，其他条件不变的话，期权价格将上涨；对于卖方期权，情况正好相反。

②执行价格。执行价格在期权的整个有效期内是固定的，在其他条件不变的情况下，执行价格越低，买方期权价格越高，而卖方期权价格则越低。

③期权到期时间。期权到期时间越长，资产价格波动的可能性越大，利用期权获利的可能性越大，期权价格越高；反之，期权价格就越低。

④预期基础资产价格的波动性。在其他条件不变的情况下，基础资产在期权的整个有效期内由标准差或方差测度的预期价格的波动性越大，投资者愿为期权支付的价格就越高。因为价格波动性越大，价格朝有利于自己的方向变动的可能性越大。

典型案例 9-1

金融期权计算分析案例

某投资者在 5 月份以 700 点的权利金卖出一张 9 月到期、执行价格为 9 900 点的恒指看涨期权，同时，他又以 300 点的权利金卖出一张 9 月到期、执行价格为 9 500 点的恒指看跌期权。请问当恒指为多少时，该投资者能够获得 200 点的盈利？

分析：假设恒指为 X 时，可得 200 点盈利。

第一种情况：当 X<9 500 时，卖出的看涨期权不会被买方行权，而卖出的看跌期则会被行权。700+300+X-9 500=200，从而得出 X=8 700。

第二种情况：当 X>9 900 时，卖出的看跌期权不会被行权，而卖出的看涨期权则会被行权。700+300+9 900-X=200，从而得出 X=10 700。

9.2.3　金融互换交易

金融互换交易是指交易双方签订协议，约定在未来一段时间内互换金融资产或现金流量。金融互换主要有利率互换和货币互换。

1）利率互换

利率互换是双方同意就固定利率和浮动利率互相交换而达成的协议。互换后，双方分别为对方支付利息，其中为对方支付固定利率的一方为固定利率支付者，为对方支付浮动利率的一方为浮动利率支付者，两种利率的差额再在双方间清算。

例如，A 公司有 8% 年利率的 2 000 万美元借款，5 年到期，每半年付息一次。A 公司认为市场利率有进一步下调的可能，支付浮动利率对公司有利。与此同时，B公司有同样期限和付息结构的4 000万美元债务，支付浮动利率，B公司担心利率升高将加大公司的利息负担，希望将其中的2 000万美元债务转换成固定利率，这样不管利率怎样变化，总是对其中的一半债务有利。经过投资银行的牵线，A、B两公司实现互换，A公司为B公司每半年支付一次本金2 000万美元的浮动利率利息，B公司则为A公司每半年支付一次本金2 000万美元的固定利率利息。假设市场的浮动利率为8.2%，则A公司向B公司支付82万美元利息，B公司向A公司支付80万美元利息，相抵后，A公司向B公司支付2万美元。

利率互换后，市场利率的走势对互换双方的影响各不相同，对浮动利率支付者而言，利率下降时受益，利率上升时受损；对固定利率支付者而言，利率下降时受损，利率上升时受益。

发挥互换双方的比较优势，降低筹资成本也是利率互换的主要目的。下面举例说明：假设A、B两公司均希望得到一笔5年期500万美元的贷款，如果它们各自去固定利率和浮动利率资本市场上借款，需支付的年利率见表9-1。

表9-1　　　　　　　　　　　　　　A公司和B公司的筹资成本比较

项目	固定利率市场	浮动利率市场
A公司	10%	6个月 LIBOR+0.7%
B公司	11.4%	6个月 LIBOR+1.3%
A、B公司同一市场利率差	1.4%	0.6%
比较优势	1.4%-0.6%=0.8%	

两公司相比较，由于A公司资信优于B公司，因此，无论是在固定利率市场，还是在浮动利率市场，A公司均能以比B公司低的成本进行融资，即A公司在两个市场上都拥有绝对优势，但是A公司对B公司的相对成本优势在两个市场上的大小并不一样，在固定利率市场上，A公司的筹资成本比B公司低1.4%，而在浮动利率市场上，A公司仅比B公司低0.6%，显然，A公司在固定利率市场上更具有优势，即存在相对比较优势，而B公司在浮动利率市场上具有比较优势，两公司的比较优势为0.8%。如果双方发挥各自的比较优势，在各自具有优势的市场上筹资并互换，则可以降低双方的利息负担，降幅之和正好为比较优势（假设不存在中介费用）。具体操作方法如下：

A公司在固定利率市场上以10%的利率筹资500万美元，B公司在浮动利率市场以LIBOR+1.3%（LIBOR是伦敦同业拆借利率，代表全球外币利率的整体水平）筹资500万美元，双方进行利率互换，A公司向B公司支付LIBOR+1.3%的浮动利率，B公司向A公司支付10%的固定利率。如此，各公司的实际利率支付水平为筹资成本加上向对方支付的利率并扣减从对方收到的利率。

A公司会有三项现金流：向外部债权人支付10%的固定利率；从B公司收取10%的固定利率；向B公司支付LIBOR+0.3%（按6个月期计算，每年应付2次，每6个月的该数字是不定的，但不影响我们的分析）的浮动利率，三项相加为：

A公司的实际利率支付水平：10%+LIBOR+0.3%-10%=LIBOR+0.3%<LIBOR+0.7%

B公司也有三项现金流：向外部债务人支付LIBOR+1.3%的浮动利率（同样，每年应付2次）；向A公司支付10%的固定利率；从A公司收取LIBOR+0.3%的浮动利率（按6个月期计算，每年应付2次）。三项相加为：

B公司的实际利率支付水平：LIBOR+1.3%+10%-（LIBOR+0.3%）=11%<11.4%

可见，互换后，A公司实际支付的浮动利率水平要比其在浮动利率市场上直接筹资低0.4%，B公司同样要比其直接从固定利率市场筹资低0.4%，二者之和等于比较优势0.8%。A公司和B公司的利率互换过程如图9-1所示。

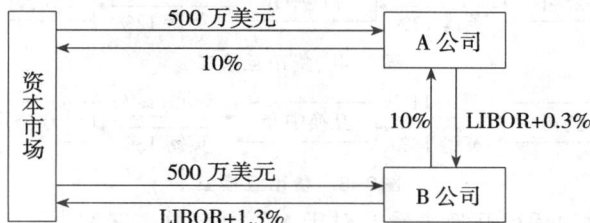

图9-1　A公司和B公司的利率互换过程

如果A、B公司的利率互换通过投资银行等中介公司来完成，甚至投资银行就是A、B公司的交易对象，A公司与投资银行以及投资银行与B公司分别进行利率互换。在这种情况下，A、B公司互换后的收益必然要下降，下降部分转移到投资银行手中（如图9-2所示）。

图9-2　中介机构参与下的利率互换过程

此时，A公司的实际利率支付水平为LIBOR+0.4%，B公司为11.1%，而中介公司获得0.2%的收益率，即投资银行加入前比较优势利益在A、B公司之间分配，投资银行加入后，利益在三者之间重新分配。

2）货币互换

货币互换是指两种货币之间的交换。一般是本金和利息同时交换，以此来避免因汇率不利变动而增加筹资成本。现举例说明货币互换过程：假设A、B公司可以按表9-2所示的成本进行美元或英镑的筹资。

表9-2　　　　　　　　　　　　A公司和B公司的筹资成本

项目	美元	英镑	差值
A公司	10%	12.6%	—
B公司	12%	13%	—
利率差	2%	0.4%	1.6%

表9-2表示A公司的信用等级要比B公司高，因为在两个借贷市场，A公司所需支付的利率都比B公司低。但相对于在美元借贷市场上的利率差来说，B公司在英镑借贷

市场上与 A 公司的利率差要小得多。因而同样的，B 公司在英镑借贷市场上具有比较优势，而 A 公司在美元市场上具有比较优势。如果这时 A 公司需要英镑贷款，B 公司需要美元贷款，那么进行货币互换对双方都是有利的。考虑互换中介参与的情况，A、B 公司之间的货币互换可能有三种情况，如图 9-3、图 9-4 和图 9-5 所示。

美元 10% ← A公司 ← 美元 10% ← 互换中介 ← 美元 11.4% ← B公司 ← 英镑 13%
→ 英镑 12% → 英镑 13% →

图9-3　货币互换一

美元 10% ← A公司 ← 美元 10% ← 互换中介 ← 美元 10.4% ← B公司 ← 英镑 13%
→ 英镑 12% → 英镑 12% →

图9-4　货币互换二

美元 10% ← A公司 ← 美元 11% ← 互换中介 ← 美元 11.4% ← B公司 ← 英镑 13%
→ 英镑 13% → 英镑 13% →

图9-5　货币互换三

从图 9-3 所表示的货币互换来看，对于 A 公司来说，它发生了三项现金流量：向外部债权人支付 10% 的美元利率，从互换中介收取 10% 的美元利率，向互换中介支付 12% 的英镑利率。这三项合计的结果是 A 公司实际支付了 12% 的英镑利率，这比它直接在英镑借贷市场上融资要节省 0.6%。

对于 B 公司来说，它也发生了三项现金流量：向外部债权人支付 13% 的英镑利率，从互换中介收取 13% 的英镑利率，向互换中介支付 11.4% 的美元利率。这三项合计的结果是 B 公司实际支付了 11.4% 的美元利率，这比它直接在美元借贷市场上融资要节省 0.6%。

而对于互换中介来说，它发生了四项现金流量：向 A 公司支付 10% 的美元利率，从 B 公司收取 11.4% 的美元利率；向 B 公司支付 13% 的英镑利率，从 A 公司收取 12% 的英镑利率。这四项合计的结果是互换中介净获得 1.4% 的美元利率，净支付 1% 的英镑利率。

这样，各个主体的总收益为 1.6%，恰好等于表 9-2 中两个利率差的绝对值。对于其他的货币互换方式，也可以进行类似分析，其结果是一样的，只不过不同方式有不同的分配比例。

3）投资银行在互换中的作用

由于互换交易涉及资信等级较高或较低的客户，前者会担心后者会违约。为了减少违约风险，早期的互换交易要求低信用等级的实体从高信用等级的金融机构获得担保。

随着交易规模和频率的增加，投资银行类中介机构的角色发生了变化，其成为交易的主体，而不再是简单的经纪人。只要有一个客户愿意进入互换，中介机构就乐于做交易的另一方。因此，利率互换成为中介产品库存的一部分。由于数理技术和期货产品的发展，投资银行类中介机构可以对复合头寸如互换交易进行套期保值，进而使得保护大量的库存头寸成为可能。投资银行具有买卖和保值的业务专长，因而能够提供具有竞争性的价格。

投资银行还注重对互换当事人所承受的风险进行管理。市场风险主要来自价格风险和信用风险。控制互换价格风险的最佳办法是通过缔结一个对冲互换来化解风险。如果对冲互换的流入量和流出量相当，投资银行除了取得利差作为收入外，还可达到风险保值的目的。规避利率敞口风险的另一种做法就是让互换柜台从另一地区购买内部套期保值。这样，互换柜台的作用就是处理来自其他部门或经纪交易人机构的分支机构的互换要求。较为有效的信用风险控制办法在于限制对方预期的敞口风险，对每段时期实际发生的风险进行定期监督管理以及要求具有提高信誉的方式（如信用证方式等），或取得对方的抵押品。

9.3　投资银行对金融衍生品的运用

9.3.1　证券发行中的运用

投资银行可以利用金融期货或期权，以规避由于这些新购进的证券价值变动所导致的价格风险。

在包销情况下，投资银行一般先以固定价格购买由发行人发行的证券。从购进到发行这段时间，由于市场条件的变化而导致证券价格变化，会给投资银行带来相应的价格风险。因此，投资银行会降低它们的报价，但这会导致在投标中竞争地位的下降。这时，投资银行如果利用金融期货、期权交易可使风险降低。

1）期货的运用

使用某种金融期货工具可以降低投资银行在承销过程中的价格风险，即通过在股票或债券实际发行前卖出相应期货的方式，为购入的证券套期保值。

假设一家投资银行承销 1 000 万美元的某公司普通股，并以固定价格每股 100 美元购入。在投资银行购入该股当天，标准普尔 500 指数期货协定价为 200 点，每点代表 500 美元，即每份合约价值 10 万美元。投资银行希望通过出售 100 份标准普尔 500 指数期货合约来防止未售出股票部分的价格风险。在随后 4 天中，所有发行股票以每股 90 美元的平均价格售出，这样投资银行的价格风险损失就是 100 万美元，而此时标准普尔 500 指数期货的协定价也落至 190 点，即 9.5 万美元。投资银行通过买入合约平仓而在期货市场上获得 50 万美元（100×（100 000－95 000））的收益，使得投资银行将承销损失从 100 万美元降至 50 万美元。

同样，在债券承销中也可以采用类似的方法对承销债券进行相应的套期保值。

2）期权的运用

由于投资银行采用公开竞价方式报价，投资银行报出价格后，并不能确定可以承担证券销售工作，金融期货只能使投资银行降低价格风险，而没有考虑承销过程中竞价的结果。这时投资银行购买一份看跌期权就可以满足在此种情况下的风险管理需要。

如果争取到承销资格，这项看跌期权可以帮助投资银行防范价格风险，因为一旦承销证券价格下跌，看跌期权合约允许投资银行以较高的价格卖出该证券。假设该证券价格上升，投资银行可以不执行该期权合约，虽然付出了一笔期权费，但在承销市场上却获得了收益。

如果在公开竞价后没有争取到承销资格，那么投资银行就选择不执行看跌期权合约，它的损失也仅限于购买这项看跌期权的价格。

可见，期货和期权的运用，使投资银行的价格风险至少消除了一半，这种技术对那些多样化经营的公司的证券尤其有效，因为这些证券的非系统性风险较低，套期保值有效性高。

9.3.2　证券交易中的运用

投资者买卖证券时，如果没有做市商，会出现有人想买的时候却找不到卖方，而有人想卖却找不到买方的情况。因此，就必须有做市商起到牵线搭桥的作用，先卖出再买进。这样，在某一时点或时段上，做市商的头寸就会发生变化，为这些净增加或净减少的头寸承担价格风险。投资银行可以利用金融期权期货市场的套期保值业务来规避证券交易市场的证券价格风险。

例如，某做市商被迫隔夜持有大量敞口头寸，此时做市商可以通过售出一份指数期货合约，为其持有的敞口头寸非预期的价格下跌予以保值。一旦价格真的下跌，做市商就可以通过期货市场的收益抵补现货头寸的损失。有时做市商准备卖空某一证券，在该证券被买进之前，他可以通过买入指数期货合约来预防该证券价格的上涨。

对于系统性风险，做市商可以根据所做股票的贝塔系数来确定应该进行风险抵补的头寸金额，然后买卖相应数量的股指期货或期权予以冲抵。

对于非系统性风险的管理难度较大，因为做市商必须寻找个别证券的期货或期权来预防风险。非系统性风险还有一条途径可以防范，即自然对冲，依靠多种证券所形成的庞大投资组合使各个证券的非系统性风险互相抵消，这对充当做市商的投资银行的能力提出了更高的要求。

9.4　金融衍生品的风险及其管理

9.4.1　金融衍生品的风险

投资银行使用金融产品的重要目的之一是规避风险，但金融衍生品本身就具有风险，如果利用不当，造成的损失可能会更大。巴塞尔银行监管委员会于1994年7月27日发布了《衍生产品风险管理指南》，把衍生品的风险类型归为五类。

1) 市场风险

市场风险又称价格风险，是指因标的资产（如利率、汇率、股票指数、商品等）市场价格波动而导致金融衍生工具价格变动的不确定性。若不能很好地控制这类风险，对于衍生品交易者而言，可能造成致命的风险。衍生品被用作对冲手段时，衍生品的价格变动可以抵消其基础金融工具的逆向价格变动，组合头寸两相抵消而不存在市场风险。但从实际交易情况看，完全的风险对冲是不大可能的，必须不断调整组合头寸，并对整个组合头寸的市场风险进行评估。对投机者而言，市场风险的影响则更大。

市场风险是金融衍生交易中经常面对的一种风险，也是风险管理中的重点内容。现在，人们越来越多地采用风险价值（value at risk，VAR）来度量市场风险的大小，由

J.P.摩根公司创制的风险矩阵（risk metrics）是度量市场风险的另一种有效工具。另外，在衍生工具市场风险的日常管理中，一般采用逐日盯市方式来对未结清仓盘进行评估。

2）信用风险

信用风险又称违约风险，它是指衍生工具合约的一方违约所引起的风险，包括在贷款、掉期、期权交易及结算过程中，因交易对手不能或不愿履行合约承诺而遭受的潜在损失。场内交易的衍生品，其信用风险通常比场外交易小一些，因为交易对方是交易所，交易所通过结算所每日结算盈亏控制客户的保证金数量，交易所面临违约的可能性要大大低于单个交易方。在具体操作中，交易所一般要求其会员交纳一定的初始保证金，并逐日盯市，若初始保证金不足以履行合约义务，则需及时补足。而场外交易则不同，其往往缺乏必要的法律手段保证交易双方合约的履行，签订协议的双方随时都有可能无法履约，从而产生信用风险。

信用风险可以分为两类：一类是对手风险，指衍生合约交易的一方可能出现违约而给另一方造成损失的可能性；另一类是发行者风险，指标的资产的发行者出现违约而给另一方造成损失的可能性。一般说来，这两类风险中，前者比后者更严重。通过风险管理控制以及要求对手保持足够的抵押品、支付保证金和在合同中规定的净额结算条款等程序，可以最大限度降低和规避信用风险。

3）流动性风险

流动性风险是指衍生工具持有者不能以合理的价格迅速卖出或将该工具转手而导致损失的可能性，包括不能对头寸进行冲抵或套期保值的风险。它包括两方面的内容：

（1）市场流动风险，指市场深度不够，市场业务量不足或无法获得市场价格，此时衍生品的使用者因不能轧平或冲销其头寸而面临无法平仓的风险。

（2）资金流动风险，即衍生品交易者流动资金不足，合约到期时无法执行支付义务或无法按合约要求追加保证金的风险。

一般说来，在价格不变或价位波动较小的情况下，以卖出或买入衍生工具的数量或金额来衡量流动性的大小。如果能够卖出或买入的数量或金额较大，则该衍生工具的流动性较好；反之，流动性则较差。

4）管理与营运风险

管理与营运风险是指在金融衍生交易和结算中，由于内部控制系统不完善或缺乏必要的后台技术支持而导致的风险。其具体包括两类：一是由于内部监管体系不完善、经营管理上出现漏洞、工作流程不合理等带来的风险；二是由于各种偶发性事故或自然灾害，如电脑系统故障、通信系统瘫痪、地震、火灾、工作人员差错等给衍生品交易者造成损失的可能性。决定营运风险的形成及大小的主要因素包括管理漏洞、内部控制失当、交易员操作不当以及会计处理偏差等。

5）法律风险

法律风险是指由于衍生合约在法律上无效、合约内容不符合法律的规定，或者由于税制、破产制度的改变等法律上的原因，给衍生工具交易者带来损失的可能性。法律风险主要来自两个方面：一是衍生合约的不可实施性，包括合约潜在的非法性、对手缺乏进行衍生交易的合法资格以及现行的法律法规发生变更而使衍生合约失去法律效力等；

二是交易对手因经营不善等原因失去清偿能力或不能依照法律规定对其清偿合约进行净冲平仓。

> **小思考 9-3**
>
> 金融衍生品交易的风险特点是什么？
>
> 提示：（1）金融衍生品风险具有两重性。它是为适应风险管理的需要而产生的，但它本身又带来新的风险。（2）金融衍生品风险具有杠杆性。其交易大多是保证金交易，这种交易方式具有杠杆作用，使成交量的名义价值被成倍放大，市场风险也相应放大。（3）金融衍生品风险具有一定的隐蔽性。金融衍生品风险在产生之初不易暴露，而风险一旦暴露又具有很大的"杀伤力"。（4）金融衍生品风险具有突发性。不管是哪种因素引起的金融衍生品风险，其形成往往是一个逐渐积聚而又不容易引人注意的过程，聚集到一定程度就会突然爆发。

9.4.2　金融衍生品的风险管理

对于金融衍生品的风险控制可采取微观金融主体内部自我监督管理、交易所内部监管、政府部门的宏观调控与监管的三级风险管理模式。

1）微观金融主体内部自我监督管理

（1）建立风险决策机制和内部监管制度。风险决策机制和内部监管制度包括限定交易的目的、对象、目标价格、合约类型、持仓数量、止损点位、交易流程以及不同部门的职责分配等。

（2）加强内部控制，严格控制交易程序。加强内部控制，将操作权、结算权、监督权分开；严格控制交易程序，制定严格的、层次分明的业务授权制度，加大对越权交易的处罚力度。

（3）设立专门的风险管理部门。通过"风险价值法"（VAR）和"压力试验法"对交易人员的交易进行记录、确认、市价计值，评价、度量和防范在金融衍生产品交易过程中面临的信用风险、市场风险、流动性风险、结算风险、操作风险等。

2）交易所内部监管

（1）创建完备的金融衍生市场制度

金融衍生市场制度包括：严格的市场信息披露制度，增加透明度；大额报告制度；完善的市场准入制度，对衍生市场交易者的市场信用状况进行调查和评估，制定资本充足要求；其他场内和场外市场交易规则等。

（2）建立衍生市场的担保制度

衍生市场的担保制度包括：合理制定并及时调整保证金比例，起到第一道防线的作用；持仓限额制度，发挥第二道防线的作用；日间保证金追加条款；逐日盯市制度或称按市价计值加强清算、结算和支付系统的管理；价格限额制度等。

（3）加强财务监督

根据衍生产品的特点，规范会计记账方法和原则，制定统一的信息披露规则和程序，使管理层和用户清晰明了地掌握风险敞口情况。

3）政府部门的宏观调控与监管

（1）完善立法

对金融衍生产品设立专门完备的法律，制定有关交易管理的统一标准，做到有法可依。

（2）加强对金融机构的监管

加强对从事金融衍生产品交易的金融机构的监管，规定从事交易的金融机构的最低资本额，确定风险承担限额，对金融机构进行定期与不定期的现场与非现场的检查，形成有效的控制与约束机制；负责审批衍生产品交易所的成立申请和交易所申请的衍生产品品种。

（3）控制金融机构业务交叉的程度

严格区分银行业务与非银行业务。中央银行在某个金融机构因突发事件发生危机时，应及时采取相应的挽救措施，迅速注入资金或进行暂时干预，以避免金融市场产生过度震荡。

（4）加强对金融衍生品的国际监管和国际合作

金融衍生产品交易在世界范围内超国界和超政府蓬勃开展，单一国家和地区已无法对其风险进行全面控制，因此，加强对金融衍生品的国际监管和国际合作，成为国际金融界和各国金融当局的共识。在巴林银行事件之后，国际清算银行已着手对衍生品交易进行全面调查与监督，加强对银行表外业务资本充足性的监督。

》【学思践悟】

大学生理想信念教育——开放经济视角下中国的衍生品市场

党的二十大报告指出：以中国式现代化全面推进中华民族伟大复兴。金融作为资源配置的重要手段和经济发展的重要助力，势必在中国式现代化进程中肩负重要使命。在这一过程中，衍生品市场可以发挥重要作用。我国发展金融衍生品市场有助于帮助实体经济规避风险、巩固人民币定价权、管理离岸衍生品风险以及参与大国金融竞争。

近些年，国内衍生品市场快速发展，并稳步对外开放，但仍与海外主要经济体存在差距，部分市场的在岸发展逊于离岸。我国衍生品市场存在市场结构不够平衡、对外开放程度不高、法律体系和制度建设不完善以及金融基础设施质量不优等发展短板，还面临来自离岸市场的竞争以及跨境监管协作的挑战。定性和定量分析显示，开放经济下应防范离岸人民币流动性风险，并警惕人民币汇率定价权旁落境外的问题。建议深化在岸利率汇率市场化改革，完善衍生品产品体系和优化交易制度，推动在岸制度型开放，引领构建全球人民币衍生品监管框架，推出离岸流动性操作工具，以推动开放经济下中国衍生品市场加快健康发展。

新时代大学生作为未来金融市场的参与者和国家储备的金融人才，应密切关注金融衍生品市场的发展，了解国家政策趋势，认真学习金融知识，树立风险管理意识，努力为祖国发展作出自己的贡献。

资料来源：何雨霖，陈宪，蒋一乐. 开放经济视角下中国衍生品市场的发展与挑战［J］. 上海经济，2023（03）.

本章要点

本章主要介绍了金融衍生品的含义、特点与类型，金融衍生品交易的方式，远期、期权、期货、互换等基本的金融衍生产品交易，投资银行对金融衍生品的运用，金融衍生品交易的风险及其相应的风险管理。其中，重点是期货、期权、互换等基本的金融衍生品交易，难点是金融衍生品的特征、交易方式及风险管理。

问题讨论

1.讨论远期、期货与期权交易的联系与区别。

2.讨论利率互换与货币互换的异同。

3.结合本章所学知识，选择一种金融衍生工具，分析其主要特征和交易制度。

推荐阅读

1.《中华人民共和国期货和衍生品法》，2022年4月20日。

2.《证券期货业网络和信息安全管理办法》，中国证券监督管理委员会，2023年2月。

3.中国证券业协会.证券投资基金基础知识［M］.北京：中国金融出版社，2018.

4.《期货交易所管理办法》，中国证券监督管理委员会，2023年3月。

5.臧昊炎.浅析开启中国原油期货对中国经济的影响［J］.中国集体经济，2019（8）.

思考与练习

1.单项选择题

（1）按衍生品自身交易方法及特点可分为远期合约、期货、期权、互换，其中，（　　）是其他三种工具的始祖。

A.远期合约　　　　B.期货　　　　　　C.期权　　　　　　D.互换

（2）金融期权的买方和卖方的选择权情况为（　　）。

A.买方和卖方都有　　　　　　　　B.买方有，卖方没有

C.卖方有，买方没有　　　　　　　D.买方和卖方都没有

（3）投资者买卖证券常常不能相互配合，比如有人想买的时候却找不到卖方，而另一时刻有人想卖却找不到买方，因此（　　）必须起到牵线搭桥的作用。

A.经纪商　　　　　B.承销商　　　　　C.自营商　　　　　D.做市商

2. 多项选择题

（1）从风险产生的来源角度，金融衍生品的风险可分为（　　　）。

A. 市场风险　　　　　　　　B. 信用风险　　　　　　　　C. 流动性风险

D. 运作风险　　　　　　　　E. 法律风险

（2）金融衍生品既是投资银行为客户或自身进行套期保值的有效工具，也是投资银行获取收益的业务之一，通常可以（　　　）。

A. 作为金融衍生品的交易商，从中赚取买卖价差

B. 通过对市场趋势的判断，保留金融衍生品一定的净头寸，从而获取潜在的投机收益

C. 利用市场定价错误进行套利，通过发现和利用相同或相似金融产品在不同市场上的价格差异进行套利以获取收益

D. 运用金融衍生品开展金融工程业务

3. 判断题

（1）买空交易也称空头交易，或做空。　　　　　　　　　　　　　　　（　　　）

（2）期权交易最大的风险是期权费本身。　　　　　　　　　　　　　　（　　　）

（3）为有效防范期货交易中的信用风险或违约风险，交易所均采用严格的保证金制度，同时与盯市制度结合起来，从而将违约风险降至最低程度。　　　　　　　（　　　）

4. 简答题

（1）金融衍生品有哪些类型？

（2）金融衍生品有何特征和功能？

（3）什么是金融期货？金融期货市场的交易制度有哪些？

（4）什么是金融期权？举例说明其风险和收益特征。

（5）什么是金融互换？投资银行在金融互换中有什么作用？

（6）投资银行如何运用金融衍生品？

（7）简述金融衍生品的风险。

案例分析

案例一

交易员搞垮巴林银行

1）事件发生

1995 年 2 月，具有 230 多年历史、在世界 1 000 家大银行中按核心资本排名第 489 位的英国巴林银行宣布倒闭。这一消息在国际金融界引起了强烈震动。

巴林银行的倒闭是由于该行在新加坡的期货公司交易形成巨额亏损引发的。1992年，巴林银行新加坡期货公司开始进行金融期货交易不久，前台首席交易员（而且是后台结算主管）里森开立了"88888"账户。开户表格上注明此账户是"新加坡巴林期货公司的误差账户"，只能用于冲销错账，但这个账户却被用来进行交易，甚至成了里森

赔钱的"隐藏所"。里森指使后台结算操作人员在每天交易结束后和第二天交易开始前，在"88888"账户与巴林银行的其他交易账户之间做假账进行调整。通过假账调整，里森反映在总行其他交易账户上的交易始终是盈利的，而把亏损掩盖在"88888"账户中。

2）股指期货等衍生品交易的亏损分析

巴林银行新加坡期货公司，因持有大量未经保值的期货和选择权头寸而导致巨额亏损，有关人员调查发现，巴林银行新加坡期货公司 1995 年交易的期货合约是日经 225 指数期货、日本政府债券期货和欧洲日元期货，实际上所有的亏损都是前两种期货合约引起的。

（1）来自日经 225 指数期货合约的亏损

自 1994 年下半年起，里森认为日经 225 指数将上涨，逐渐买入日经 225 指数期货，不料 1995 年 1 月 17 日关西大地震后，日本股市反复下跌，里森的投资损失惨重。里森当时认为股票市场对地震反应过激，股价将会回升，为弥补亏损，里森一再加大投资，在 1 月 16 日至 26 日再次大规模建多仓，以期翻本。其策略是继续买入日经 225 指数期货，其日经 225 指数期货头寸从 1995 年 1 月 1 日的 1 080 张 9503 合约多头增加到 2 月 26 日的 61 039 张多头（其中 9503 合约多头 55 399 张，9506 合约多头 5 640 张）。2 月 26 日，日经 225 指数急剧下挫，9503 合约收盘价跌至 17 473 点以下，导致无法弥补损失，累计亏损达到了 480 亿日元。

（2）来自日本政府债券的空头期货合约的亏损

里森认为日本股票市场股价将会回升，而日本政府债券价格将会下跌，因此在 1995 年 1 月 16 日至 24 日大规模建日经 225 指数期货多仓的同时，又卖出大量日本政府债券期货。里森在"88888"账户中未套期保值合约数从 1 月 16 日的 2 050 手多头合约转为 1 月 24 日的 26 079 手空头合约，但 1 月 17 日关西大地震后，在日经 225 指数出现大跌的同时，日本政府债券价格出现了普遍上升，使里森日本政府债券的空头期货合约出现了较大亏损，仅在 1 月 1 日到 2 月 27 日期间就亏损 1.9 亿英镑。

（3）来自股指期权的亏损

里森在进行以上期货交易时，还同时进行日经 225 指数期货期权交易，大量卖出鞍马式期权。鞍马式期权获利的机会是建立在日经 225 指数小幅波动上的，因此日经 225 指数出现大跌，里森作为鞍马式期权的卖方出现了严重亏损。到 2 月 27 日，期权头寸的累计账面亏损已经达到 184 亿日元。

截至 1995 年 3 月 2 日，巴林银行亏损额达 9.16 亿英镑，约合 14 亿美元。3 月 5 日，国际荷兰集团与巴林银行达成协议，接管其全部资产与负债，将其更名为"巴林银行有限公司"。3 月 9 日，此方案获英格兰银行及法院批准。至此，巴林银行 230 多年的历史画上了句号。

资料来源：编者根据相关资料整理.

问题：该案例给你什么样的启示？

分析提示：里森对金融衍生品市场的风险估计不足，导致操作失误；对管理细节的忽略也是导致这家银行倒闭的主要原因。

案例二

衍生品交易失败案例

1.中行原油宝穿仓风波

"原油宝"产品是中国银行于 2018 年 1 月开办，为境内个人客户提供挂钩境外原油期货的交易服务。其中，美国原油品种挂钩芝加哥商品交易所 CME 的德州轻质原油 WTI 期货首行合约。个人客户参与原油宝投资为无杠杆交易，需 100% 保证金。

2020 年 4 月 22 日，中行发布公报，经审慎确认，4 月 20 日 WTI 原油期货官方结算价-37.63 美元/桶，这意味着中行原油宝客户不仅要赔光保证金，还要倒贴银行钱。

事件的起因是疫情影响供需失衡，全球油价快速暴跌。2020 年 1 季度，疫情使全球生产经营活动停滞，海外炼油厂产能利用率大幅走低，原油库存创新高。美国原油期货交割地，俄克拉何马州库欣地区原油存量持续增加，"储油难"问题影响 WTI 原油期货 5 月合约的多头到期难以交付现货，市场一度出现"空逼多"行情。然而，交易所临时修改规则，WTI 原油期货合约可以出现负油价。2020 年 4 月 20 日，WTI 原油期货暴跌，根据合约，中行在结算日 22 点会冻结客户账户，按照结算价对账户进行平仓，然而中行原油宝的结算价是采用北美原油结算价（北京时间 4 月 21 日凌晨 2 点 28 分至 2 点 30 分的 WTI 交易均价），并且中行并未启动强制平仓机制（当保证金少于 20% 时），也没有风险提示。因此，在 20 日 22 点前未进行主动轧差处理或滚动合约移仓交易的多头客户，只能以 21 日凌晨的负油价进行结算，面临穿仓和"倒欠"银行保证金的风险。

事件的结果是个人投资客户面临着穿仓和"倒欠"保证金的风险，银行作为结构性产品设计发行方，面临处罚和赔付风险。部分客户选择以民事诉讼方式解决原油宝穿仓纠纷，最终司法判决结果"由中国银行承担全部穿仓损失和 20% 的本金损失，返还扣划的原账户中保证金余额，并支付相应资金占用费"。2020 年 12 月，银保监会就中国银行"原油宝"产品风险事件依法开展调查工作，并对所涉违法违规行为作出行政处罚决定，并采取相应的监管措施。最终，中国银行及其分支机构合计被罚 5 050 万元。

2.青山伦镍事件

青山集团从事镍矿开采、镍铁不锈钢冶炼等业务，2021 年 12 月印度尼西亚青山园区首条高冰镍产线正式投产。鉴于青山集团持有大量优质的镍矿、镍铁、高冰镍现货和产能资源，因此在 LME 拥有较大的镍空头套期保值仓位，以期对远期货价和利润进行锁定。

近年来全球新能源车产业发展支撑全球镍需求增长，而疫情下供给不稳定等因素客观存在，镍价从 2020 年相对低点 1.1 万美元/吨快速上涨。2022 年 3 月，俄乌冲突加剧镍价上涨，青山集团作为 LME 镍空头方，其套保仓位面临一定金额的盘面损失，需陆续对仓位平仓处理、补缴保证金，或利用 LME 规定的现货标准品进行交割。然而，青山集团并未持有标准的镍期货交割品（含镍量不低于 99.8%）。

2020 年 3 月 7 日，LME3 月合约镍期货价格从 29 000 美元/吨暴涨到 5 万美元/吨，3 月 8 日其价格达到 10 万美元/吨，远远高于现货的市场价格，这意味着作为空方的青山将面临巨大损失。极端行情发生后，LME 交易所取消 8 日当天交易，以 7 日当天约 5 万美元/吨的收盘价对交易双方进行结算，这也在一定水平上降低了青山集团的损失。此后交易所对伦镍进行多天停盘，直到 16 日恢复交易。恢复后采用了此前未有的涨跌停制度，伦镍调整后重回 3 万美元/吨附近。2022 年 3 月 15 日，青山集团公告，与由期货银行债权人组成的银团达成了一项静默协议。在静默期内，青山和银团将进行备用、有担保的流动性授信，用于镍持仓保证金及结算需求。各参团期货银行则不对青山的持仓进行平仓，或对已有持仓要求增加保证金。后续青山集团将随着异常市场条件的消除，以合理有序的方式减少其现有持仓。

纵观此次逼空事件，就是因为多方判断青山不可能提供足额的镍仓单进行交割。LME 之所以取消交易，是因为镍期货的极端行情已经带来了系统性风险。青山并未持有标准镍期货交割品却持有大量空单，是因为公司基于他们的产业和信息优势，从而进行高风险的投机行为。

资料来源：佚名. 全球重大衍生品交易事件：猎杀、逼仓、巨亏及启示 [EB/OL]. [2022-04-22]. https://baijiahao.baidu.com/s?id=1730759267530341440&wfr=spider&for=pc.

问题：该案例给你哪些启示？

分析提示：在进行期货交易时，应注意期货到期需要交割的特点。

案例三

Archegos 基金爆仓事件

2021 年 3 月 26 日，美国家族办公室 Archegos 爆仓事件引发全球关注。Archegos 是 Bill Huang 创办的一家对冲基金，其业务模式是通过与各大投行签订金融衍生品合约而实现高杠杆获利。投行在签订合约之后，为对冲信用风险需要 Archegos 上交保证金，同时为对冲市场风险需要买入标的股票，这样就可以稳赚服务费。但因重仓股接连遭受利空打击，Archegos 又难以及时向投行补足保证金，高盛和摩根士丹利被迫为其卖出大量股票，短期抛售压力剧增，导致其重仓股股价进一步下跌。被强行平仓的股票包括美国传媒股 Viacom 以及百度、腾讯音乐、跟谁学等多只中概股，总市值高达 200 亿美元。而在此次爆仓事件中，引发 2008 年国际金融危机的场外衍生品身影再次显现，并在其中扮演了重要角色。

Archegos 爆仓事件的原因之一就是使用大量金融衍生品回避了申报义务。Archegos 实际上并不拥有标的股票或股票看涨期权，而是通过交易总收益互换和差价合约两种方式，使其无须持有标的股票即可押注证券市场。总体来看，无论是参与总收益互换还是差价合约交易，拥有标的股票的都是投行，而不是 Archegos。由于总收益互换和差价合约大多在场外交易且保密性极好，除非在一起比较确认，否则各投行难以明确知晓 Archegos 真实对应的股票持仓。因此，在 Archegos 同时收到多家投行保证金追加通知之前，各投行均不了解其他机构的交易情况。在发现 Archegos 有违约可能的时候，各大投行相继抛售 Archegos 合约对应的标的股票资产，进而引发 3 月 26 日的爆仓事件。

根据美国《1933 年证券法》的 144 号条例规定，投资者持有一家美国上市公司超过 5% 的股票，就必须向 SEC 披露持仓和增减持计划。但 Archegos 的衍生品交易却不受此限制。在此情况下，Archegos 不仅逃避了监管机构的监管，也使得交易所难以追踪其持仓数据。

资料来源：东方财富期货. 330亿美元没了！Archegos爆仓事件始末、分析和启示［EB/OL］.［2022-09-06］. https：//caifuhao.eastmoney.com/news/202209062215260051206.

问题：该案例给你哪些启示？

分析提示：Archegos因对金融衍生品炉火纯青的运用获取收益甚至爆仓，可谓"成也萧何败也萧何"。在利用金融衍生品获利时，应考虑其风险。

实践训练

本章主要介绍了金融衍生品的交易方式。为了加深学生对该部分内容的理解，本章实践训练主要包括以下内容：

1.实训项目：比较分析各国金融衍生品交易的现状。

实训目的：了解国内外金融衍生品市场。

实训步骤：

（1）收集各国主要期货公司金融衍生品交易的品种。

（2）比较分析各国金融衍生品交易的现状。

2.实训项目：实地进行期货公司调查研究。

实训目的：了解期货交易程序，并进行分析。

实训步骤：

（1）到附近的期货交易网点了解我国期货交易市场交易的全过程。

（2）了解我国期货交易市场的现状，并提出发展我国期货市场的建议。

（3）比较分析不同国家期货交易所的基本内容。

第10章
投资银行的内部控制和外部监管

学习目标

知识目标：通过本章的学习，了解投资银行内部控制的含义、原则与目标；掌握投资银行内部控制的基本内容；熟悉投资银行外部监管的目标、原则；了解投资银行外部监管体制；掌握投资银行外部监管的基本内容；了解我国投资银行的内部控制制度与外部监管制度。

技能目标：通过本章的学习，具备运用投资银行内部控制和外部监管的基本知识处理实际投资银行实务的能力，能够胜任投资银行内部控制和外部监管的相关岗位工作。

知识结构图

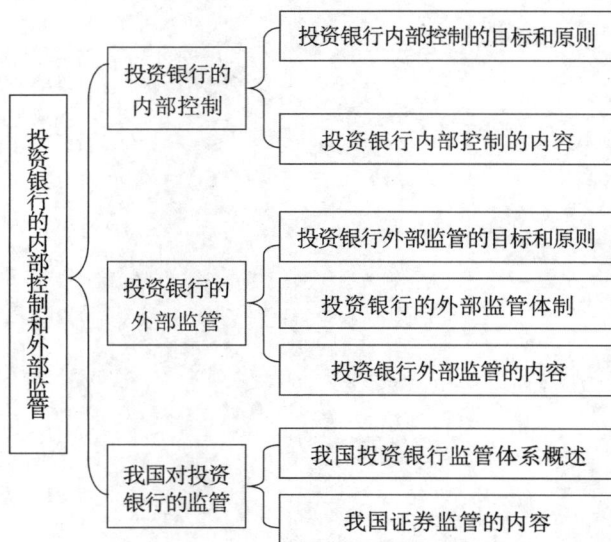

导入案例

新修订的《证券法》出炉：为资本市场健康发展提供法律保障

2019 年 12 月 28 日上午，十三届全国人大常委会第十五次会议在北京举行闭幕会，表决通过了新修订的《中华人民共和国证券法》（以下简称《证券法》）。新修订的《证券法》明确全面推行注册制，强化证券市场监管，注重保护投资者权益，这标志着中国资本市场在市场化、法治化道路上又迈出坚实的一步。新修订的《证券法》自 2020 年3 月 1 日起施行。

一、分步、全面推行注册制

与现行的核准制相比，新修订的《证券法》推行的注册制是一种更为市场化的证券发行监管制度，它的基本特点是以信息披露为中心，通过要求证券发行人真实、准确、完整地披露公司信息，使投资者可以获得必要的信息对证券价值进行判断并作出是否投资的决策，证券监管机构对证券的价值好坏、价格高低不做实质性判断。

新修订的《证券法》按照全面推行注册制的基本定位，对证券发行制度做了比较系统完备的规定，主要有以下方面：一是精简优化证券发行条件。将发行股票应当"具有持续盈利能力"的要求，改为"具有持续经营能力"。二是调整证券发行程序。在规定国务院证券监督管理机构依照法定条件负责证券发行申请注册的基础上，取消发行审核委员会制度，明确按照国务院的规定，证券交易所等可以审核公开发行证券申请，并授权国务院规定证券公开发行注册的具体办法。三是强化证券发行中的信息披露。按照注册制"以信息披露为核心"的要求，发行人报送的证券发行申请文件应当充分披露投资者作出价值判断和投资决策所必需的信息，内容应当准确完整、简明清晰、通俗易懂。新修订的《证券法》专门设立一章，对信息披露做了系统规定。四是为实践中注册制的分步实施留出制度空间，证券发行注册制的具体范围和实施步骤由国务院规定。

二、强化投资者保护，探索建立符合中国国情的证券民事诉讼制度

新修订的《证券法》增设了投资者保护专章，特别是围绕中小投资者的权益保护这一主线，进行了制度设计，着力构建更加有力的投资者权益保护机制。有如下安排：区分普通投资者和专业投资者，有针对性地作出投资者权益保护安排；建立征集股东权利制度，允许特定主体公开请求上市公司股东委托其代为出席股东大会，并代为行使提案权、表决权等股东权利；规定债券持有人会议和债券受托管理人制度；建立普通投资者与证券公司纠纷的强制调解制度；完善上市公司现金分红制度等。

新修订的《证券法》还探索建立了符合中国国情的证券民事诉讼制度，针对证券市场投资人数众多、单个投资者对违法行为（如欺诈行为）起诉成本高、起诉意愿不强等特点，投资者保护机构采用"明示退出、默示加入"的原则。中小投资者不用提任何诉讼，也不用办任何手续就可以默示加入这个诉讼，诉讼成功就应该主动地对这些中小投资者给予补偿。

三、加大违法处罚力度，营造风清气正的市场环境

为进一步加大对证券违法行为的处罚力度，显著提高证券违法成本，严厉惩治并震慑违法行为人，新修订的《证券法》规定，对相关证券违法行为，有违法所得的，规定没收违法所得；同时，大幅度提高行政罚款额度。

这次《证券法》的修订顺应了时代和经济发展的要求，对规范资本市场稳定健康发展、防范化解金融风险、维护投资者的合法权益，从法律上防范和减少证券领域的违法犯罪行为的发生，具有十分重大的意义。

资料来源：田宇，李小健. 新修订的《证券法》出炉：为资本市场健康发展提供法律保障［J］. 中国人大，2020（01）.

这一案例中，新修订的《证券法》，为资本市场健康发展提供强有力的法律保障。投资银行的内部控制和外部监管应遵循哪些原则？具体应怎么做？立足于中国经济发展的具体情况，我国证券公司监管应采用什么样的内部控制和外部监管方案？这些将在本章重点讲解。

10.1　投资银行的内部控制

投资银行的内部控制是投资银行的一种自律行为，是投资银行为实现经营目标，根据经营环境变化，对投资银行经营与管理过程中的风险进行识别、评价和管理的制度安排、组织体系和控制措施。

10.1.1　投资银行内部控制的目标和原则

1）内部控制的目标

投资银行内部控制的总体目标是建立一个决策科学、运营规范、管理高效和持续、稳定、健康发展的经营模式以保障业务活动的正常进行和有效规避风险。具体来说，必须达到以下目标：

（1）投资银行要按照现代企业制度的要求，建立和完善法人治理结构，形成科学合理的决策机制、执行机制和监督机制，保证经营的合法合规及投资内部规章制度的贯彻执行。

（2）投资银行要遵守有关法律法规和行业监管规章，形成守法经营、规范运作的经营风格和经营理念，防范经营风险和道德风险。

（3）投资银行要不断提高经营管理的效率和效益，努力实现投资银行价值的最大化，圆满完成投资银行的经营目标和发展战略。

（4）投资银行要建立行之有效的风险控制系统，确保各项经营管理活动的健康运行与投资银行财产的安全完整。

2）内部控制的原则

（1）健全性原则

健全性原则要求内部控制机制必须覆盖投资银行的各项业务、各个部门和各级人员，并渗透到决策、执行、监督、反馈等各个经营环节，同时内部控制还应当做到事前、事中、事后控制相互统一，从而确保投资银行内部控制不存在空白和漏洞。

（2）独立运作和相互制约原则

独立运作原则要求投资银行必须在精简的基础上设立能充分满足投资银行经营运作需要的机构、部门和岗位，各机构、部门和岗位职能要保持相对独立性。此外，相互制约原则要求内部部门和岗位的设置必须权责分明、相互牵制，并通过切实可行的制衡措施来消除内部控制中的盲点。

（3）防火墙原则

防火墙原则要求投资银行自营、经纪、资产管理、研究咨询等相关部门，应当在管理上和制度上适当隔离。对因业务需要知悉内幕信息的人员，应制定严格的批准程序和监督处罚措施。

（4）稳健原则

投资银行经营证券、信托、资本经营等业务，不仅要追求利益，更要顾及风险，在制定财务管理等内部控制制度的时候要持谨慎的态度。

（5）合理原则

投资银行内部控制应当符合国家有关法律法规及监管部门的有关规定，与投资银行经营规模、业务范围、风险状况及投资银行所处的外部环境相适应，以合理的成本实现内部控制目标。

☑ 小思考 10-1 --

什么是投资银行的风险管理？

提示：投资银行的风险管理就是指对投资银行内部固有的一些不确定因素将带来的风险进行识别、分析、规避和控制。

10.1.2 投资银行内部控制的内容

1）组织结构控制

投资银行组织结构控制的主要内容包括：

（1）制定有效的信息资料流转通报制度，保证全体员工及时了解重要的法律法规和管理层的经营思想。

（2）制定投资银行各项规章制度，规范员工的行为，使员工忠于职守，勤勉尽责。

（3）建立科学的聘用、培训、轮岗、考评、晋升、淘汰等人事管理制度，严格制定单位业绩和个人工作表现挂钩的薪酬制度，确保投资银行职员具备和保持正直、诚实、公正、廉洁的品质与应有的专业胜任能力。对重要岗位，如证券营业部负责人、财务主管和电脑主管等，必须在回避的基础上实行委派制和定期轮换制。

2）授权控制

投资银行董事会、高级管理层和监事会要充分认识自身对内部控制所承担的责任。

（1）董事会

董事会负责审批投资银行的总体经营战略和重大政策，确定投资银行可以接受的风险水平，批准各项业务的政策、制度和程序，任命高级管理层。董事会还要对内部控制的有效性进行监督，应当定期与管理层就内部控制的有效性问题进行讨论，及时审查管理层、审计机构和监管部门提供的内部控制评估报告，督促管理层落实整改措施。

（2）高级管理层

高级管理层负责执行董事会批准的各项战略、政策、制度和程序，负责建立授权和责任明确、报告关系清晰的组织结构。建立识别、计量和管理风险的程序，并建立和实施健全、有效的内部控制机制，采取措施纠正内部控制存在的问题。

（3）监事会

监事会负责对投资银行遵守法律规定的情况以及董事会、管理层履行职责的情况进行监督，并要求董事会、管理层纠正损害投资银行利益的行为。

投资银行各业务部门、各级分支机构在其规定的业务、财务等授权范围内行使相应的经营管理职能。各项经济业务和管理程序必须遵从管理层制定的操作规程，经办人员的每一项工作都必须是在其业务授权范围内进行的。

投资银行授权要适当，对已获授权的部门和人员应建立有效的评价和反馈机制，对已不适用的授权应及时修改或取消。

3）业务控制

（1）对证券发行业务的控制

对证券发行业务的控制，要求投资银行做到以下几个方面：

①建立科学的发行人质量评价体系，在认真核查发行人文件的真实性、准确性和完整性的基础上，推荐优质企业发行上市。

②强化投资银行业务的风险责任制，在实施风险权限管理的基础上，明确各当事人在事前、事中、事后不同阶段的风险控制责任。

③建立严密的内核工作规则与程序，不断提高发行申报材料的编制质量。确保证券发行文件不存在严重误导、重大遗漏、虚假和欺诈。

（2）对证券经纪业务的控制

对证券经纪业务的控制，要求投资银行做到以下几个方面：

①制定统一的股东账户和资金账户管理制度，妥善保管客户开户资料，严格执行客户资金的存取程序和授权审批制度。

②严格遵守保密原则，如实记录证券交易情况，并妥善保存委托记录，无书面委托记录的，应当事先明确双方的权利与义务，坚决防范新的电子交易方式下的各种风险。

③实行证券交易法人集中清算制度，严格进行资金的及时清算和股份的交割登记，及时有效地防止结算风险和法律纠纷。

④对客户委托的国债及其他上市流通的有价证券实行定期盘点制度，并按有关规定进行表外登记，不得将代保管的证券进行抵押、回购或卖空等。

（3）对证券自营业务的控制

对证券自营业务的控制，要求投资银行做到以下几个方面：

①建立恰当的责任分离制度，自营交易管理部门、操作部门、资金结算部门与会计核算部门相互分离、相互监督。

②严格控制自营业务的股东账户和专用席位。自营股东账户应由自营部门以外的部门统一管理，不得假借他人名义或席位从事自营业务。

③自营业务必须使用自有资金和依法筹集的资金，自营交易的资金必须履行严格的资金调度审批手续。

④严格制定自营业务的风险评估和控制制度，直接操作人员的业务活动必须严格限

制在规定的风险权限额度之内，为防范和化解市场风险，管理层必须及时采取恰当的止损措施。

⑤全体员工必须严格执行投资银行的各项保密制度，不得利用职务便利为自己及他人买卖证券或提供咨询意见。

（4）对资产管理业务的控制

对资产管理业务的控制，要求投资银行做到以下几个方面：

①在资产管理业务和自营、经纪、承销等其他业务以及资产管理业务各操作岗位之间应建立严格的"防火墙"制度。

②建立授权审批制度。每一笔资产管理业务都要按业务授权进行审核批准，受托资金的投资策略、投资品种等要严格按授权和合同规定办理。

③建立受托资金专户独立核算制度，不得与自有资金混同使用，也不得将不同客户的委托资金混同使用。

④随时评估和监控制度。该制度可以有效避免各项受托资金的重大损失，杜绝资产管理业务的不道德行为。

4）资金管理控制

资金管理控制要求投资银行做到以下几个方面：

①强化资金的集中统一管理制度，各分支机构不得自行从事资金的拆借、借贷、抵押、担保等融资活动。

②严格制定资金业务的授权批准制度，强化重大资金投向的集体决策制度，凡对外开办的每一笔资金业务都要按业务授权进行审核批准，特别授权的资金业务要经过特别批准。

③健全资金业务的风险评估和监测制度，日常头寸调度外的每笔资金在使用前都必须进行严格的风险收益评估，各项资金比例严格控制在投资银行可承受风险的范围之内。

④建立科学的资金管理绩效评价制度，严格考核各责任单位资金循环的成本与效益，坚决贯彻奖罚分明原则。

5）会计系统控制

会计系统控制要求投资银行做到以下几个方面：

①制定投资银行会计岗位工作手册，并针对各个风险控制点建立严密的会计控制系统。

②建立投资银行内各级机构会计部门的垂直领导和主管会计委派制度，在岗位分工的基础上明确各会计岗位职责，严禁需要相互监督的岗位由一人独自操作全过程。

③建立严格的成本控制和业绩考核制度，强化会计的事前、事中和事后监督，加强对重大表外项目的风险管理。

④严格制定财务收支审批制度和费用报销管理办法。

⑤制定完善的会计档案保管和财务交接制度，避免重大财务支出由一个部门、一个主管、一支笔全权决定。

⑥强化财产登记保管和实物资产盘点制度。

6）电子信息系统控制

对电子信息系统的控制要求投资银行做到以下几个方面：

①遵循安全性、实用性、可操作性原则，严格制定电子信息系统的管理规章、操作流程、岗位手册和风险控制制度。

②实施明确的责任管理，严格划分软件设计、业务操作和技术维护等方面的职责。

③强化电子信息系统的相互牵制制度，系统设计、软件开发等技术人员与实际业务操作人员必须相互独立，计算机系统的日常维护和管理人员必须独立于会计、交易等部门，禁止同一人同时掌管操作系统口令和数据库管理系统口令。

④制定电子信息系统的安全和保密标准，保证电子信息数据的安全、真实和完整，并使之能及时、准确地传递到会计等各职能部门。

⑤建立电子信息数据的即时保存和备份制度，严格制定计算机交易数据的授权修改程序，并坚持实行电子信息数据的定期查验制度。

⑥电子信息管理部门应指定专人负责计算机病毒防范工作，定期进行病毒检测。

7）内部稽核控制

投资银行的内部稽核（审计）部门应独立于投资银行各业务部门和各分支机构之外，就内部控制制度的执行情况独立履行检查、评价、报告、建议职能，并对董事会负责。内部稽核控制通过定期或不定期检查内部控制制度的执行情况，确保投资银行各项经营管理活动的有效运行。

10.2 投资银行的外部监管

10.2.1 投资银行外部监管的目标和原则

投资银行业是一个高风险行业，为保证一国金融安全，促进国民经济平稳发展，必须对其进行外部监管。

1）投资银行外部监管的目标

（1）保护投资者的合法权益

投资者是金融市场的参与者，是投资银行的服务对象。对投资银行依法进行监管，才能保护投资者的合法权益，引导社会资源向生产效率较高的经济部门和企业流动，促进国民经济的健康发展，避免公众利益受到损害进而引起社会动荡。保护投资者的合法权益，实际上也是维护公众对投资银行业的信任和信心，是投资银行生存和发展的重要条件。

（2）维护整个金融体系的安全稳定

投资银行是高风险行业，存在"多米诺骨牌"效应，一家投资银行因经营管理不善而倒闭或违法违规经营时，将会影响公众的信心，造成恐慌，危及证券市场的健康发展和投资银行业的安全与稳定，甚至会波及整个金融体系。因而，应加强对投资银行市场准入的监管、业务活动内容的监管，促使投资银行依法稳健经营，防范和降低风险，从而保障投资银行乃至整个金融体系的安全稳定。

（3）保障公平竞争，提高金融服务效率

合理竞争、防止垄断是促使投资银行不断提高服务质量和服务效率的前提条件。通过对投资银行业的监管，创造一个公开、公平、公正及高效统一的市场环境，防止垄断，维护正常的金融秩序，能使投资银行在公平竞争的基础上提供高效率、多样化的金融服务，最终促进经济增长。

2）投资银行外部监管的原则

（1）依法监管原则

依法监管原则是投资银行业监管的前提。在对投资银行监管时，必须遵守相关的法律、法规。根据《证券法》的规定，在中国境内，股票、公司债券和国务院认定的其他证券的发行和交易，按照《证券法》的规定执行；《证券法》未规定的，必须按照《公司法》和其他法律、行政法规的规定执行。

（2）统一性原则

统一性原则具体表现为：第一，不同监管主体之间要有统一性。一方面，不同监管主体要有统一的监管标准和口径，合理划分职责范围，既不能相互冲突又不能留有监管的死角和空白；另一方面，不同监管主体在执法时要加强协调。第二，同一监管主体不同职能部门之间、上下级机构之间职责划分要明确合理。第三，监管政策必须与宏观经济政策和产业政策统一。

（3）效率原则

对投资银行业的监管必须在收益与成本之间进行权衡，以追求最大的净效益。效率原则不仅要求投资银行业对自身的监管讲究效率，尽可能减少监管的成本，增加净效益，而且要求在对投资银行业进行外部监管时考虑到其他的金融机构，应使投资银行与其他金融机构公平竞争，以达到整个金融体系效率最优。

（4）适度监管原则

适度监管原则是监管时既要避免外部监管过严，造成金融高度垄断，使一国金融业失去活力和生机，致使市场竞争力减弱；又要避免外部监管不到位或过松，出现恶性竞争、过度竞争，引起投资银行业秩序混乱，金融风险加剧。

（5）监督与自我管理相结合的原则

监督与自我管理相结合的原则是指在加强政府、监管部门对投资银行进行监管的同时，也要加强投资银行的自我约束、自我管理。政府对投资银行的监管是投资银行业健康发展的保证，而投资银行的自我管理是投资银行正常经营的基础。国家监督与自我管理相结合的原则已成为世界各国共同奉行的原则。

10.2.2　投资银行的外部监管体制

通过对各国实践的考察，投资银行的外部监管体制主要有以下三种类型：

1）集中型监管体制

集中型监管体制是指国家通过制定专门的法律，设立全国性证券监管机构对投资银行业进行集中统一监管。这种监管体制以美国、日本、韩国等为代表。中国目前投资银行业的监管体制也属于这种类型。集中型监管体制有两个显著特点：一是集中立法，有一套投资银行业监管的专门性法律；二是设有全国性的管理机构负责对证券市场的监管。

集中型监管体制又分为三种类型：第一种类型是以独立监管机构为主体，典型代表是美国，如美国的证券交易委员会（SEC）。第二种类型是以中央银行为主体，这种类型国家的证券监督机构就是该国中央银行体系的一部分，代表是巴西。巴西证券市场的监督机构是证券委员会，它根据巴西国家委员会（中央银行的最高决策机构）的决定，对证券市场进行监管。第三种类型是以财政部为主体，这种类型的管理体制是以财政部为监管主体或完全由财政部直接建立监管机关，代表国家有日本、韩国等。

集中型监管体制具有如下优点：①具有统一的证券法律和专门的法规，使证券行为和投资银行业务活动有法可依，提高了监管的权威性。②有一个统一的监管机构，能公平、公正、严格地发挥监管作用，并起到协调证券市场的作用，防范出现过度竞争的局面。③监管者的地位超脱，有足够的权威来维护证券市场的正常运行，有利于保护投资者的利益。④自律性作用得以发挥。

集中型监管体制的不足之处在于：证券市场的管理是一项艰巨而复杂的任务，涉及面广，单靠全国性的管理机构而没有证券交易所和证券商协会的配合很难胜任，难以实现既有效管理又不过多进行行政干预的目标。

2）自律型监管体制

自律型监管体制是指国家除了某些必要的立法之外，较少干预投资银行业的业务活动，主要通过投资银行业自律组织和投资银行自身进行自我监管。实行这种监管体制的国家或地区有英国、荷兰、爱尔兰、中国香港特别行政区等。

自律型监管体制具有如下特点：一是通常不制定专门规范投资银行业的法律、法规，而是通过一些间接的法律、法规来调整和制约证券市场的活动；二是没有建立全国性的证券监管机构，而是依靠证券市场及其参与者自我管理，如证券商协会、证券交易所等自律性组织。

自律型监管体制的优点主要有：①保护投资、鼓励竞争。在保护投资者利益的同时，能发挥市场的创新和竞争意识，有利于活跃市场。②允许投资银行参与制定证券市场监管规则，鼓励证券交易商遵守管理条例，从而使市场管理更切合实际。③由证券市场参与者制定和修订证券管理条例，比由议会制定证券法具有更大的灵活性和更高的效率。④自律组织对现场发生的违规行为能作出迅速而有效的反应。

自律型监管体制的缺点在于：

①自律型监管体制监管的重点通常放在保证市场的有效运转和保护自律性组织成员的利益方面，对投资者提供的保障往往不充分。②由于没有专门的监管立法，对违法行为的约束缺乏法律效力，影响了监管的权威性，监管手段较弱。③没有统一的监管机构，难以实现全国证券市场的协调发展，容易造成混乱状况。④监管者的非超脱性难以保证监管的公正。

3）中间型监管体制

中间型监管体制既设有专门性的立法和政府监管机构来进行集中监管，也强调自律性组织的自律监管。实行中间型监管体制的国家主要有德国、泰国等。

这种监管体制又称为分级监管体制，包括二级管理和三级管理两种模式。二级管理是指政府监管机构与自律性组织互相结合的管理；三级管理是指中央政府、地方政府和自律性组织三者相结合的管理。

鉴于集中型监管体制和自律型监管体制都存在不少缺点，目前世界各国都趋向于综合二者的优点，对集中型监管体制和自律型监管体制进行改进，逐渐向中间型监管体制过渡，使两种监管体制取长补短，发挥各自的优势。但由于各国国情不同，实行中间型监管体制的侧重点有所不同，有的国家侧重于立法管理，有的国家倾向于自律管理。

10.2.3　投资银行外部监管的内容

1) 对市场准入的监管

为了防范风险，维护金融体系的安全，所有存在资本市场的国家都对投资银行的设立设定了最低资格要求，只有达到了这个要求，投资银行才能进入金融市场开展业务。各国对市场准入的监管大致可以分为三种类型，即注册制、特许制或许可制及认可制。

（1）以美国为代表的注册制

在注册制条件下，投资银行只要符合法律规定的设立条件，在相应的证券监管部门和证券交易部门注册后便可以设立。目前实施注册制的国家以美国为代表。

美国《证券交易法》规定，投资银行必须取得证券交易委员会（SEC）的批准，并且成为证券交易所或全国证券业协会的会员，才能开展经营活动。实质上，美国投资银行的注册必须经过证券交易委员会和证券交易所两道程序才能完成。

①在证券交易委员会登记注册。其主要程序是：

首先，投资银行必须填写注册申请表，内容包括投资银行的注册资本及构成、经营活动区域、经营的业务种类、组织管理机构等。

其次，接到投资银行的注册申请后，证券交易委员会要对投资银行进行考察，主要有：投资银行的交易设施是否具备、自有资本是否充足、来源是否可靠；投资银行管理人员的资格是否具备，尤其是要考虑其是否曾违反证券法律、法规和其他法律；投资银行是否具备从事其申请业务的能力。

最后，证券交易委员会将在45天内（必要时可延至90天）予以答复。同时，投资银行还要向证券交易委员会交纳一定的注册费。

②在证券交易所登记注册。投资银行必须在证券交易委员会批准注册后，才能在交易所注册。申请注册的程序与在证券交易委员会的注册程序类似。同时，交易所还要考察其是否能够遵守交易所的规章制度。投资银行被批准成为证券交易所的会员后，要按规定交纳会员费。

实行注册制的前提是要有一个成熟、完善的市场。从美国的注册制中可以看出，注册制更多强调的是市场机制的作用，通过市场机制和交易所席位的限额来控制投资银行的数量，如果市场机制不完善，或交易所限额失控，将会使进入金融市场的投资银行数量失控，造成金融体系的混乱。

（2）以日本为代表的特许制或许可制

在特许制条件下，投资银行在设立之前必须向有关监管机构提出申请，经监管机构核准之后才能设立；同时，监管机构还要根据市场竞争情况、证券业发展目标、该投资银行的实力等考虑批准其经营何种业务。实行特许制的典型代表国家是日本。

日本在1999年以前实行的是特许制，1998年12月1日，日本通过新的《证券交易法》，改特许制为注册制。在日本，根据《证券交易法》的规定，任何从事证券业的投资银行在经营证券业之前，都必须向大藏省提出申请，大藏省在分析其资本金、业务水平、未来的盈利性以及市场竞争状况和证券业发展目标等因素之后，根据不同的业务种类及申请者所在地的经济状况发放不同的许可证。日本对投资银行的最低资格要求是必须有足够的资本金。

特许制要求投资银行的管理人员要具有良好的信誉、良好的素质和证券业务水平；投资银行的业务人员必须受到良好的教育，并且和管理人员一样必须具有相当的证券业务知识和经验；投资银行还要有比较完备、良好的硬件设施。

（3）以英国为代表的认可制

英国在颁发有关法律之前就成立了证券交易所，加之英国对证券业的监管以自律为主，因此，对投资银行（商人银行）等中介机构的设立实行认可制，经认可的证券机构在业务上完全自由。

2）对投资银行业务范围的监管

对投资银行业务范围的监管主要有两种模式：

（1）以德国、日本为代表的全能银行模式

商业银行可以经营信贷、证券等多种业务，集商业银行与投资银行职能于一身。这种模式的优点是：首先，可以形成规模效应，有利于产生产业协同效应，使金融市场信息交流更充分，还可以降低交易成本，提高交易效率；其次，有利于分散风险，可以实现损益互补，稳定银行收入。这种模式的缺点是：不利于公平竞争，可能存在潜在的利益冲突，如银行可能将未能销售出去的证券作为贷款条件要求借款人购买等。

（2）以英国、美国为代表的分业管理模式

1933年，美国颁布了《格拉斯－斯蒂格尔法案》，实行证券业与银行业分业管理，为银行业与证券业的业务范围划分了严格的界线。这种模式的优点有：有利于降低整个金融体系的风险，通过业务范围的严格限制在一定程度上弱化了竞争，降低了金融机构被淘汰而退出市场的可能性，从而有利于金融体系的安全和稳定。这种模式的缺点是：在一定程度上可能会制约本国银行的发展壮大。

为了加强本国银行的竞争力，适应金融业混业经营的趋势，美国于1999年通过了《金融服务现代化法案》，废除了《格拉斯－斯蒂格尔法案》及其他一些法律中有关限制商业银行、投资银行和保险公司三者混合经营的条款，在法律上确立了金融混业经营的模式。

各国投资银行业的监管者要结合本国实际，在界定投资银行的业务范围时必须关注如何更好地发挥投资银行自身专业化的优势，同时又能适应时代的变化，满足金融领域出现的新业务的需求；如何解决金融体系的稳定性、有效性和公正性的最佳结合等问题。

3）投资银行业务的监管

（1）证券承销业务的监管

各国对投资银行的证券承销业务监管的具体内容主要包括以下几个方面：①禁止投资银行在承销中以任何形式进行欺诈、舞弊、操纵市场、内幕交易。此外，当投资银行与证券发行者有关联关系时，应当予以公布，以便投资者有充分的心理准备和正确的认识。②禁止投资银行在证券承销时过度投机和承销风险超过自身承受范围的证券。③禁止投资银行对发行企业收取过高的费用，从而造成企业的筹资成本过高，侵害发行者与投资者的利益，影响二级市场的运行。

（2）证券经纪业务的监管

投资银行作为经纪商是公众买卖股票的桥梁，法律对经纪商的限制较多，大致有以下几个方面：①投资银行在经营证券经纪业务时必须坚持诚信原则，禁止任何欺诈、违法、私自谋利的行为。在向投资者提供信息时，必须保证所提供信息的真实性和合法性，同时所提供的信息要语义清楚，不能含有让投资者混淆的内容。②在接受客户委托方面，有些国家禁止投资银行接受客户的"全权委托"，防止投资银行侵犯客户的利益。有些国家虽然设置了"全权委托账户"，但是也进行了一些限定，例如禁止投资银行进行不必要的买进卖出业务；未经委托，不能自作主张替客户买卖证券；接受委托，进行证券买卖之后，必须将交易记录交付委托人。③不得向客户提供证券价格即将上涨或下跌的肯定性意见；不得劝诱客户参与证券交易；不得利用其作为经纪商的优势地位，限制某客户的交易行为；不得从事其他对保护投资者利益和公平交易有害的活动或从事有损于证券业信誉的活动。④很多国家都对投资银行向客户收取佣金的比例做了规定，佣金一般为其交易额的5%，投资银行不得自行决定收费标准和佣金比例。在一些没有规定佣金比例的国家，佣金比例由投资银行和客户协商决定，但必须遵循诚信原则，不得损害投资者的利益。⑤投资银行负有对客户的证券交易信息保密的义务，金融监管机构和国家执法机关调查的除外。

（3）证券自营业务的监管

自营业务以营利为目的，其动机和行为较为明显，对证券交易市场影响比较大，是各国政府的重点监管对象。具体内容包括：①要求投资银行在进行证券交易时按一定比例提取准备金；对外负债的总额不超过其资本净值的倍数；流动负债不得超过流动资产的一定比例，限制其通过借款买卖证券；严格限制投资银行购买"问题"证券，如严重财务困难公司的股票等。②规定投资银行在从事自营业务时，在证券交易所卖出证券成交后，应将卖出的证券逐笔提交证券交易所办理交割，不得与当日买进的同类证券相抵消，不得买空卖空。③各国监管机构都限制投资银行大量买进或卖出某一证券，往往规定一家投资银行购买的某一种证券的数量，不得超过发行公司证券总量的一定百分比，或者是规定不能超过该公司资产总额的一定百分比。④这一规定是为了防止投资银行兼营自营业务和经纪业务时将风险转嫁给投资者，侵犯投资者的利益。很多国家都规定了实行委托优先和客户优先的原则，即当投资银行的买卖价格与客户的买卖价格相同时，即使投资银行叫价在先，也要优先以客户的委托成交；在同一时间，不得同时对一种证券既自行买卖又接受委托买卖。另外，规定投资银行必须实名经营。

（4）金融衍生产品业务的监管

各国监管机构都非常重视对投资银行从事金融衍生产品业务的监管。具体措施如下：①要求交易机构制定一套完善的风险管理、咨询收集的制度，密切注意资本市场的变化，定期向监管机构和投资者公布信息。同时还规定投资银行公开的资料会计口径必须标准化，以便于评估市场风险。②证券（期货）交易所、票据交易所必须强化交易、清算以及交割的管理，将交易日到交割日的期限标准化，扩大使用交易当天便交割的制度，以增加市场的流动性。这一方面指的是大户投资者必须与投资银行合作，遵从相关的交易法令；另一方面指的是各投资银行之间要加强协调与合作，共同抵挡风险，以维护金融体系的安全。③重视对电子信息系统的安全性管理，以避免重大损失。

（5）投资咨询业务的监管

大多数国家都对投资银行的投资咨询业务的监管进行了法律上的规定。我国在这方面监管的主要内容有：①投资银行从事证券、期货咨询业务必须取得证监会的许可，否则不得从事各种形式的证券、期货投资咨询业务。②申请从事证券、期货投资咨询的机构，必须在资本、设施及从业人员等方面符合法定的条件，由地方证券管理部门初审后报证监会审批。证券、期货投资咨询人员必须就职于某个证券、期货投资咨询机构方可执业，且不得同时在两个以上的证券、期货投资咨询机构执业。③在业务管理下，投资银行从事咨询业务时，不得代理从事证券、期货的买卖业务，不得向投资人承诺投资收益，不得与他人合谋操纵市场或进行内幕交易。④向投资人提供的投资分析、预测和建议所应用的有关信息资料，应当真实、合法、完整、客观和准确。⑤向投资人就同一问题提供的投资分析、预测和建议应当一致，不得对客户区别对待。

☑ 小思考 10-2

投资银行的范围超越法律的规定要承担哪些法律责任？

提示：《证券法》第二百零二条：违反本法第一百一十八条、第一百二十条第一款、第四款的规定，擅自设立证券公司、非法经营证券业务或者未经批准以证券公司名义开展证券业务活动的，责令改正，没收违法所得，并处以违法所得一倍以上十倍以下的罚款；没有违法所得或者违法所得不足一百万元的，处以一百万元以上一千万元以下的罚款。对直接负责的主管人员和其他直接责任人员给予警告，并处以二十万元以上二百万元以下的罚款。对擅自设立的证券公司，由国务院证券监督管理机构予以取缔。

10.3 我国对投资银行的监管

10.3.1 我国投资银行监管体系概述

我国投资银行监管经历了由地方监管到中央监管、由分散监管到集中监管的过程，形成了目前投资银行的监管体系。

1）中国证券监督管理委员会及其职责

中国证券监督管理委员会简称证监会，是依照法律、法规对证券期货市场的具体活动进行监管的国务院直属单位。证监会设办公厅、发行监管部、市场监管部、上市公司监管部、非上市公众公司监管部、期货监管部、公司债券监管部、证券基金机构监管部、私募基金监管部、稽查局、法律部、会计部、投资者保护局、科技监管局、国际合作部、人事教育部、党委宣传部、内审部、稽查局、机关党委等职能部门，分别具体行使证监会的各种职责。证监会还设有股票发行审核委员会，委员由证监会专业人员和所聘请的会外有关专家担任。

证监会的主要职责是：

①研究和拟订证券期货市场的方针政策、发展规划；起草证券期货市场的有关法律、法规，提出制定和修改的建议；制定有关证券期货市场监管的规章、规则和办法。

②垂直领导全国证券期货监管机构，对证券期货市场实行集中统一监管；管理有关证券公司的领导班子和领导成员。

③监管股票、可转换债券、证券公司债券和国务院确定由证监会负责的债券及其他证券的发行、上市、交易、托管和结算；监管证券投资基金活动；批准企业债券的上市；监管上市国债和企业债券的交易活动。

④监管上市公司及其按法律、法规规定必须履行有关义务的股东的证券市场行为。

⑤监管境内期货合约的上市、交易和结算；按规定监管境内机构从事境外期货业务。

⑥管理证券期货交易所；按规定管理证券期货交易所的高级管理人员；归口管理证券业、期货业协会。

⑦监管证券期货经营机构、证券投资基金管理公司、证券登记结算公司、期货结算机构、证券期货投资咨询机构、证券资信评级机构；审批基金托管机构的资格并监管其基金托管业务；制定有关机构高级管理人员任职资格的管理办法并组织实施；指导中国证券业、期货业协会开展证券期货从业人员资格管理工作。

⑧监管境内企业直接或间接到境外发行股票、上市以及在境外上市的公司到境外发行可转换债券；监管境内证券、期货经营机构到境外设立证券、期货机构；监管境外机构到境内设立证券、期货机构，从事证券、期货业务。

⑨监管证券期货信息传播活动，负责证券期货市场的统计与信息资源管理。

拓展阅读10-1

2022年证监稽查20起典型违法案例

⑩会同有关部门审批会计师事务所、资产评估机构及其成员从事证券期货中介业务的资格，并监管律师事务所、律师及有资格的会计师事务所、资产评估机构及其成员从事证券期货相关业务的活动。

⑪依法对证券期货违法违规行为进行调查、处罚。

⑫归口管理证券期货行业的对外交往和国际合作事务。

⑬承办国务院交办的其他事项。

小实训 10-1
收集最近三年证监会查处的重大违法违规事件，并简单进行分析。

2）证监会地方派出机构

为了加强管理力量，全国各地省一级政府和计划单列市政府相继成立了证券管理机构，即地方证券监管部门，其根据证监会以及当地政府的授权管理当地的证券事务。这些机构的成立，对证监会监管证券市场起到了有益的补充作用。至1997年年底，全国共有35家地方证券监管部门被证监会授权对证券市场行使部分监管职能。1998年，证监会将地方证券管理部门收归证监会直接管理，并将原来的35家机构缩减为9家大区派出机构。目前，证监会在省、自治区、直辖市和计划单列市设立了36个证券监管局，以及上海、深圳证券监管专员办事处。

这些区域性派出机构的职能主要有：

①负责对设立在本区域内的证券经营机构、证券投资咨询机构、期货经纪公司、从事期货经纪业务的非期货经纪公司会员单位的业务活动进行日常监管；

②在证监会授权范围内，负责查处设立在本区域内的上述监管对象及其从业人员、证券或者期货市场投资者的违法违规行为；

③查处本区域内非法发行证券等其他破坏证券或期货市场秩序的行为；

④负责处理本区域内有关证券或者期货的信访投诉和举报，调解证券或者期货纠纷和争议。

《中国证监会派出机构监管职责规定》的主要内容包括：

一是关于日常监管。派出机构负责根据法律、行政法规规定以及证监会的授权开展行政许可相关工作，对证券发行人、上市公司等相关市场主体实施检查，并按照规定接收相关市场主体依法报送的业务、财务等备案、报告材料，进行审阅分析。派出机构实施检查或其他日常监管活动，发现有违反法律、行政法规和规章规定情形的，或者发现重大风险和问题的，应当依法采取监管措施、进行立案查处或者移送其他司法机关及其他相关部门。

二是关于风险防范与处置。规定派出机构根据市场风险防范的需要，以风险和问题为导向开展信息的收集和分析工作，加强对市场的动态监测监控，督促市场主体提高防范和化解风险的能力。同时，按照法律、行政法规以及国务院有关规定，明确派出机构对证券期货经营机构、上市公司、非上市公众公司、债券违约、区域性股权市场、非法证券期货活动等的风险防范和处置职责。

三是关于案件调查与行政处罚。扩展派出机构立案调查和协查工作职责，完善案件调查工作机制，明确派出机构负责管辖范围内案件的审理、听证工作等。案件调查过程中，依法采取冻结、查封等强制措施的，派出机构按照规定负责实施。对于达到刑事案件立案追诉标准的案件，派出机构将履行相应的移送程序。

四是关于投资者的教育与保护。规定派出机构负责督促证券期货经营机构落实投资者适当性管理制度，组织推动投资者教育相关工作，建立常态化的投资者意见征求机制，并按照规定开展辖区证券期货投资者调查和权益评估评价。同时，派出机构负责建立健全辖区中小投资者合法权益保障检查制度以及投诉处理登记备案管理制度，并按照证监会的统一部署，推动建立并完善多元化纠纷解决机制。

除上述职责外，派出机构还负责配合资本市场改革创新、统计调查、诚信建设、信访举报事项处理、信息公开、法治宣传、舆情监测以及监管协助等工作。

3）证券业协会

中国证券业协会正式成立于 1991 年 8 月 28 日，是依法进行注册的、具有独立法人地位的、由经营证券业务的金融机构自愿组成的行业性自律组织。它的设立是为了加强证券业之间的联系、协调、合作和自我控制，以利于证券市场的健康发展。

中国证券业协会采取会员制的组织形式，凡依法设立并经批准可以从事证券业务经营和中介服务的金融机构，只要承认协会章程，遵守协会的各项规则，均可申请加入协会，成为协会会员。我国的所有证券公司都是证券业协会的会员。

中国证券业协会的职能是：

①根据国家有关政策、规划，拟定自律性管理规则；

②统一会员的交易行为，维护市场秩序，斡旋、调解会员间的纠纷，监督、审查会员的营业及财务状况，并对会员进行奖励和处罚；

③组织业务培训，提高从业人员的业务技能和管理水平，开展证券市场研究；

④提供国内外证券行业信息，进行综合分析并组织出版专业研究刊物，向会员和社会公众提供有关的咨询服务及国家间的交流与合作机会；

⑤接受主管机关和其他有关单位的委托事宜。

☑ **小思考 10-3** ----------------------------------

中国证券业协会的最高权力机构是什么？

提示：是由全体会员组成的会员大会，理事会为其执行机构。协会实行会长负责制，设专职会长 1 名，会长由证监会提名并由协会理事会选举产生。

4）证券交易所

证券交易所作为自律性的监管机构，其监管职能包括对证券交易活动进行监管、对会员进行监管以及对上市公司进行监管。

（1）证券交易所对证券交易活动的监管

监管的目的是保证不同市场参与者的需求能在公正、公平和公开的原则下得到适当的平衡，从而确保交易的公正性。证券交易所应保证其业务规则得到切实执行，对违反业务规则的行为要及时处理。对国家有关法律、法规、规章、政策中规定的有关证券交易的违法、违规行为，证券交易所负有发现、制止和上报的责任，并有权在职责范围内予以查处。

证券交易所有责任提高交易的透明度，保证投资者有平等机会获取证券市场的交易情况和其他公开披露的信息，并有平等的交易机会。证券交易所及其会员应当妥善保存证券交易中产生的委托资料、交易记录、清算文件等，并制定相应的查询和保密管理措施。

对于上市的证券，证券交易所有权依照有关规定，暂停或者恢复其交易。证监会也有权要求证券交易所暂停或者恢复上市证券的交易。证券交易所建立市场准入制度，并根据证券法规的规定或者证监会的要求，限制或者禁止特定证券投资者的证券交易行为。此外，证券交易所不得限制或者禁止证券投资者的证券买卖行为。

证券交易所必须建立符合证券市场监管和实时监控要求的计算机系统，并设立负责证券市场监管工作的专门机构。证监会可以要求证券交易所之间建立以市场监管为目的的信息交换制度和联合监管制度，共同监管跨市场的不正当交易行为，控制市场风险。

典型案例 10-1

大股东违规减持案

按照党中央、国务院关于依法从严打击证券违法活动的总体要求，证监会对"我乐家居"大股东于范易及其一致行动人违规减持股票行为立案调查，迅速查明其违法事实，从重从快追究行政法律责任，并向相关当事人送达了"行政处罚事先告知书"。

上市公司大股东违规减持股票，破坏市场诚信基础，扰乱正常交易秩序，损害广大中小股民利益，是证监会监管执法重点。证监会有规范股份减持行为，引导上市公司大股东、实际控制人等主体共同维护健康市场生态的责任。于范易及其一致行动人无视法律法规和监管要求，公然违规减持本公司股票，性质严重、影响恶劣，应予严惩。

经查，2021年，于范易及其一致行动人通过二级市场买入"我乐家居"股票达到5%时，未按规定履行信息披露义务，被证监会出具警示函。本次违规减持发生前，于范易及其一致行动人合计持有"我乐家居"股票2 244万余股，占公司总股本的7.11%。2023年9月5日至9月6日，于范易及其一致行动人将上述股票全部减持，未在减持比例到达5%时依法停止交易，后续违规成交金额1.07亿元，违法所得1 653万元。证监会拟依法没收于范易及其一致行动人前述违法所得，并从严处以3 295万元罚款。

持股5%以上股东是上市公司的重要股东，对公司负有特殊责任，是公司经营发展和治理运行中的"关键少数"。《证券法》强化对股东减持行为的规范，在买入卖出、信息披露等方面规定有特别义务。证监会希望上市公司大股东、实际控制人和相关高管人员等市场主体要以此案为鉴，时刻保持警醒，深刻吸取教训，忠实履行信义义务，强化诚信契约精神，增强守法合规意识，严格按照《证券法》《公司法》以及相关监管规则要求规范减持股票。

证监会将坚决贯彻落实党中央"要活跃资本市场，提振投资者信心"的决策部署，抓紧完善关于减持股份的法规制度，进一步加大对违规减持行为的打击力度，速查速处、重罚重处，发现一起、查处一起，让敢于违法者受到应有惩罚、付出沉痛代价。

资料来源：证监会. 证监会通报于范易及其一致行动人违规减持"我乐家居"股票案调查进展［EB/OL］.［2023-09-15］. http://www.csrc.gov.cn/csrc/c100028/c7432396/content.shtml.

问题：请根据以上资料，分析上述案例属于哪种证券违法交易行为。

分析：属于违规减持行为。上市公司的大股东对公司负有特殊责任，是公司经营发展和治理运行中的"关键少数"，在买入卖出、信息披露等方面规定有特别义务，他们违规减持股票，破坏市场诚信基础，扰乱正常交易秩序，损害广大中小股民利益。

（2）证券交易所对会员的监管

证券交易所有责任对取得会员资格的证券公司提出规范运作的要求，制定具体的会员管理规则，如会员的业务报告制度、会员所派出代表在交易场所内的行为规范、会员及其派出代表违法违规行为的处罚等事项。

证券交易所接纳的会员应当是经批准设立并具有法人地位的证券经营机构。下面两种情况下证券交易所应当事先报证监会批准：

①证券交易所决定接纳或者开除会员及正式会员以外的其他会员，应当事先在规定时间内报证监会备案；

②证券交易所必须限定交易席位数量，设立普通席位以外的席位应当报证监会批准，调整普通席位和普通席位以外的其他席位的数量，应当事先报证监会批准。

证券交易所必须对会员取得的交易席位实施严格管理，会员转让席位必须按照证券交易所的有关管理规定由交易所审批，严禁会员将全部或部分席位以出租或者承包等形式交由其他机构和个人使用。

证券交易所有责任对会员的证券自营业务实施监管，对会员代理客户买卖证券业务应在业务规则中作出详细规定并实施监管。证券交易所每年应当对会员的财务状况、内部风险控制制度及遵守国家有关法律、法规和证券交易所业务规则等情况进行抽查或者全面检查，并将检查结果上报证监会，并可根据证券交易所章程和业务规则对会员的违规行为进行制裁。

> **小思考 10-4**
>
> 我国对投资银行实行按业务分类管理，证券公司的业务范围有哪些？
>
> 提示：对于证券公司的业务范围，《证券法》第一百二十五条规定：经国务院证券监督管理机构批准，证券公司可以经营下列部分或者全部业务：
>
> （一）证券经纪；
>
> （二）证券投资咨询；
>
> （三）与证券交易、证券投资活动有关的财务顾问；
>
> （四）证券承销与保荐；
>
> （五）证券融资融券；
>
> （六）证券做市交易；
>
> （七）证券自营；
>
> （八）其他证券业务。

10.3.2　我国证券监管的内容

1) 市场准入的监管

我国证券公司的设立实行审批制，由证监会依法对证券公司的设立申请进行审查，决定是否批准设立。《证券法》第一百一十八条规定："设立证券公司，必须经国务院证券监督管理机构批准。未经国务院证券监督管理机构批准，任何单位和个人不得以证券公司名义开展证券业务活动。"

（1）证券公司的设立条件

《证券法》第一百一十八条规定："设立证券公司，应当具备下列条件：

（一）有符合法律、行政法规规定的公司章程；

（二）主要股东及公司的实际控制人具有良好的财务状况和诚信记录，最近三年无重大违法违规记录；

（三）有符合本法规定的注册资本；

拓展阅读10-2
我国证券公司注册资本要求

（四）董事、监事、高级管理人员、从业人员符合本法规定的条件；

（五）有完善的风险管理与内部控制制度；

（六）有合格的经营场所、业务设施和信息技术系统；

（七）法律、行政法规和经国务院批准的国务院证券监督管理机构规定的其他条件。"

（2）证券公司设立程序及重要事项的变更要求

《证券法》第一百一十九条规定："国务院证券监督管理机构应当自受理证券公司设立申请之日起六个月内，依照法定条件和法定程序并根据审慎监管原则进行审查，作出批准或者不予批准的决定，并通知申请人；不予批准的，应当说明理由。

证券公司设立申请获得批准的，申请人应当在规定的期限内向公司登记机关申请设立登记，领取营业执照。

证券公司应当自领取营业执照之日起十五日内，向国务院证券监督管理机构申请经营证券业务许可证。未取得经营证券业务许可证，证券公司不得经营证券业务。"

《证券法》第一百二十二条规定："证券公司变更证券业务范围，变更主要股东或者公司的实际控制人，合并、分立、停业、解散、破产，应当经国务院证券监督管理机构核准。"

2）投资银行的业务监管

我国证券市场在市场法规、市场结构等基础条件方面都还有待完善。因此，证监会对投资银行业务的监管制定了比较严格的措施。

（1）证监会对证券公司高级管理人员实行任职资格管理和谈话提醒制度。证券公司高级管理人员的任命须得到证监会的批准，如果某一证券公司的高级管理人员可能存在违规的情况，证监会就要与其进行谈话。

（2）证券公司必须建立内部控制机制和制度。内部控制机制是指公司的内部组织结构及其相互之间的运行制约关系；内部控制制度是指公司为防范金融风险，保护资产的安全与完整，促进各项经营活动的有效实施而制定的各种业务操作程序、管理方法与控制措施。证监会要求证券公司的内部控制机制必须健全、独立、相互制约，在相关业务部门之间设立"防火墙"，讲究成本效益。证券公司的内部控制制度必须全面、审慎、有效和适时。

（3）证券公司或证券公司子公司必须依照有关法律、法规建立健全内部财务与会计管理办法。证券公司或证券公司子公司的税后利润在提取10%的一般风险准备金用于弥补证券交易损失以后，才能用于股东分红。一般风险准备金余额累计达到注册资本50%的，可不再提取。

（4）公开发行股票的证券公司或证券公司子公司，应根据证监会规定的信息披露编报规则要求进行公开信息披露。

（5）证券公司或证券公司子公司必须按照法律法规和证券交易所的规定，制定安全保密措施，妥善保存客户开户记录、交易记录等资料，防止资料、数据丢失和泄密，严禁篡改资料和数据。

（6）证券公司要遵守有关的风险监管指标：

①证券公司经营证券经纪业务的，其净资本不得低于人民币 2 000 万元。

②证券公司经营证券承销与保荐、证券自营、证券资产管理、其他证券业务等业务之一的，其净资本不得低于人民币 5 000 万元。

③证券公司经营证券经纪业务，同时经营证券承销与保荐、证券自营、证券资产管理、其他证券业务等业务之一的，其净资本不得低于人民币 1 亿元。

④证券公司经营证券承销与保荐、证券自营、证券资产管理、其他证券业务中两项及两项以上的，其净资本不得低于人民币 2 亿元。

（7）证监会对各项风险控制指标设置预警标准，对于规定"不得低于"一定标准的风险控制指标，其预警标准是规定标准的 120%；对于规定"不得超过"一定标准的风险控制指标，其预警标准是规定标准的 80%。

（8）证券公司或证券公司子公司违反证监会颁布的有关规定，将视情节轻重，单处或者并处批评、通报批评、警告、没收非法所得、暂停部分证券业务、限制设立分支机构、取消高级管理人员的任职资格及相关人员证券从业资格；情节特别严重的，注销"经营证券业务许可证"或者"证券经营机构营业许可证"。

（9）证券公司及其分支机构违反规定，给投资者造成损失的，应依法承担民事赔偿责任；对证券公司及其分支机构违反规定负有直接领导责任者和直接责任人，应当视情节轻重，单处或者并处批评、通报批评、警告、暂停或者取消证券从业资格；构成犯罪的，由司法机关依法追究刑事责任。

（10）证券公司或证券公司子公司的股东有下列行为之一的，由证监会责令限期改正，或者限期转让或拍卖，并视情节轻重对证券公司或证券公司子公司及有关责任人给予相应处罚；构成以下犯罪行为的，由司法机关依法追究刑事责任：①虚假出资；②抽逃出资；③以其他欺骗手段取得股东资格；④有重大违法违规行为的；⑤证监会认定的其他不能履行股东职责的行为。

》【学思践悟】

职业道德要求——从金融从业人员违规交易得到的启示

金融职业道德是金融从业人员应当遵循的行为规范和行为准则，是所有人必须遵守的道德底线。近年来，国内证券市场蓬勃发展，从业人员数量不断增加，但是部分券商员工的职业道德建设和法律意识并没有相应提高，在经济利益面前抱有侥幸心理，试图利用身份和工作便利，获取不正当利益，比较典型的就是从业人员违规买卖股票。虽然《证券法》明确规定了从业人员违规买卖股票的禁止性规定和罚则，但是部分抱有侥幸心理违规炒股的从业人员仍然阳奉阴违，使用非本人名下的"马甲"账户进行操作。

浙江美力科技股份有限公司拟购买北京大圆亚细亚汽车科技有限公司和江苏大圆亚细亚汽车弹簧有限公司各 70% 股权的事项，属于《中华人民共和国证券法》第八十条第二款第二项规定的"公司的重大投资行为"，公开前属于《证券法》第五十二条第二款规定的内幕信息。该内幕信息形成时间不晚于 2020 年 5 月 21 日，公开时间为 2021 年

4月2日。金贤德是内幕信息知情人，知悉时间不晚于2020年5月21日。金贤德在2020年9月23日至2020年11月16日期间，累计买入"美力科技"60 000股，并于内幕信息公开后的2022年1月14日全部卖出，共获利2 722.62元。金贤德作为内幕信息知情人，在内幕信息公开前买卖"美力科技"的行为，违反了《证券法》第五十条、第五十三条第一款的规定，构成《证券法》第一百九十一条第一款所述的内幕交易行为。根据申请人违法行为的事实、性质、情节和社会危害程度，依据《证券法》第一百九十一条第一款的规定，被申请人决定：没收申请人违法所得2 722.62元，并处以500 000元罚款。此外，恒泰证券从业人员管宣实际控制并使用其姐夫"周某华账户"在广发证券、国信证券、申万宏源证券进行开户，实际控制并使用其岳母"郑某英账户"在华泰证券进行开户，利用"管宣账户"在银河证券、华泰证券进行开户，几年间，管宣利用以上账户违法买卖股票进行获利。根据管宣违法行为的事实、性质、情节和社会危害程度，依据《证券法》第一百八十七条的规定，证监会于2023年2月1日决定：没收管宣违法所得2 125 401.81元，并处以2 120 000.00元罚款。

证监会对相关案件的查处表明，银行等从业人员利用因履行岗位职责获取的内幕信息买卖相关证券，或者泄露内幕信息，是不为法律所容忍的。证监会依法承担国家对证券市场统一监管的职责，是维护投资银行健康发展、证券市场蓬勃发展的底线。

随着我国近两年证券监管力度的加强，对证券从业人员违法买卖股票的查处呈现加强的趋势。毫无疑问，这将有利于中国资本市场的净化和规范化。从宏观层面来说，应该加强培养从业者的诚信度和自律性，而对于从业者存在违规投资、扰乱市场正常运行秩序的行为应当加以惩罚，从本质上提高证券市场的违法违规成本，净化国内证券市场的投资土壤。从投资银行来说，外部监管固然关键，内部的自律监管才是长远发展的立身之本，若内部人员不遵守诚信守法、合法合规的原则，还会有数不尽的违规人员出现。做好本职工作、遵守职业道德、诚实守信是每一个公民应做的事，是建设良好健康的市场环境的基石，是社会主义现代化建设的必然要求。对金融专业的学习者来说，不断加强政策法规学习，遵守法律规则，恪守职业道德，是职业必修课。

资料来源：根据相关资料整理。

本章要点

本章主要介绍了投资银行内部控制的含义、原则与目标，投资银行内部控制的基本内容，投资银行外部监管的目标、原则，投资银行外部监管体制，投资银行外部监管的基本内容，我国投资银行外部监管。其中重点是投资银行内部控制与外部监管的原则与内容，难点是我国投资银行的外部监管。

问题讨论

1.讨论证券公司内部控制与外部监管之间的关系。
2.讨论证券公司完善内部控制应该遵循哪些原则。

推荐阅读

1.《中华人民共和国公司法》，2023 年 12 月 29 日。

2.《中华人民共和国证券法》，2019 年 12 月 28 日。

3.《关于废止〈中国证券监督管理委员会发行审核委员会办法〉的决定》，中国证券监督管理委员会，2023 年 8 月 10 日。

4.《中国证券监督管理委员会行政许可实施程序规定》，中国证券监督管理委员会，2023 年 2 月 17 日。

5.中国证券业协会.证券投资基础知识［M］.北京：中国金融出版社，2012.

思考与练习

1.单项选择题

（1）地方证券监管部门，是根据证监会以及当地人民政府的授权管理当地的证券事务。目前，证监会在省、自治区、直辖市和计划单列市设立了（　　）证券监管局，以及上海、深圳证券监管专员办事处。

A.35 家　　　　　　　　B.10 家　　　　　　　　C.9 家　　　　　　　　D.36 家

（2）（　　），国务院决定撤销国务院证券委，其职能由证监会承担，并决定证监会对地方证券管理部门实行垂直领导。

A.1992 年　　　　　　　B.1984 年　　　　　　　C.1995 年　　　　　　　D.1998 年

（3）美国于 1999 年通过了《金融服务现代化法案》，废除了（　　）及其他一些法律中有关限制商业银行、投资银行和保险公司三者混合经营的条款，在法律上确立了金融混业经营的模式。

A.《证券交易法》　　　　　　　　　　B.《格拉斯-斯蒂格尔法案》

C.《证券交易法修正案》　　　　　　　D.《玛隆尼法案》

2.多项选择题

（1）内部控制的原则有（　　）。

A.健全性原则　　　　　　B.独立性原则　　　　　　C.相互制约原则

D.防火墙原则　　　　　　E.成本效益原则

（2）投资银行外部监管的目标是（　　）。

A.保护投资者的合法权益

B.维护投资银行业及整个金融体系的安全稳定

C.保障投资银行业的公平竞争，提高金融服务效率

D.以上全部都是

（3）集中统一监管体制具有的优点是（　　）。

A.具有统一的证券法律和专门的法规，使证券行为和投资银行业务活动有法可依，

　　　提高监管的权威性

B.有一个统一的监管机构，能公平、公正、严格地发挥监管作用，防范市场失灵情
　　况出现

C.监管者超脱于市场，可进行多方面监管

D.监管者的地位超脱，有足够的权威来维护证券市场的正常运行，有利于保护投
　　资者的利益

3.简答题

（1）投资银行内部控制的目标是什么？

（2）投资银行业日常经营活动的监管内容是什么？

（3）我国证券监管的内容有哪些？

案例分析

案例一

金融机构风险管理失败的经典案例——住友银行"铜先生"

　　滨中泰男，住友银行有色金属交易部部长、首席交易员，大量参与铜期货交易，导致住友银行损失了26亿美元。滨中泰男有两个绰号，一个是"百分之五先生"，另一个是"锤子"。"百分之五先生"是圈内人对他能力的尊称，因为他带领住友商社控制着全球铜交易量的5%之多，由此可见，住友商社的买卖决策足以影响当时国际铜市场价格；"锤子"则是他坚硬性格的体现，这种性格促使他在国际金属期货交易中的巨大成功，也导致了他后来的失败。

　　滨中泰男利用公司名义以私人账户进行铜衍生品交易，主要交易策略有两种：第一种是多头铜期货合约，大量买进铜现货；第二种是卖空铜的看跌期权。进行上述交易策略的原因在于滨中泰男预测未来国际铜市场价格将显著上涨，期货和现货中的多头在价格上涨时将获得双倍利润，但买进期货和现货合约需要大量资金，所以他卖空铜的看跌期权，获取期权费为铜多头头寸融资。

　　空头看跌期权隐含的风险敞口非常高，卖空期权的最多获利就是期权费，但一旦标的资产价格下跌，理论上亏损是无限大的。起初国际铜价上涨，滨中泰男的账户获得一定的盈利，但自1995年后，国际铜价一跌再跌，从年初的每吨3 075美元降至年底的2 600美元以下。铜价下跌导致滨中泰男的上述两种交易策略都出现了亏损，不仅将原有的获利消耗殆尽，还导致了近26亿美元的巨额亏损，而他本人也由于操纵市场和不当得利被捕入狱。

　　问题：该案例给你哪些启示？

　　分析提示：操纵市场进行不当得利将承担法律责任。

案例二

从蚂蚁金服暂缓上市事件看我国对金融科技企业的监管

一、蚂蚁金服暂缓上市事件回顾

2014年10月蚂蚁金服正式成立，2020年7月蚂蚁金服正式更名为蚂蚁集团，同年8

月 25 日，蚂蚁集团向上海证券交易所科创板提交了 IPO 申请，随后上海证券交易所同意蚂蚁集团科创板上市申请，蚂蚁集团宣布将于 2020 年 11 月上市，发行价 68.8 元，对应市值 2.1 万亿元人民币。2020 年 10 月 24 日第二届外滩金融峰会在上海如期举行，然而马云却借此对国家有关部门和机构"炮轰三连"，这也导致了随后的 11 月 2 日，他及蚂蚁集团其他相关重要人物被相关机构和部门约谈。银保监会同中国人民银行等部门公布了《网络小额贷款业务管理暂行办法（征求意见稿）》。2020 年 11 月 3 日，上海证券交易所便公布了暂缓蚂蚁集团科创板上市的决定。

二、事件的原因

马云在上海外滩金融峰会的演讲无疑是此次事件的导火索。他发表的关于我国金融体系创新改革的主题演讲，其主要观点可以归纳为以下三点：一是我国金融系统还不完善，急需创新和完善；二是监管机构监管不力，一方面表现在监管不严，如 P2P 爆雷现象频发，另一方面又表现在监管过严，一定程度上扼杀了创新；三是中国的商业银行还是"当铺思想"，对抵押要求过重，不利于小企业和个人的贷款。

金融科技监管环境发生重大变化是此次事件的直接原因。近些年，金融科技的广泛应用催生了许多新业态，为人民生活带来便利的同时也放大了金融的风险。因此，鼓励金融创新，也必须提升金融监管能力和监管力度，把"安全性"放在"流动性"和"效益性"之前。

蚂蚁金服自身存在问题是此次事件的根本原因。一是花呗等信贷业务杠杆过高，甚至高达数百倍；二是蚂蚁金服的资产证券化之前一直缺乏有效监管，容易引发聚集性的风险；三是蚂蚁金服在放贷过程中产生了较多次级贷款，其基于大数据、人工智能的信用评级方法，容易发生道德风险，推迟还款甚至违约的情形；四是互联网金融市场一直缺乏强有力的系统监管。

三、原因分析

（一）高杠杆撬动贷款，高周转回笼资金

蚂蚁金服的操作手段：首先，蚂蚁拿出本金抵押给银行，银行将按比例给蚂蚁贷款，蚂蚁再将款项贷出去。然后，蚂蚁将已贷出去的资金打包作为债权再次抵押，就能再次贷到款项，这样它又有钱放贷了，这就是资产证券化（ABS）。这样周而复始，一直循环。蚂蚁金服利用自己强大的技术优势，突破 ABS 发行次数不得超过五次的监管限制，通过各种渠道与其他银行联合贷款，形成巨大的隐形杠杆，撬动更多的资金。并且，蚂蚁金服还大大缩短了资金回笼的周期。蚂蚁金服把债券卖给投资者，迅速获得新一轮的资金，再贷给更多的借款人，再又把借款合同打包进行债券资本化，再开始循环操作，让高杠杆得来的资金再加杠杆得到更高的收益。

（二）高消费价值主张，高利率发放贷款

蚂蚁集团一路带领消费者从用天猫淘宝买买买冲向无抵押的贷款买买买，极力诱导超前消费。打着普惠金融的幌子，收获了众多长尾市场的客户群体。蚂蚁的利息差是很恐怖的，它一面低息吃进资本，一面高利率贷款给用户消费。它在平时的宣传中有意弱化年化利率来模糊用户实际借款的利率水平，展示宣传日利率、月利率，让消费者误以为一天就花几块钱，这个利息好像并没有多少。如果将其转化为年利率，蚂蚁的年化利率其实紧贴着民间借贷利率的司法保护上限15.4%。

（三）高收益收入囊中、高风险转移社会

蚂蚁一旦成功上市，如此巨额财富中的大部分将被国际资本、国内少数互联网巨头、蚂蚁控制人内部瓜分。而在如此大规模广范围的放贷业务中，总会产生许多的不良贷款，一旦大量用户还不上贷款导致资金链断裂，那么之前的资产抵押贷款、资产证券化ABS的链条就会化为乌有，剩下为之买单的是与之合作的银行，是广大的中国消费者。蚂蚁金服玩了一场稳赚不亏的游戏，赢了就将高收益收入囊中，输了却将风险和损失转移给社会，让国家和民众来承担。

（四）纯信用放贷和垄断，提高了放贷风险和社会风险

从竞争方式讲，垄断会推高风险，而合作则会相应降低风险。蚂蚁金服的移动支付已经渗透到居民的衣食住行，因此支付宝APP用户黏性大，能够轻松零成本地获取大量的用户个人隐私信息和交易数据，这就涉及侵犯隐私的问题。蚂蚁金服采取垄断竞争的方式，行业高度集中，无法实现数据共享，支付宝利用其绝对优势对除淘宝、天猫以外的商家收取服务费，实行价格歧视，这也涉及垄断问题。侵犯隐私和涉嫌垄断，对于消费者和社会都是潜在的隐形风险。

四、启示

风险控制是金融的核心，金融不稳则经济不稳，经济不稳则社会不安。金融一旦出问题，风险将扩散到全社会，波及的是千千万万个家庭和无数的个体。我们要做的就是让金融回归监管。

2020年11月2日，银保监会和央行共同起草了《网络小额贷款业务管理暂行办法（征求意见稿）》并向社会公开征求意见。新的规定办法对蚂蚁金服主要有三个方面的影响：一是小贷跨省业务将归银保监会直接审批，这意味着蚂蚁金服放新贷款需要经过银保监会审批；二是个人网贷余额不得超过30万元且不得超过其最近3年年均收入的三分之一，该两项金额中的较低者为贷款金额最高限额，企业网贷余额不得超过100万元，这直接限定了网贷天花板；三是在单笔联合贷款中，经营网络小额贷款业务的小额贷款公司的出资比例不得低于30%，这就意味着，随着贷款业务规模不断扩张，蚂蚁金服就需要不断的增加资本金。

金融科技本身是一件有益的事情，运用到位，监管到位，完全可以作为现有银行的一个有益的补充。蚂蚁金服正是要探索那些传统银行不方便或者无法去探索的贷款机会，但这里面隐含的风险都是由全社会来承担。由一个公司一个决策的失误而导致整个社会的金融危机，这是央行竭力禁止的系统性风险，所以我们国家一直强调，要守住系统性金融风险的底线。蚂蚁金服确实要进行一次由内到外的自我调整和检视，让蚂蚁回归自然，让金融回归监管。

资料来源：佚名. 蚂蚁金服暂缓上市案例分析［EB/OL］.［2022-06-15］. https://zhuanlan.zhihu.com/p/514475546?utm_id=0.

问题：该案例给你哪些启示？

分析提示：我国鼓励金融科技发展的同时，对其风险也在进行严格的监管。

实践训练

本章主要讲述了投资银行的内部控制和外部监管。为了让学生加深对该部分内容的了解，本章实践训练主要包括以下内容。

1.实训项目：查找国内外投资银行内部控制的有关内容。

实训目的：了解国内外投资银行内部控制的基本内容。

实训步骤：

（1）查找国内外投资银行内部控制的基本内容。

（2）比较国内外投资银行内部控制的异同。

2.实训项目：查找国内外投资银行外部监管体制的有关内容。

实训目的：了解国内外投资银行外部监管体制的基本内容。

实训步骤：

（1）查找国内外投资银行外部监管体制的基本内容。

（2）比较国内外投资银行外部监管体制的异同。

3.实训项目：调查我国证券公司内部控制的效果。

实训目的：通过调查，能够分析问题并提出合理建议。

实训步骤：

（1）调查我国证券公司内部控制取得了哪些效果。

（2）如果你认为效果不佳请提出合理化建议。

主要参考文献

［1］阮青松，余萍．投资银行学精讲［M］．4版．大连：东北财经大学出版社，2022．

［2］焦方义，祝洪章．投资银行学［M］．北京：中国金融出版社，2013．

［3］俞姗．投资银行业务［M］．北京：北京大学出版社，2018．

［4］黄勇．中国投资银行业务管制研究［M］．北京：经济科学出版社，2012．

［5］中国证券业协会．金融市场基础知识［M］．北京：中国财富出版社，2021．

［6］中国证券业协会．证券市场基本法律法规［M］．北京：中国金融出版社，2017．

［7］中国证券投资基金业协会．证券投资基金基础知识［M］．北京：高等教育出版社，2015．

［8］中国证券投资基金业协会．股权投资基金基础知识要点与法律法规汇编［M］．北京：中国金融出版社，2016．

［9］栾华．投资银行业务［M］．北京：电子工业出版社，2012．

［10］吴作斌．投资银行学［M］．北京：化学工业出版社，2012．

［11］李凤云．投资银行理论与案例［M］．北京：清华大学出版社，2011．

［12］马晓军．投资银行学理论与案例［M］．北京：机械工业出版社，2011．

［13］何小锋，韩广智．新编投资银行学教程［M］．北京：北京师范大学出版社，2011．

［14］窦尔翔，冯科．投资银行理论与实务［M］．北京：对外经济贸易大学出版社，2010．

［15］戴天柱．投资银行运作理论与实务［M］．北京：经济管理出版社，2010．

［16］张为群，益智．投资银行业务案例实操［M］．北京：北京交通大学出版社，2010．

［17］夏红芳．投资银行学［M］．杭州：浙江大学出版社，2010．

［18］金德环．投资银行学［M］．上海：格致出版社，2009．

［19］任淮秀．投资银行业务与经营［M］．北京：中国人民大学出版社，2009．

［20］黄嵩，李昕旸．兼并与收购［M］．北京：中国发展出版社，2008．

［21］何小锋，黄嵩．投资银行学［M］．北京：中国发展出版社，2008．

［22］阎敏．投资银行学［M］．北京：科学出版社，2008．

［23］吉斯特．金融体系中的投资银行［M］．郭浩，译．北京：经济科学出版社，1998．

［24］俞铁成．并购：冷静交易之道［M］．北京：法律出版社，2023．

［25］臧昊炎．浅析开启中国原油期货对中国经济的影响［J］．中国集体经济，2019（8）：20-21．

［26］孔婷，刘莉．欧盟信用评级机构最新监管草案研究及启示［J］．征信，2019，37（4）：68-71．

［27］窦鹏娟．后危机时代评级机构的监管改革、评价与未来趋势——兼对我国评级监管的启示与借鉴［J］．人大法律评论，2017（3）：198-219．

［28］郭子彦．筑牢公司治理"四梁八柱"，建设一流现代投资银行［J］．上海国资，2022，262（7）：74-75．

［29］吴泽昊，张莉．中美保险资金资产证券化产品投资对比分析与建议［J］．债券，2021（12）：84-92．

［30］田宇，李小健．新修订的证券法出炉：为资本市场健康发展提供法律保障［J］．中国人大，2020（1）．

［31］何雨霖，陈宪，蒋一乐．开放经济视角下中国衍生品市场的发展与挑战［J］．上海经济，2023（3）．

［32］沈宁．国债期货十周年：厚积薄发亮点纷呈 创新发展空间广阔［N］．证券时报，2023-09-06（A05）．

［33］陈彦羽．国企并购重组及价值增值研究［D］．昆明：云南财经大学，2023．